高等职业教育校企合作新形态系列教材·工商管理类

连锁门店开发与设计（含配套实训）

（第2版）

（活页式教材）

主　编　张　丽　　李逾男
副主编　杨学艳　　王欣欣

北京理工大学出版社
BEIJING INSTITUTE OF TECHNOLOGY PRESS

教材简介

本书是高等职业教育"十四五"创新性规划教材,是与济南百果园农产品有限公司、青岛友客便利连锁管理有限公司联合开发的工作手册式新形态教材。本书在门店开发与设计工作岗位群的典型工作任务分析的基础上,系统梳理了门店拓展及门店设计的工作流程,设计了7个项目,每个项目包含若干任务,既可供市场营销、工商企业管理、连锁经营与管理、中小企业创业与经营等相关专业的学生系统学习相关专业知识及技能,又能满足门店开发专员、创业人员等社会工作人员的理论提升需要。

版权专有　侵权必究

图书在版编目(CIP)数据

连锁门店开发与设计:含配套实训／张丽,李逾男主编. -- 2版. -- 北京:北京理工大学出版社,2024.4
ISBN 978-7-5763-3809-6

Ⅰ.①连… Ⅱ.①张… ②李… Ⅲ.①连锁店-商业经营-教材 Ⅳ.①F717.6

中国国家版本馆 CIP 数据核字(2024)第 077347 号

责任编辑／王俊洁	**文案编辑**／王俊洁
责任校对／刘亚男	**责任印制**／施胜娟

出版发行／北京理工大学出版社有限责任公司
社　　址／北京市丰台区四合庄路6号
邮　　编／100070
电　　话／(010)68914026(教材售后服务热线)
　　　　　　(010)68944437(课件资源服务热线)
网　　址／http://www.bitpress.com.cn

版印次／2024年4月第2版第1次印刷
印　　刷／河北盛世彩捷印刷有限公司
开　　本／787 mm×1092 mm　1/16
印　　张／15
字　　数／332千字
定　　价／55.00元

图书出现印装质量问题,请拨打售后服务热线,负责调换

前　言

本书采用任务驱动式方法进行门店开发与设计课程教学，实施案例和任务教学互动的架构，结合各个综合实训项目，穿插技能训练，训练学生的能力，体现了门店开发与设计课程改革的特色和趋势。

本书以连锁企业门店拓展需求为起点，以新门店开发为线索，以门店开发与设计的整个流程为主线，以商业运营中的门店开设真实工作项目为教学载体，设计教学内容。本书将内容划分为门店拓展策略选择、商圈调查与门店选址、连锁门店CIS设计、连锁门店外部环境设计、连锁门店卖场内部环境设计、连锁门店商品组合设计、连锁门店开业设计共七个项目。

每个项目包括若干任务，每个任务中又包括"项目导入""知识目标""能力目标""素质目标""导入案例""知识学习""知识链接""工作任务""综合案例分析""综合实训"等栏目。综合实训以实际操作为主，以理论指导、教师协调为辅，辅以分组讨论、实践知识拓展等，以用促学，学用结合，以激发学生的学习兴趣，加深学生对门店开发业务流程的操作，拓展深化能力素养。

本书内容体系别具特色，强调前沿、实战、系统、原创等原则，注重知识与实践相结合、具体讲授与总结凝练相结合。通过本书的学习，可使学生比较全面系统地掌握门店开发与设计的基本理论、基本知识、基本方法、基本策略，初步培养学生运用门店开发与设计的相关理论发现、分析和解决现实问题的能力，从而理论联系实际，掌握并提高门店开发与设计运作的操作技能，拓宽视野，活化思维，形成全局统筹的意识、辩证思维的能力、探索发现的精神、自我突破与创新的精神、团队合作的精神等，为进一步学习相关专业的其他课程打下基础。

本书具有如下特色和价值：

1. 本书落实立德树人的根本任务，聚焦知识传授、能力培养、价值塑造三大任务，融入工匠精神、鲁商文化等，助力培养具有远大职业理想、高尚职业操守、强烈社会责任感和使命感的高素质技术技能人才；

2. 本书采用任务驱动式方法编写，以国家职业标准为依据，以综合职业能力培养为目标，以典型工作任务为载体，以学生为中心，以能力培养为本位，将理论学习与实践学习相结合；

3. 本书由校企双元团队编写，选题注重实用性，内容注重系统性，表达注重简练性，案例注重经典性，全书以培养学生的实战技能为主要指导思想，基于企业真实场景，展现行业新业态、新水平、新技术，培养学生的综合职业素养；

4. 本书坚持实用、够用原则，从典型职业岗位要求出发选取教学内容，按照每个任务操作，集结构化、形式化、模块化、灵活性、重组性及趣味性一体，注重培养学生主动参与学习全过程的意识，培养学生的自主学习能力。

本书由张丽（山东商业职业技术学院）和李逾男（山东经贸职业学院）任主编，由杨学艳（山东经贸职业学院）、王欣欣（山东商业职业技术学院）任副主编。具体编写分工如下：张丽负责编写项目四和项目六，李逾男负责编写项目一，杨学艳负责编写项目二和项目七，王欣欣负责编写项目三和项目五，张丽承担了本书的编写和各章的协调工作，王欣欣完成本书的统稿。于莉（青岛友客便利连锁管理有限公司）、郭洪珍（济南百果园农产品有限公司）等企业合作人员在人才培养规格分析、学科知识结构与技能分解等问题上给出了建设性意见，提供了业内大量领先企业的案例素材和编写建议。

本书适用于各类职业教育学校和培训机构，特别是那些注重实践能力和问题解决能力的专业。我们希望通过本书，帮助学生更好地理解和掌握专业知识，提高其实践操作能力和问题解决能力，为未来的职业生涯做好准备。

本书作者在编写过程中参考了大量的资料，吸收和借鉴了同行的相关成果，在此谨向有关作者表示深深的感谢和敬意！由于编者水平有限，疏漏和不足之处在所难免，恳请读者批评指正。

最后，我们希望本书能成为读者学习路上的良伴，为您提供有益的指导和帮助。让我们一起在门店开发与设计课程学习中探索和实践，共同成长进步！

编　者
2024 年 1 月

目 录

项目一　门店拓展策略选择 ……………………………………………（1）
　知识学习 ……………………………………………………………………（3）
　　学习任务一　连锁经营与连锁门店 ……………………………………（3）
　　学习任务二　连锁门店业态 ……………………………………………（12）
　　学习任务三　连锁门店扩展策略 ………………………………………（17）
　　知识自测 …………………………………………………………………（27）
　工作任务 ……………………………………………………………………（28）
　　工作任务一　连锁企业业态调研 ………………………………………（28）
　　工作任务二　连锁企业扩展策略分析 …………………………………（28）
　综合案例分析 ………………………………………………………………（28）
　综合实训 ……………………………………………………………………（30）

项目二　商圈调查与门店选址 …………………………………………（31）
　知识学习 ……………………………………………………………………（33）
　　学习任务一　连锁门店商圈调查 ………………………………………（33）
　　学习任务二　连锁门店店址选择 ………………………………………（57）
　　知识自测 …………………………………………………………………（66）
　工作任务 ……………………………………………………………………（67）
　　工作任务一　连锁门店商圈调查 ………………………………………（67）
　　工作任务二　餐饮门店选址分析 ………………………………………（67）
　综合案例分析 ………………………………………………………………（67）
　综合实训 ……………………………………………………………………（68）

项目三　连锁门店 CIS 设计 ……（69）

知识学习 ……（72）
学习任务一　连锁企业形象塑造 ……（72）
学习任务二　连锁门店 CIS 设计 ……（81）
知识自测 ……（91）

工作任务 ……（92）
工作任务一　连锁超市门店形象调研 ……（92）
工作任务二　设计连锁超市门店 CIS ……（92）

综合案例分析 ……（92）
综合实训 ……（95）

项目四　连锁门店外部环境设计 ……（96）

知识学习 ……（98）
学习任务一　连锁门店店面设计的原则与风格 ……（98）
学习任务二　连锁门店建筑物外观及周围环境设计 ……（103）
学习任务三　连锁门店店名、店标、招牌与橱窗设计 ……（106）
知识自测 ……（120）

工作任务 ……（121）
工作任务一　连锁门店外部环境调研 ……（121）
工作任务二　连锁门店外部环境改进 ……（121）

综合案例分析 ……（121）
综合实训 ……（122）

项目五　连锁门店卖场内部环境设计 ……（123）

知识学习 ……（125）
学习任务一　连锁门店卖场整体设计 ……（125）
学习任务二　连锁门店卖场通道设计 ……（128）
学习任务三　连锁门店卖场服务设施设计 ……（133）
学习任务四　连锁门店卖场氛围设计 ……（138）
学习任务五　连锁门店卖场商品陈列设计 ……（155）
知识自测 ……（162）

工作任务 ……（163）
工作任务一　连锁超市门店卖场内部环境调研 ……（163）
工作任务二　连锁超市门店卖场内部环境改进方案设计 ……（163）

综合案例分析 ……（163）
综合实训 ……（166）

目 录

项目六　连锁门店商品组合设计 (167)

- 知识学习 (170)
  - 学习任务一　连锁门店商品组合设计概述 (170)
  - 学习任务二　连锁门店商品配置策略 (179)
  - 学习任务三　连锁门店商品货源组织设计 (184)
  - 学习任务四　连锁门店商品价格设计 (192)
  - 知识自测 (204)
- 工作任务 (205)
  - 工作任务一　连锁企业门店商品组合调研 (205)
  - 工作任务二　连锁企业门店价格标识分析 (205)
- 综合案例分析 (205)
- 综合实训 (206)

项目七　连锁门店开业设计 (207)

- 知识学习 (214)
  - 学习任务一　连锁门店开业准备 (214)
  - 学习任务二　连锁门店开业促销活动设计 (217)
  - 知识自测 (227)
- 工作任务 (228)
  - 工作任务一　连锁门店开业前的准备 (228)
  - 工作任务二　连锁门店开业促销活动设计 (228)
- 综合案例分析 (228)
- 综合实训 (230)

参考文献 (231)

项目一

门店拓展策略选择

项目导入

连锁经营是一种现代化的商业经营模式。连锁经营的特征主要体现在经营规模化、经营统一化、管理规范化、组织网络化。连锁经营企业涉及多个行业、多种业态形式。连锁经营企业发展到一定规模，实力较强的连锁经营企业往往具备强大的繁殖能力。连锁门店的扩展策略主要有四种：业态扩展策略、地域扩展策略、并购扩展策略和特许连锁扩展策略。

知识目标

- 理解连锁经营和连锁经营特征
- 理解连锁门店和连锁门店特征
- 掌握业态和零售业态划分
- 掌握连锁门店扩展策略

能力目标

- 能够分析连锁经营企业的特征和具体连锁门店的特征
- 能够分析连锁门店业态形式
- 能够分析连锁门店扩展策略的类型

素质目标

- 培养系统思维、全局意识和多赢的思维方式
- 培养团结协作意识
- 培养以人为本、求真务实的工作作风
- 培养创新意识、服务意识

 **项目框架**

项目名称	任务步骤	知识点
门店扩展策略选择	连锁经营与连锁门店	连锁经营的含义及特征
		连锁门店概述
	连锁门店业态	连锁门店业态和业种
		零售业态分类
	连锁门店扩展策略	业态扩展策略
		地域扩展策略
		并购扩展策略
		特许连锁扩展策略

导入案例

主推"烟火气+服务力",永辉超市 10 家新店全面升级

随着零售业线上数字化改造逐渐步入成熟期,零售企业的关注点正在重回线下。永辉超市(以下简称永辉)至 2023 年 12 月,已经开设山东济南北辰龙湖天街店、安徽合肥东风大道店/合肥砂之船奥莱店、重庆沙坪坝新纪元店、四川成都金牛区蜀西路店、内蒙古包头万科印象城店、广东广州星河 Coco park 店、浙江杭州曹家桥开元广场店、北京卧龙悦购店/陶然亭店、云南昆明世纪金源购物中心店等超 10 家新店。

早在 2023 年三季报中,永辉曾对外界透露称,公司目前储备已签约未开业门店超 100 家,并将于第四季度陆续开设 10 家左右门店,且新店均为采取精细化管理的调优新店型,即围绕"商品、场景、服务"升级的核心逻辑,在保留共性的同时,根据不同区域特色采取"一店一议"的定制化改造,让门店更有体验感、氛围感和烟火气。

1. 拓展现制餐饮、烘焙场景,打造线下"烟火食堂"

热气腾腾的蒸笼、手工现包的馄饨、新鲜烤制的欧包、美味的街头炸串……在如今的永辉,这些最具"烟火气"的美味正在重新吸引消费者的目光。

据了解,增加烘焙、面点、熟食等加工餐饮区是此次永辉新店拓展消费场景的重要举措之一。以近期重装开业的永辉福州滨江金榕店为例,该门店在入口处增加了主打现场制作的特色烘焙区,结合近年来健康、有机的概念推出了黑芝麻贝果、红茶奶酥、圣诞主题创意蛋糕等烘焙产品;在门店内,永辉专门开辟出更具"烟火气"的现制早餐、轻食、卤味、炸串以及捞汁小海鲜等加工食品区,满足不同年龄层消费者的饮食习惯;在门店周边,永辉则推出极具性价比的永辉社区食堂,真正解决消费者的"一日三餐"。

2. 推进生鲜标准化,按"需"优化商品结构

对于零售企业而言,商品力始终是能否持续吸引消费者的关键。

基于 20 余年的供应链能力沉淀,2023 年以来,永辉加大了对商品结构的调整力度。在

具有较强优势的生鲜品类中，永辉通过自建加工仓等方式，提高了生鲜标品的占比；依靠产地直采及长短半径结合的采购模式，为新店引入了更多符合本地消费者偏好的特色区域生鲜/活鲜产品，如云南的花生、重庆的辣椒、福建的黄瓜鱼……随着永辉对直采模式逐步深耕，更具本地特色的产品将越来越多地出现在永辉的货架上。

针对食品、百货类商品，永辉新店以新品孵化区作为品牌新品及网红商品的集中展示区，并继续优化"正品折扣店"的折扣模式，加快商品"推陈出新"的效率。此外，根据不同门店消费客群的差异，永辉还在部分门店中推出了差异化规格的商品。如安徽合肥东风大道店，背靠永辉物流园的地理优势，让该店能够实现卖场、仓端与物流的无缝衔接，提高门店的工作效率。该门店还配备了超大停车场，400多个停车位让其能够更好地服务于全合肥的消费者。此外，永辉也为该店定制了大规格的商品，如大包装的休闲膨化食品和糖果蜜饯、容量更大的洗衣液等日化用品、更大分量的牛羊腿等，满足家庭类消费者的购物需求。

3. 增加服务细节，提升人文关怀，让消费者更舒心

不同于线上渠道对便利性的高要求，在线下，零售企业更注重与消费者互动的服务细节。

在调优后的新店中，永辉以"更高标准、更人性化、更具体验感"为宗旨，全方位提升门店的服务能力。包括对肉禽、活鲜品类，提供去皮、切片/丝、饺肉馅、打氧保鲜等免费服务，还增加了免费牛排代煎、丸子代煮、半加工品代加热以及海鲜收费加工、水果礼盒包装等服务细节，让消费者能够即时、便利地享受美味。

在互动性服务外，每家新店增加了更具人文关怀的"无声服务"，如新店增设休息区、加冰处、充电站、免费血压测量仪器等，从细节处提升消费者的购物体验；同时，不同区域的门店，还在场景中融入了最多的当地特色，如合肥新店着重展现了古韵安徽文化、昆明新店增加了七彩云南的元素、杭州新店则植入了醉美杭州的设计思路。

面对激烈的外部竞争环境，永辉始终坚定聚焦主业，在加速推进数字化转型的同时，通过拓展多元场景、强化商品力、提升服务力为消费者营造更舒适的购物氛围。

在2024年1月，永辉还在昆明落地首家云南旗舰店，并将其作为永辉供应链能力、全渠道经营能力、对商品的开发能力以及高标准的服务能力的集中展现。该店以"年轻化、烟火气、高性价比"为标签，依托永辉强大的全球供应链，在引入全国及全球各地优质商品的同时，融入更多当地特色，服务昆明全城的消费者。

（来源：中国连锁经营协会网站）

【引例分析】

本案例中永辉超市借助自身优势不断拓展新店，增大了连锁经营企业的规模。新店围绕"商品、场景、服务"升级的核心逻辑，在保留共性的同时，采取"一店一议"的定制化改造方案，使门店更有体验感、氛围感和烟火气。

学习任务一 连锁经营与连锁门店

连锁经营是一种现代化的商业经营模式。连锁门店开发与设计是连锁体系规模扩张的重要环节，连锁门店承担着连锁企业扩大规模、提高效益、提升竞争力的重要任务。一个连锁企业能否取得成功，与连锁门店的数量、运营质量密切相关。门店数量多，可以扩大连锁企业的规模，进而才能谈得上规模效益；门店运营质量高，连锁企业的单店盈利能力强，才可以提升连锁企业整体的盈利能力。

一、连锁经营的含义及特征

（一）连锁经营的含义

连锁的英文为"chain"，一般翻译为公司连锁、直营连锁或正规连锁。直营连锁是港台地区的译法，另两者是日本的译法。美国零售管理教科书一般这样定义公司连锁："公司连锁是指使用集中化的采购与决策方式，由单一所有者共同拥有的多个零售分店。"连锁组织主要有下列特征：相同的建筑设计风格；集中采购；在一个以上的网点销售类似商品；单一所有者共同拥有。

美国哈佛企业管理顾问公司出版的《最新企业管理大辞典》把连锁门店（连锁商店）定义为："连锁门店是由两个或两个以上所有权与管理权集中的零售机构所组成的，通常是大规模的零售商。"美国著名营销专家菲利浦·科特勒认为：连锁门店至少应有 11 家店铺，这也是国际连锁门店协会所规定的数字。

英国考核连锁门店的标准主要有 4 条：单一所有，即一个公司或一个合伙企业或单个业主所有；集中领导，统一管理；设立的商店要相同；有 10 家以上的成员店。

总的看来，在欧美国家，连锁门店是指在核心企业或总公司的领导下，由分散的经营同类商品或服务的零售企业，通过规范经营，实现规模效益的经营联合体；是由同一所有者集中控制的多家店铺体系，其中的核心企业称为总部或本部，各分散经营的企业叫分店或成员店；通常具有统一店名、统一管理经营、集中进货的特征。

中国国内贸易局（现为工商管理局）2000 年 3 月发布的国家行业标准《连锁超级市场、便利店管理通用要求术语规范》对连锁经营的定义是："连锁经营（便利店）公司应由 10 个以上门店组成，实行规范化管理，必须做到统一订货，集中合理化配送，统一结算，实行采购与销售职能分离。"

无论对连锁经营如何定义，连锁经营一般包含以下几点：经营同类商品；使用同一商号；信息资源共享；有规范化、标准化、专业化管理。因此本书采用的连锁经营定义为：连锁经营就是将若干个店铺，以统一进货、统一配送、信息共享的方式连接起来，在同一个企业形象下进行经营和服务，以取得规模效益。

（二）连锁经营的特征

虽然世界各国对连锁经营的概念以及连锁经营应具备的条件规定不尽相同，但我们可以看到其内涵的一致性，即所谓的连锁经营，就是指经营同类商品或服务的若干企业（分店），在同一核心企业的组织领导下，采取共同经营方针和统一行动，实行集中采购和分散销售有机结合的方式，通过规范化经营服务，实现规模经济效益的经营模式。具体来说，连锁经营的特征主要体现在以下几个方面：

2022 中国连锁
Top100 榜单

蜜雪冰城为什么
能够发展到万店连锁

1. 经营规模化

规模化是连锁经营企业的显著特征之一。连锁经营企业首先表现为多店铺体系，是一种规模化、集团化的商业经营形式，它由核心企业以及多个在总店控制之下、经营业态相同的分店构成。连锁经营的规模化具体表现在以下几个方面：

1）采购规模化

采购权的集中，使连锁门店在对外采购时可采取集中采购的方式。因为采购的数量较大，所以议价能力较强，可与供应商讨价还价，获得低价进货的优势。同时，集中采购可减少采购人员和采购次数，从而降低了采购成本。连锁企业正是通过批量进货的规模降低了商品的进货成本，进而降低了商品的销售价格以吸引顾客，不断扩大市场份额。

例如大润发实行的"全国采全国卖"机制也可以做到规模化优势，为消费者提供当地卖场不易买到、性价比更高的进口冰鲜牛肉、三文鱼、大小海鲜、有机蔬果等生鲜商品。

2）物流规模化

在集中采购的基础上设置仓库，要比单店独立存储更节省仓储面积，可以根据各店的不同销售情况，实现合理库存；通过总部集中配送，可以选择最有利的运输路线，充分利用运输工具及时运送，避免门店商品库存过多或出现缺货现象。

◉ **案例**

> **家家悦一体化的物流管理体系**
>
> 山东威海家家悦公司搭建了分区域、全覆盖的一体化物流中心，已在威海、烟台、青岛、莱芜、宋村、张家口、淮北建设了7处常温物流中心和8处生鲜物流中心，总面积达到30万平方米，其中，常温物流中心日均吞吐量约30万件，生鲜物流中心日均吞吐量约3 300吨，负责各自覆盖区域门店的短距离高效配送；同时，建立了自有冷链系统，进行全程冷链控制，并全程监控车辆运输状态；对门店生鲜产品实施动态监控，保证补货及时，确保销售过程中的质量控制，加强总部对门店的统一管理。截至2023年，公司已形成山东省内2.5小时配送圈，保证了物流对覆盖门店的高效配送服务，为公司门店深入省内各个区域提供了物流基础，并保证覆盖门店的高效配送服务。
>
> （根据家家悦网站资料整理）

3）市场营销规模化

由于连锁门店遍布多个区域、全国甚至多个国家，因此连锁门店总部可以利用全国性或地域性的电台、电视台、网络等进行广告宣传，而连锁促销的费用可以分摊到多家门店，因此平均促销的成本并不高，而这对于单个商店而言是难以做到的。整体促销有利于企业形成遍布各地的售后服务体系，极大地方便各地区的顾客，形成统一提供多家服务的经营格局和服务竞争优势。

4）研究、开发和培训规模化

单个商店固然能聘请专家设计有关照明、卖场布局等商业技术，也能对自己的员工进行系统培训，然而费用很大。连锁企业由于研究、开发和培训的费用可以由其许多门店共同承担，还可以共享计算机系统、商品陈列、照明、防盗等一系列技术，并可建立自己的专职培训部门，同时其开发的成果可在整个连锁体系内推广，因而享有连锁经营所带来的研究、开发和培训方面的规模优势。利用核心企业的无形资产价值、管理水平和社会影响力，可以实现资源共享，降低单位商品销售的其他投入成本。

2. 经营统一化

连锁经营的规模化，必须有统一化或标准化的运作才能发挥其优势。统一化有时也称为标准化，具体表现在以下几个方面：

1）统一管理

企业管理的目的是实现企业目标，而企业目标的实现则依赖于企业管理。统一管理是连锁企业最基本的特征。因为只有通过各门店的联合，才能形成集团的竞争优势。没有统一的管理，连锁企业要得到快速的发展是不可能的。所以，连锁门店必须接受总部的统一管理，实施统一的营销战略和策略等。

2）统一企业形象

连锁企业总部提供统一的企业形象，包括统一的商标、统一的建筑形式、统一的形象设计、统一的环境布置、统一的色彩装饰等，各门店在店铺内外建设和员工服饰上保持一致。统一的企业形象体现了企业的整体设计和经营水准，它在一定程度上是一种极好的大众广告。

3）统一商品和服务

连锁企业各门店经营的商品种类、商品的定价、营业时间、售后服务等方面都必须基本保持一致，分店灵活度较小。服务统一之所以不可小视，是因为服务标准是使顾客放心、满意、信得过的重要因素，是建立门店信誉、创造品牌效应、吸引顾客的内在动力。

3. 管理规范化

连锁企业一般均有完整、系统的公司制度规范着企业的运营，整个企业在职能划分、工作流程、人力资源开发与管理以及服务要求等方面都有统一的规章制度和考核标准，企业严格按照相关制度运行，规范化特点非常突出。

1）规范的分工与合作

连锁经营企业由总部、配送中心、各门店三个部分组成。三者的分工非常明确：总部负责整个公司的经营、统筹进货、培训与指导工作、制定并执行促销计划、拓展经营规模、融资以及收集和处理信息等工作；配送中心专门负责商品转运、配送到各个门店以及对部分商品进行加工和处理等工作；各门店则专门进行销售现场的商品管理和销售，为顾客提供相关服务等工作。这三个组成部分各司其职，各尽其责，严格执行工作制度，相互协调却绝不越权，体现出部门分工制度的规范化。在企业内部人员分工方面，由于整个企业系统庞大而复杂，为提高工作效率，企业制定了简明扼要的操作手册，要求其内部各岗位的工作人员严格按照工作说明书进行操作，从而使连锁企业的一切工作都有规范的标准可以遵循。

2）规范的工作流程

在连锁企业的工作流程方面，总部制定的规章制度严格规范着企业运转的各个工作环节，从总部的采购、订货到配送中心的配送货品，再到各门店的商品销售，整个工作程序都必须严格按照总部所拟定的工作流程及工作制度来完成。连锁企业各门店所提供的商品和服务都是一致的，这也根源于连锁企业规范化的工作制度。连锁企业一般对各连锁门店所提供的商品或服务必须达到的标准进行明文规定，从而保证消费者无论在任何一家门店都可购买到同样价格和质量的商品，享受到同样的服务。

> **案例**
>
> **某快餐集团的炸薯条作业**
>
> 我们来看一下某快餐集团是怎么在炸薯条作业中体现规范的作业流程的。这家快餐集团将炸薯条的作业分解成七个简单的动作，作为作业员只需要完成以下七个动作：
> (1) 用已经标准化的容器舀一勺薯条。
> (2) 用手将容器上凸出的薯条抹掉（此时容器里的薯条数量是标准重量的）。
> (3) 将薯条倒入油槽，此时油槽里的油温是事先设定好的。
> (4) 按一下时间控制开关。
> (5) 听到时间提示音后，用漏勺将薯条捞起。
> (6) 将漏勺抖一下，把漏勺中的油抖掉。
> (7) 将炸好的薯条倒入恒温箱中。
>
> 这样，好吃的薯条就做出来了，而用同样的油温，对同样重量的薯条炸同样的时间，其口感自然也是稳定的，完成这七个动作的培训是非常简单的，相信对于任何一名智力和动作协调性正常的人，要达到非常娴熟的程度，都只需几天时间。在这个作业设计中，就充分体现了作业流程的规范化管理。
>
> （来自百度文库）

3）规范的招聘、培训和考核

连锁企业的人力资源开发与管理也表现出规范化的特点。连锁企业对其内部工作人员的选拔、培训、任用以及管理等诸多方面都有规范可以遵循。

> **案例**
>
> **百果园的好果子大学**
>
> **1. 导购宝典和智能陪练**
> 1）导购宝典
> 好果子大学建立不同的主题专栏形成导购宝典，将当下的主题结合运营技能通过直播推向门店员工。除了当下的直播之外，学员也可以在导购宝典中找到往期的培训直播。

门店员工可以通过导购宝典学习导购的基础知识、术语,好果子大学会将拍摄的当月主推的4款果品的导购术语演示视频上传至导购宝典供员工学习。

2)智能陪练

门店员工仅仅靠从导购宝典中学习理论知识是远远不够的,只有通过不断地实操练习才能锻炼出销冠的口才。智能陪练功能可以很好地锻炼门店员工对果品导购术语的掌握程度,以与AI对话的形式加深门店员工对果品知识的印象。

例如百果园2023年6月主推的果品是青妮王榴莲,门店员工就可以在智能陪练功能中选择"青妮王榴莲"模块,进入虚拟导购场景,与智能陪练小姐姐扮演的顾客角色进行对话,引导顾客购买主推果品,达成交易。

一轮对话结束后,智能陪练小姐姐会从学员导购话术的流畅性以及完整程度等不同层面评分并提出改进建议,学员可以根据分数、建议,不断练习精进自身的业务能力,在多次重复训练中确保门店员工在真实销售场景下能够熟练地引导顾客购买果品。

2. 学习地图全程引路,为门店员工职业生涯"保驾护航"

一家没有凝聚力的企业等同于一盘散沙。企业在培训时往往容易忽视对员工的职业发展引导,基层员工缺乏职业发展目标,自然难以对企业产生归属感。

因此,好果子大学对门店员工自身的职业生涯发展非常重视。好果子大学借助线上学习平台,打造百果秘籍、学习地图功能,针对不同层级、岗位的员工形成了特色培训课程,将百果文化知识贯穿于门店员工个人的职业生涯发展规划,引导基层员工寻找职业发展目标,增强归属感。

1)百果学习地图

为了有针对性地培训不同岗位、不同层级庞大的员工群体,好果子大学借助线上学习平台打造百果学习地图,根据不同的岗位放置不同的培训视频,以游戏的形式让枯燥的企业培训增加趣味,不仅轻松有趣,还能加深学员对岗位知识的印象。

门店员工可以根据自身的情况,使用百果学习地图有针对性地学习所需知识。新员工也可以利用百果学习地图学习岗位所需知识,渡过新人迷茫期,为日后的工作打下坚实的基础。

值得一提的是,为了给时间紧凑的门店员工们减负,好果子大学将培训视频碎片化,门店员工只需花费几分钟就能看完一个短小精悍的视频微课,掌握一个知识点。在时间紧俏的当下,显然利用碎片化时间随时随地学习,更能满足高速发展的企业对技能人才的迫切需求。

2)百果秘籍

好果子大学还围绕"人—货—场"打造出"百果秘籍"学习专栏,不仅将果品按品类展示,而且每一种水果的包装、开切和果肉陈列等都有详细的说明,并将当季热销果品置顶,方便门店员工查找果品信息。

例如好果子大学该月置顶的热销产品为葡萄,员工就可以在"百果秘籍"专栏的

> 首页快速找到葡萄版块,学习葡萄类的一些小知识。目前百果园实现了内部课程100%自建,并将各运营线课程开发完毕,保持每年度更新迭代知识,目前好果子大学线上学习平台每月的活跃度已达到98%以上。
>
> 零售连锁企业人才本身就匮乏,而适合水果零售这一细分领域的专才几乎没有,因此百果园对企业人才的培养高度重视。根据不同的岗位需要让员工将工作和学习有机结合,能更好地提升企业培训的效率以及人才培养的有效性。
>
> 未来,好果子大学将进一步建设更贴合员工工作场景的培训内容,建成贯穿员工个人职业生涯发展规划的百果园线上培训体系,促进企业战略战术落地,不断向"成为世界第一果业公司"的宏伟愿景靠近。最终让天下人享受水果好生活,加速中国的果业走向世界。
>
> (根据中国连锁经营协会网站资料整理)

4. 组织网络化

连锁经营的多店铺组织形式,从其业务营运角度来分析,其实质是网络化经营。连锁企业通过与上游企业的连接建立供货网络,通过门店扩张连接最终市场,并通过信息网络把两者有机地整合起来。

1)销售网络化

(1) 为实现连锁经营的盈亏平衡,必然要求构成销售网络的连锁门店的数量达到一定的规模。如果门店数量达不到基本规模,连锁经营就无任何优势可言。

(2) 连锁企业的形象对吸引消费者具有极为重要的作用,而树立企业形象的基本途径则是通过门店的销售服务,门店数量越多,企业形象的影响力就越强。

(3) 门店数量越多,销售量越大,对上游企业的吸引力也就越强,就越能获得上游企业的支持。

2)供货网络化

构成供货网络的基本要素是:统一采购、集货、加工、补货管理及配送,这些活动不仅能确保商品质量和持续不断的商品供应,还能创造利润。

(1) 集中统一进货能避免或减少分散采购时普遍存在的不经济行为,以降低进货成本。

(2) 以大规模的销售网络为交易条件,可以获得巨额的"通道利润",如上架费、广告费、促销费、堆头费等。实行产销一体化或定牌监制,能在维持低价销售的前提下实现高毛利与高利润。通过提高供货网络的效率,能减少商品库存,加快商品周转,提高现金流量的利用效率,为连锁企业创造丰厚的资金利润。

3)信息网络化

信息网络化是确保销售网络与供货网络协调与平衡的关键。供货网络的一切活动都必须以高效率的销售网络的信息反馈为导向,即以信息流指导商流与物流,否则就会降低供货网络的效率。

管理大规模的供货网络和销售网络,必须采用现代化的信息技术,否则就难以实现高效率的信息反馈。另外,原始的信息必须经过系统分析才能有效地发挥其应有的作用。

二、连锁门店概述

（一）连锁门店的定义及构成

连锁经营与连锁门店是统一的关系，对它们的解释不能割裂开来。业界一般认为，连锁经营是一种商业的经营模式和组织方式，而连锁门店是这一模式的具体体现和载体。简单来说，连锁门店是指在连锁企业经营管理的基础上，按照总店（总部）的指示和服务规范要求，承担日常销售业务的店铺。

我国连锁经营协会1997年在其《连锁门店经营管理规范意见》中规定，连锁门店是指经营同类商品、使用同一商号的若干门店，在同一总部的管理下，采取统一采购或授予特许权等方式，实现规模效益的经营组织。连锁企业应由10个以上门店组成，实行规范化管理，必须做到统一采购配送商品、统一经营管理规范、购销分离。全部商品均由总部统一采购，部分商品可根据物流合理和保质保鲜原则由供应商直接送货到门店，其余均由总部统一配送。

连锁门店由总部、门店和物流配送中心构成。

1. 总部

总部是连锁企业经营管理的核心，它除了自身具有决策职能、监督职能外，还应具备以下基本职能：网点开发、采购配送、财务管理、质量管理、经营指导、市场调研、商品开发、促销策划、人员招聘、人才培训、教育及物业管理等。

2. 门店

门店是连锁门店的基础，是连锁总部各项政策的执行单位，主要职责是按照总部的指示和服务规范要求，承担日常销售业务。各个分散的门店习惯上被称为连锁（分）店，它们不折不扣地把连锁企业总部的目标、计划和具体要求体现到日常的作业化管理中。门店的组织结构相对较简单，主要因门店的性质、业态特征、规模大小以及商品结构等因素的不同而有所差异。

3. 物流配送中心

物流配送中心是连锁门店的物流机构，承担着各门店所需商品的进货、库存、分货、加工、集配、运输、送货等任务。物流配送中心主要为本连锁企业服务，也可面向社会提供服务。物流配送中心的组织结构主要按照其机构的职能来划分，分为检验组、库管组、储运组和信息组，由物流配送中心经理直接管理。

（二）连锁门店的特征

与单店相比，连锁门店具有五个鲜明的特征：统一的经营理念、统一的企业识别、统一的商品服务、统一的经营管理和统一的扩张渗透。拥有这五个特征才算具备了连锁经营的基础，才能真正成为连锁门店，充分发挥连锁门店的优势和发展潜力。

1. 统一的经营理念

任何一个成功的连锁企业，一定是一个独特的文化团体。经营理念是企业的灵魂，是企业经营方式、经营构想等经营活动的根本所在。连锁门店，作为一个成员店，无论规模大小、地区差异，都必须持有共同的经营理念。

2. 统一的企业识别

企业的经营理念一致后，还要使看得到、感受得到的物体和行为在每个门店都保持一致，才能使连锁经营更坚固。这些"一致"包含招牌、装潢、标准色彩、外观、物品陈列、布置、包装材料、手提购物袋、制服、旗帜、收银台、名片、标识卡、意见箱、垃圾箱等硬件，及礼节、口号、招呼等行为语言。连锁门店要在众多门店中建立统一的企业形象，以有利于消费者识别，更重要的是使消费者产生认同感。

3. 统一的商品服务

连锁门店内的商品陈列、标价、促销活动和所提供的服务等都要一致化，各门店的商品按照统一的规划摆放、组合，使消费者对连锁门店形成稳定的预期。顾客去任何一家门店消费都有相同的感觉，无论到哪家门店，都保证可以享受到一致的商品和服务。

4. 统一的经营管理

连锁企业强调标准化、一致化，管理制度就是维护标准化的工具，因此，必须建立一套标准化的经营管理制度。管理整个连锁系统的是组织，规范的是管理条例，组织制度使得加盟者的差异减少，不因个人的世界观不同使加盟者的经营方式有差异。连锁门店接受总店的统一管理，实施统一的经营战略、营销策略等。

5. 统一的扩张渗透

连锁企业总店和各门店的扩张渗透战略必须一致，也就是说，扩张和渗透的方向、深度、广度、速度都必须统一。

以上"五个统一"是相对的统一，而不是绝对的统一。重点是必须有统一的经营理念。经营理念是指导性、方向性的东西，一旦方向偏离了企业运营的轨道，后续的经营活动就会出错。但这种统一又并非僵化的、一成不变的。连锁经营的全局好像一盘棋，怎么经营，全靠棋手——经营者的智慧。

（三）连锁门店的类型

根据连锁门店与总部之间的所有权和经营权的关系，可以将连锁门店划分为三种类型：直营连锁门店、特许加盟连锁门店和自愿连锁门店。

1. 直营连锁门店

直营连锁门店简称直营店，是指总公司直接经营的连锁门店，即由公司总部直接经营、投资、管理各个零售门店的经营形态。

直营连锁门店从本质上来讲，是处于同一流通阶段，经营同类商品和服务，由同一资本及同一总部统一领导，即所有权属于同一公司或同一老板，由总部直接经营所有的门店。直营连锁作为大资本运作，利用连锁组织集中管理、分散销售的方式，充分发挥了规模效应。

2. 特许加盟连锁门店

特许加盟连锁门店简称加盟店，是指以特许加盟的方式加入某一连锁体系的门店，又叫特许连锁门店。特许连锁加盟是一种经济、简便的经商之道，通过一种商品服务以及营销方法，以最小的投资风险和最大的机会获得成功。因为特许经营是通过总部与加盟店签订一对一特许合同而形成的经营关系，所以总部与加盟店的关系是纵向关系，而各加盟店之间不存在横向联系。

知识链接

2020 年中国特许连锁百强

2020 年中国特许连锁百强企业总销售规模合计为 4 773.4 亿元，相较于 2019 年上榜的百强企业 5 046.2 亿元的总销售规模，下降了 5.4%；门店数总计 332 893 个，相较于 2019 年增加了 7%，其中加盟店数量合计为 299 472 个，相较于 2019 年增加了 7.7%，直营店 33 421 个（占总门店数的 10.04%），相较于 2019 年增加了 1.6%。

2019 年上榜的 15 家企业，2020 年止步于百强榜，这些企业分别为：名创优品（广州）有限责任公司、哈尔滨杨国福麻辣烫餐饮服务有限公司、百世店加（杭州）科技有限公司、上海华氏大药房有限公司、山西省太原唐久超市有限公司、南京足生堂企业管理有限公司、北京阿博泰克北大青鸟信息技术有限公司、布丁酒店浙江股份有限公司、四川精典汽车服务连锁股份有限公司、北京庆丰餐饮管理有限公司、长沙市绿叶农产品贸易有限公司、上海适达餐饮管理有限公司、上海棒约翰餐饮管理有限公司、华润太平洋餐饮管理（北京）有限公司、上海汉甲美业美容集团有限公司。

（根据网络资料整理）

3. 自愿连锁门店

自愿连锁门店（也叫自由连锁门店），是指以自愿连锁的形式加入连锁体系的门店，它是指一批所有权独立的门店，自愿归属于一个采购联合组织和一个服务管理中心（总部）领导，在总部的指导下共同经营。各成员门店使用共同的店名，与总部订立有关购、销、宣传等方面的合同，并按合同开展经营活动。

学习任务二　连锁门店业态

从消费趋势，看零食量贩及硬折扣的未来　　**硬折扣风起，浅析奥特乐的经营之道**

一、连锁门店业态和业种

连锁门店的开发是指连锁企业开设新店，拓展企业经营区域和服务范围，扩大企业规模，从而提升企业效益。门店开发工作往往包括连锁门店的业态和业种的选择、商圈调查分析、选址、门店开发的投资可行性分析、物业的建设或租赁等工作。门店设计则是指对门店的整体形象设计，包括门店外部的形象设计和门店内部的卖场布局设计。门店设计必须与连锁企业的整体形象一致，符合企业整体的定位。

连锁门店开发与设计前的一项重要决策是确定所要开设门店的业态和业种，即门店要选择什么样的经营形态以及主要经营哪些东西。

业态和业种的概念来自日语。根据日本同文馆出版的《最新商业辞典（改订版）》的解

释,业种主要是针对产业的一种划分,通过大分类、中分类、小分类等形式,把握产业的结构。在批发零售业中,业种通过对经营商品的类似性、商品用途的类似性或商品生产过程的类似性来划分企业。这种商店自古有之,诸如古代就存在的布店、粮店、肉店、鞋店、杂货店等。

所谓业态,指针对不同消费者的不同需求,按照既定的战略目标,有选择地运用商品结构、价格政策、销售方式、店铺选址、规模及形态等手段,提供销售和服务的种类化经营形态。业态主要以"如何销售、销售什么"为标志划分。连锁经营不是零售业态,而是一种企业经营形式和管理模式,它必须与具体的业态相结合,才能显示其存在的形式和独特的魅力。

二、零售业态的分类

我国自 20 世纪 80 年代引入业态概念,经过多年发展,国际上已有 20 种左右的业态都出现了,属于井喷式的产生和发展,中华人民共和国标准《零售业态分类》(GB/T18106—2021)将零售业态分为 17 种。下面介绍几种主要的零售业态:

GB/T18106—2021
零售业态分类

(一)百货店

百货店是指以经营品牌服装服饰、化妆品、家居用品、箱包、鞋品、珠宝、钟表等为主,统一经营,满足顾客对品质商品多样化需求的零售业态。

我国设立连锁百货店,其门店应当具备下列条件:

(1)选址在市区级商业中心、历史形成的商业集聚地。

(2)商店规模大,营业面积一般在 10 000~50 000 平方米。

(3)商品以服饰、鞋类、箱包、化妆品、家庭用品、家用电器为主,种类齐全、少批量、高毛利。

(4)商店设施豪华、店堂典雅、明快。注重服务,逐步增设餐饮、娱乐、休闲等服务项目和设施。

(5)采取柜台销售与自选(开架)销售相结合的方式。

(6)采取定价销售,可以退货。

(7)服务功能齐全。

(二)超市

超市是以销售食品、日用品为主,满足消费者日常生活需要的零售业态。通常采取开架销售的方式,也可同时在线销售。门店内可提供食品现场加工服务及现场就餐服务。

超市普遍运用大工业的分工机理,实行对零售经营过程和工艺过程专业化和现代化的改造,因而普遍实行连锁经营的方式。

1. 我国规定超市应当具备的条件

(1)选址在市区型商业中心、城乡接合部、交通要道、居住区、社区周边或大型购物中心。

(2)以居民、商业区顾客或流动顾客为主要销售对象,因营业面积不同,商圈辐射范围不同。

（3）商品构成以购买频率高的商品为主。

（4）采取自选销售方式，出入口分设，结算由设在出口处的收银机统一进行。

（5）有一定面积的停车场地。

2. 超市的分类

1）超市可以按照营业面积细分为大型超市、中型超市和小型超市

（1）大型超市：营业面积大于或等于6 000平方米，商品种类丰富，满足一站式购物。

（2）中型超市：营业面积在2 000~5 999平方米，商品种类较多，满足日常生活所需。

（3）小型超市：营业面积在200~1 999平方米，食品类商品较多，满足日常生活所需。

2）根据生鲜食品营业面积占比，超市可以分为生鲜食品超市和综合超市

（1）生鲜食品超市：生鲜食品营业面积大于或等于总营业面积的三分之一，满足消费者日常生活必需的零售业态。生鲜食品的有效单品数量通常占总单品数的30%及以上。

按照加工程度和保存、售卖方式不同，生鲜食品包括初级生鲜食品、冷冻冷藏食品和现场加工食品三大类。

（2）综合超市：经营品种齐全，满足顾客日常生活用品一次购齐的超市。非食品单品数量占比较高。

▷ 案例

银座北园店

银座北园店是一家大型社区零售店（超市），经营面积2.6万平方米，经营品种2万余个。银座北园店以"社区好邻居、打造烟火气"为经营策略，不仅用主题化、场景化商品专区满足消费者一站式购物需求，更对购物环境、商品项目进行了全新布局。

门店重点强化休闲食品、水奶饮料、副食品、个人护肤等优势品类。扩大生鲜品类占比，同时强化畜禽区域、冷冻品，加强加工日配的烟火气，打造"冰与火"的现场气氛。在优化商品结构上，增加网红新国货、地标商品，让消费者能够在家门口随心逛、省心购。

1. 提供全新嗨购方式

令人眼前一亮的是，银座北园店自营优质零食品牌——"鹿两两"零食店中店也同步亮相。店长介绍："鹿两两"品牌以高品质零食商品为主，本次进驻系"鹿两两"品牌在银座北园店济南区域面积最大的品牌店铺所在地。

银座北园店聚焦高品质提升、沉浸式购物，银座北园店盛装开业期间还带给顾客"开业礼""购物礼""抽奖礼""生日礼""推广礼"等十重礼遇。

2. 新服务，打造消费新地标

银座北园店交通便利，地铁、BRT等公共交通直达。门店焕新升级，不仅满足了

> 消费者更精细化的购物需求，更延伸了邻里品质生活的触达半径。在服务上，焕新后的银座北园店也持续对门店服务项目进行创新深挖再升级，推出美食街区，打造社区食堂，提升顾客休息区免费服务项目。
>
> 银座北园店将继续秉承"五心"服务理念，聚焦商品力提升、优化供应链合作和战略品牌布局，以更加丰富多元的消费场景、舒适安心的购物环境，实现品质再升级、服务再提升，做越来越懂消费者的身边好邻居。
>
> （根据网络资料整理）

（三）便利店

便利店是指以销售即食商品为主，满足顾客即时性、服务性等便利需求为目的的小型综合零售业态。

便利店根据位置不同分为四种类型：

中百便利打造社区
物业惠民店

1. 社区型便利店

社区型便利店位于社区周边，主要顾客群体为社区内常往人员。

商品结构以日常生活用品、饮料、烟酒、应急性商品以及部分生鲜商品为主。根据社区档次的不同，商品结构有所不同。

2. 客流配套型便利店

客流配套型便利店位于公共交通枢纽以及景点、商业中心、医院、园区等人流较为密集的区域及周边，顾客群体以上班族、出行人群和特定人群为主。

商品结构以饮料、香烟、即食品、休闲食品、报纸杂志为主，位于旅游景点的店铺销售旅游纪念品。

3. 商务型便利店

商务型便利店位于写字楼集中的区域及周边，顾客群体以商务人士为主。

商品结构以鲜食盒饭、即食商品、现冲饮料、新鲜水果、功能性饮料、蜜饯糖果、时尚小商品为主。

4. 加油站型便利店

加油站型便利店依托加油站，顾客群体以司乘人员为主。

商品结构以食品、饮料、香烟、应急商品、汽车养护用品为主。

（四）专业店

专业店是指经营某一类或相关品类商品及服务的零售业态。以销售某类商品为主，体现专业性、深度性，品种丰富，选择余地大。如办公用品专业店、家电专业店、药品专业店、服饰店、体育用品专业店和家居建材专业店等，现场售卖人员可提供专业建议，无人值守专业店，则由消费者自助完成购物。

店址一般在交通便利或远离市中心的交通主干道旁，或者市区级商业中心以及百货店、购物中心内。

目标顾客以有目的地选购某类商品的流动顾客为主。

(五) 品牌专卖店

品牌专卖店是指经营或被授权经营某一品牌商品的零售业态。以销售某一品牌系列商品为主，销售量少、质优、高毛利。注重品牌声誉，从业人员专业知识丰富，提供专业服务。无人值守专卖店，则由消费者自助完成购物。

海澜之家：零售快反系统领跑者

店址一般在市区级商业中心、专业街或者百货店、购物中心内。

目标顾客以中高档消费者和追求时尚的年轻人为主。

(六) 购物中心

购物中心是指由不同类型的零售、餐饮、休闲娱乐及提供其他服务的商铺按照统一规划，在一个相对固定的建筑空间或区域内，统一运营的商业集合体。购物中心根据位置和规模不同，可以分为以下四种类型：

1. 都市型购物中心

都市型购物中心以满足顾客中高端和时尚购物需求为主，配套餐饮、休闲娱乐、商务社交等多元化服务。位于城市的核心商圈或中心商务区，辐射半径可以覆盖甚至超出所在城市。

提供停车位、导购咨询、个性化休息区、手机充电、免费无线上网等多种便利措施。

2. 区域型购物中心

区域型购物中心满足不同收入水平顾客的一站式消费需求，购物、餐饮、休闲和服务功能齐备，所提供的产品和服务种类丰富。位于城市新区或城乡接合部的商业中心或社区聚集区，紧邻交通主干道或城市交通节点，辐射半径约在5千米以上。

不包含停车场的建筑面积通常在50 000平方米以上。

提供停车位，通常还提供导购咨询服务、个性化休息区、手机充电、免费无线上网、免费针线包、ATM取款等便利措施。

3. 社区型购物中心

社区型购物中心以满足周边居民日常生活所需为主，配备必要的餐饮和休闲娱乐设施。位于居民聚居区的中心或周边，交通便利。

不包含停车场的建筑面积通常为10 000～50 000平方米。

提供停车位，通常还提供休息区、手机充电、免费无线上网、免费针线包等便利措施。

4. 奥特莱斯型购物中心

奥特莱斯型购物中心以品牌生产商或经销商开设的零售商店为主体，以销售打折商品为特色。在交通便利或远离市中心的交通主干道旁，或开设在旅游景区附近。

不包含停车场的建筑面积通常在50 000平方米以上。

购物中心是商业与地产的结合体，是复合型的商业形态，不是一种单一业态，是多业种、多业态的具有统一规划和管理的有机组合体，是一种与时代发展紧密联系在一起的生活方式和消费服务模式。购物中心是社会经济发展的产物，也是消费水平提高和生活方式转变的必然结果，还是商业零售业发展历程中的一个最高形式，它能最大限度地适应生活方式的转变，满足现代消费的多种需要，从而也就形成了购物中心比单一零售业态更具魅力的多种功能上的综合优势。

学习任务三　连锁门店扩展策略

连锁企业之所以能够迅速发展，在于其强大的繁殖能力。它通过门店的快速复制，从无到有，由点到线，由线到面，由刚起步的单店逐步扩展到多店并辐射至国内外各地。由此可见，门店开发对连锁企业的发展具有举足轻重的作用。连锁门店的扩展策略主要有以下四种：业态扩展策略、地域扩展策略、并购扩展策略和特许连锁扩展策略。

一、业态扩展策略

连锁企业有自己的经营业态，在开发新店进行门店扩展时需要做出选择，是保持原有业态扩展还是多种业态扩展。由于业态不同，在经营上有不同的要求，所以连锁企业在业态扩展策略方面要谨慎对待。

（一）原有业态扩展策略

这是指连锁企业在进行新店开发时，保持现有的业态模式，以更加专业的方式不断拷贝原有模式，进而发展壮大。一般来说，专业连锁门店就属于这种形式。例如，著名便利店品牌——美宜佳，从1997—2023年的26年的时间，已经发展到门店数超过30 000家，获得"广东省著名商标""中国零售业十大优秀特许加盟品牌"等荣誉称号，美宜佳是东莞市糖酒集团旗下商业流通企业，也是在国内第一家连锁超市——美宜佳超市基础上发展起来的连锁便利店企业。20多年来，美宜佳以好物产品研发为核心，为消费者提供优质商品与便民服务，构建国民美好便利生活场景，目前已成为中国门店数量最多的便利店品牌。

（二）多种业态扩展策略

这是指连锁企业在进行新店开发时，通过市场调查，结合开店地区风土人情、消费习俗、收入水平及同行业竞争情况等信息，不断开拓创新，开设适合当地实际情况的各种业态模式。

例如，鲁商集团的零售产业涵盖新零售、电子商务、消费金融等领域。在山东省内及北京、河北、河南等地拥有百货、超市、购物中心等大型零售门店160余家，家居专业店9家，银座汽车投资标准4S店9家，统一银座便民超市超过200家。超市重装升级，增设前置仓，打造"银座云逛街"线上自有平台，推动向"线上+线下+金融科技"模式转型。

我国由于地区差异明显，所以很多连锁集团都采用多种业态扩展策略扩展。例如，家家悦集团股份有限公司是以超市连锁为主业，以区域一体化物流为支撑，以发展现代农业生产基地和食品加工产业链为保障，以经营生鲜为特色的全供应链、多业态的综合性零售渠道商。截至2022年12月末，公司门店总数1 005家，网络覆盖山东、北京、河北、内蒙古、江苏、安徽6个省市，形成了大卖场、综合超市、百货店、便利店、专业店等多业态并举的格局。

由于连锁业态不同，在开发新店、进行门店扩展时需制定不同策略。例如，快餐就应开在流动人口密集的地方；美容美发店就应开在固定人口密集的地方；销售日常用品和副食品的超市应设在居民区内或交通方便的若干个居民区交汇处；仓储超市或会员超市，一般应设在城乡接合部。国外的购物中心，尤其是大型或超级购物中心，都远离市中心，设在城乡接合部，而我国则以市区为主、郊区为辅，这与我国的居民消费水平、交通工具及交通状况有一定关系。

二、地域扩展策略

开店地域的选择有两大类：一类是全面性选择，另一类是部分性选择。全面性选择是面向全部市场空间，随着顾客群的发展而发展，所采用的扩展方式是地区头号大店策略，即在一个地区开设该地区最大的门店，实现小商圈高市场占有率。部分性选择有三类：第一类选择在城市繁华区；第二类选择在城乡接合部；第三类选择在交通要道处。所采用的扩展方式是集中成片开发策略，即在一个区域密集开店，在该区域形成绝对优势。

(一) 地区头号大店策略

这种策略经常被较大规模的门店采用。通常设在购物中心或商业中心之中，定位为该中心的核心门店。购物中心、大型百货店、大型超市、大卖场、家居中心等规模较大的门店多采用这种策略。

1. 购物中心

在北京名噪一时的金源 Shopping Mall（超大规模购物中心），所采用就是地区头号大店策略。金源购物中心，不仅是首家落户北京的 Shopping Mall，也是世界上最大的商业单体之一，在这里，人们可以满足四世同堂的一家人从早晨到夜晚，一切锻炼、餐饮、休闲、娱乐、玩耍、学习、购物、聊天所需。金源 Shopping Mall 位于北京海淀区中关村中心区沿线，所处的地理位置优越，与世纪城一、二期及世纪金源大饭店隔街相望。该项目投资48个亿，占地18.2公顷①，规划建筑面积为68万平方米。整个金源 Shopping Mall 东西跨越600米，南北跨越120米，地上5层，地下2层，规模宏伟，功能齐全，配套完善。

金源 Shopping Mall 提倡"一站式"购物方式，它提供了包括购物、休闲、娱乐、餐饮等各项设施，主体空间由主力店、主题游乐园、环球美食中心、大型商店、专卖店、步行街、室内广场、汽车展厅、屋顶花园等构成。有5~6家主力店，20余家半主力店，60余家专卖店，100余家主题餐厅，10余家娱乐休闲场所。内有大型室内停车楼，车位达6 800余个。在当今商业竞争加剧的时期，当地 Shopping Mall 能强势浮出水面，确属不易。

2. 大型百货店

河南省漯河市千盛百货是当地头号大店，是大商集团在河南拓展的第一家店，以"流行风标、时尚楷模"为理念，以引领时尚、动感流行为特色，着力强调现代流行百货对消费者生活方式和消费理念的提升和重塑。其建筑面积31 500平方米，地下一层为5 000平方米的食品加强型精品超市，附带近3 000平方米的停车场；一楼建筑面积5 500平方

---

① 1公顷=10 000平方米。

米,主要经营化妆品、黄金珠宝、名表眼镜、男女靴鞋;二楼建筑面积8 000平方米,主要经营少女装、淑女装、文胸内衣、女饰品、女包;三楼建筑面积8 000平方米,主要经营运动休闲装、男正装、男商务休闲装、男包等;四楼建筑面积5 000平方米,主要经营家居床品、羊绒羊毛、童装童玩、小家电、常规内衣和羽绒服。千盛百货以其独特的魅力将当地居民及周围地、市、县的顾客吸引过来,其商圈范围和影响力还在逐步发展壮大。

3. 大型超市

大型超市,营业面积大于或等于6 000平方米,商品种类丰富,以量制价、物美价廉,满足一站式购物需求。例如大润发,自1998年在上海开设第一家大型超市以来,截至2022年,已在中国成功开设近500家综合性大型超市,遍布华东、华北、东北、华中、华南五大区域,服务覆盖全国29个省市及自治区达230多个城市,拥有十多万名员工和十多万名导购,每天为500多万顾客提供服务。

(二)集中成片开发策略

门店规模较小、经营大众日常生活用品、对商品配送要求较高的门店,适合采用此种策略。因为可以集中成片开发,连锁企业可以形成在该地区的绝对优势,提高配送效率。如果在大范围区域均匀多数量开店,每个单独的门店力量有限,容易被竞争对手击垮,还会带来物流配送、信息传递、门店管理等方面一系列困难,但依靠群体的力量则结果不同。大店可以自成气候,而小店只能依靠群体的力量。生鲜超市、便利店等规模较小的企业常采用这种策略,有时也可以将两种策略综合起来使用。

1. 生鲜超市

相较于传统的农贸市场脏、乱、差,为了给老百姓提供一个优美、便利的购物环境,生鲜超市便应运而生。总部位于河南省漯河市的双汇集团为推动"冷鲜肉战略"而苦心酝酿"连锁门店计划"。截至2022年,双汇连锁门店在全国有1 000多家,双汇建设连锁门店的投资比例是7∶3,即70%是自有资金,30%利用社会资金,并采取加盟方式,经过多年打造,双汇连锁门店遍地开花,基本形成省、市、县三级销售网络。

2. 便利店

便利店的开店宗旨为便利。目前,人们对社区型便利店一个公认的定义是:位于居民区附近,以经营及时性商品为主,以满足便利型需求为第一宗旨,采取自选式购物方式的小型零售店。相对于大超市的价格战策略,便利店毛利高,运营更为灵活,深受各级供应商的青睐。

2021—2022年中国便利店发展报告

中连协【2023】27号关于公布"2022年中国便利店Top100"的通知

近年来,连锁便利店发展极其迅猛。以美宜佳、易捷、昆仑好客、天福、红旗连锁等为代表的一大批连锁便利店快速发展起来。这些连锁便利店主打便利,产品价格较一般的大型超市高,利润空间大。其遍布城市每个角落,已经成长为非常重要的销售形式。

 **知识链接**

连锁门店如何选店面业态才能保证增长

店面业态选择不是原样复制，而是看城市类型。业态一定要根据城市类型来确定。因为不同的城市，适合不同的店面业态。比如说，一线城市，就更适合开24小时营业的便利店；而生活节奏慢的城市，就更适合开烟火气息较浓的休闲生活超市。

城市类型，通常可考虑4个要素，分别是城市格局、交通路线、产业分布情况、农业生产情况。黄碧云在《怎样让店铺持续增长》一书中，把中国不同的城市大概总结成了6种类型，分别是环绕型、套环型、长条型、分割型、田字型、生活工业分离型。

1. 环绕型城市：开生活超市

环绕型城市最典型的特点，就是省会城市的经济和周边地市级县城连接很紧密，交通很便利，城市的贸易相对发达。比如河南郑州，因为高铁路线是米字形的，所以和周边市县的连接就很紧密。周边这些市县到郑州，高铁平均时长只有30分钟。像郑州周边的中牟县，就有个万邦市场，是中原最大粮仓。因为交通很方便，所以这个粮仓、加工厂生产出来的商品，就能拉到郑州去进行交易。

在环绕型城市开连锁店，就要瞄准靠近主城区周边的市县，开综合型的生活大超市。如果当地竞争对手少，可以考虑开2 000平方米左右的大超市。如已有很多成熟的大超市，就锁定150～270平方米的生鲜小超市。周边市县租金低、交通便利，又能享受到省会城市的资源。市县里居住的更多是二代家庭、三代家庭。他们买菜做饭、买家庭日用品的频率会很高，大超市或生活小超市更符合他们的消费需求。

2. 套环型城市：开超市+便利店

套环型城市，指的是从中心到外环经济繁华程度逐渐减弱的城市。这一类城市最典型的特点，就是外来务工人员特别多，通常是工作在内环，居住在外环，比如北京。

在套环型城市开连锁店，就要瞄准环与环之间的区域，以"超市+便利店"的双业态模式开店。如果店整体的面积超过1 000平方米，就可以在店门口再开一家小便利店，而且最好有早餐，还能快速打包带走。这样一来，早晚便利店营业，白天大超市营业，基本就能够满足所在区域的顾客需求，销售额也是双份。

3. 长条型城市：开食品加强型门店

长条型城市最典型的特点，就是头尾两端、中间都点状式地分散着很多民生商品的产区，小农经济发达，民生业态非常丰富。比如广州，头尾两端分别是海产品、农产品，中间有大型商品集散市场，民生业态非常丰富，当地的菜市场比较繁荣。

在长条型城市开连锁店，可在菜市场附近开500～1 000平方米的食品加强型门店。门店主营包装类食品，与菜市场里大量的生鲜摊位形成差异化经营，很好地利用菜市场附近的共享客流。

4. 分割型城市：开大超市+小超市

分割型城市最典型的特点，就是海拔差异大，而且有山有水，可居住的平地面积相对较小，所以这类城市交通比较拥堵，普遍通勤时间较长。在可居住的区域里，人口密度、商业密度都比较高，很有烟火气息。比如山城重庆，因为地势高，交通不方便，所以顾客买东西会更依赖小区周边的超市。这类城市的顾客，更需要商品丰富的生活超市。

在分割型城市开连锁店，可瞄准人口、商业密度高的区域，以"大超市+小超市"的模式开店。例如连锁企业原本在A区开店，可以继续在A区开店扩张，开一个营业面积为1 000平方米的大店，再加上一个营业面积为150~300平方米的小店。"大超市+小超市"的模式，更能满足同一区域中不同人群的需求，如有人想快买快走，那就可以逛小超市；有人想休闲一下，慢慢地逛，那就去大超市。

5. 田字型城市：开大超市

田字型城市典型的特点，就是地广人稀，城市中心和边缘区离得较远，出行相对方便，这类城市的顾客，通常是一次性集中采购。

在田字型城市开连锁店，建议开2 000平方米以上的大超市。如果企业现金流充足，经验丰富，还可以采取"开一拖三"的方式。即开一家大超市，同时在周边再开两三家小超市。比如，甘肃就有很多典型的田字型城市，开的大多是3 000平方米以上的大超市，不仅能满足顾客一次性集中采购的需求，而且能满足社交和休闲的需求。

如果你手里的成本只够开小店，可以把店开在大超市附近，甚至是采取店中店的形式。比如说，青海有一家超市，把当地菜市场卖肉、卖菜这些高手都邀请到超市里面来，满足顾客更多元的购物需求。

6. 生活工业分离型城市：开生鲜小店

生活工业分离型城市最典型的特点，就是生活区、工业区是明显区隔开的。比如苏州，生活区、商业区都在城市中心，人口密度很大；但高新区、工业园区都在城市边缘，人口密度相对较少。在这类城市开连锁店，最好在社区门口开生鲜小店，避开中心商业区。

生活工业分离型城市生活区、工业区有明显区隔，一到节假日，人们肯定都会往城市中心区聚集，所以城市中心区的租金非常高。另外，因为城市交通成本高，所以无论去哪的成本都不低，超市开在社区门口，人们进进出出就能买上需要的东西。但在店面布局上有一个小技巧，就是开生鲜小店，必须保证顾客能快进快出。

以上是6种城市类型和适合的店面业态建议，连锁企业可以找到自己所在城市的格局图、产业分布图、交通路线、农业带分布图，来对应城市类型，定位合适的店面业态，确保连锁店符合所在城市特点，店和店之间才能形成合力，发挥出连锁的优势，真正达到店面扩展、助力业绩增长的目的。

（本案例根据黄碧云的《怎样让店铺持续增长》一书相关资料整理）

三、并购扩展策略

（一）并购的含义

并购的内涵非常广泛，一般是指兼并（Merger）和收购（Acquisition）。兼并又称吸收合并，是指两家或者更多的独立企业合并组成一家企业，通常有一家占优势的公司吸收一家或者多家公司。收购是指一家企业用现金或者有价证券购买另一家企业的股票或者资产，以获得对该企业的全部资产或者某项资产的所有权，或对该企业的控制权。与并购意义相关的另一个概念是合并（Consolidation），是指两个或两个以上的企业合并成为一个新的企业，合并完成后，多个法人变成一个法人。

产生并购行为最基本的动机就是寻求企业的发展。寻求扩张的企业面临着内部扩张和通过并购发展两种选择。内部扩张可能是一个缓慢而不确定的过程，通过并购发展则要迅速得多，尽管它会带来自身的不确定性。通过并购，企业规模得到扩张，能够形成有效的规模效应。规模效应能够带来资源的充分利用和整合，降低管理、原料、生产等各个环节的成本，从而降低总成本。并购活动收购的不仅是企业的资产，而且获得了被收购企业的人力资源、管理资源、技术资源和销售资源等，这些都有助于企业整体竞争力的根本提高，对企业发展战略的实现有很大帮助。

（二）并购的类型

根据并购的不同功能或并购涉及的产业组织特征，可以将并购分为横向并购、纵向并购、混合并购三种基本类型。

1. 横向并购

横向并购的基本特征是企业在国际范围内的横向一体化。近年来，由于全球性的行业重组浪潮，结合我国各行业实际发展需要，加上我国国家政策及法律对横向并购的一定支持，行业横向并购的发展十分迅速。

例如，华润万家集团的发展壮大正是通过一步步并购实现的。截至2023年6月，其在全国109个城市经营超3 000家门店，全国员工95 000多名，超市业务连续多年位居全国前列。华润万家秉承"引领消费升级、共创美好生活"的使命，从消费者变化的需求出发，多业态布局，为更广泛的消费群体匹配多场景优质购物体验。

◆ 案例

华润万家的收购

华润万家，隶属央企华润集团，遍布国内除黑龙江、西藏、山西、台湾、澳门之外的29个省、市、特区共242个城市。旗下拥有华润万家、苏果、欢乐颂等多个著名品牌。成立于1984年，经过40年的发展，现在全国直营门店已经超过了3 000多家。

华润万家的发展壮大，除了自身不断地开拓新店外，最主要的还是走资本收购的发展途径。

华润万家进入中国大陆市场是在1984年，在深圳开出了第一家分店：爱华店。1998年3月，与当时深圳比较有规模的连锁超市深圳万方超级商场合并，成立了深圳华润万方超级市场有限公司。到2002年，华润万家总公司出资1.4亿，全资控股深圳华润万方超级市场有限公司。至此，华润万家完成了第一单并购。

项目一　门店拓展策略选择

2001年，华润以4.57亿元的价格收购万科集团持有的万佳百货72%的股权，这次并购被行业人士称为蚂蚁吞大象，当时华润超级市场无论是名气还是营业额，显然是无法跟万佳百货比拟的，此时万佳百货的年销售额已经位居广东省零售行业的首位。经营模式上也有一定的差异：华润还是以标准超市为主要业态，而万佳百货以超市+百货的创新业态存在。

苏果超市是江苏省最大的连锁零售企业，当时在江苏经营65间综合超市、58间超级市场及191间便利店。并购苏果使得华润在业内名声大振。在并购苏果超市以前，华润万家业绩处于亏损状态，而并购苏果超市之后，华润万家的盈利状况大有改观，并将苏果超市业务扩张至邻近省份。

2005年9月，华润与天津月坛商厦集团股份有限公司（简称天津月坛集团）签订合作项目，全面收购旗下月坛超市有限公司的28家超市门店。天津月坛商厦集团股份有限公司是一个集购物、餐饮、休闲、娱乐、健身、超市等多业态为一体的股份制商业零售企业。月坛超市有限公司有30家门店，主要集中在城乡接合部的咸水沽、小站、葛沽、双港等城镇，大店有1万多平方米，小店则有几百平方米。

2005年9月20日，华润宣布斥资2.8亿收购宁波慈客隆超市100%股权，这是浙江零售业界有史以来涉及金额最大的一宗并购案。

慈客隆超市当时是宁波慈溪市最大的零售企业，已经开设集镇连锁超市近70家、乡村社区便利店50余家，2004年实现商品销售8.76亿元，连续三年跻身全国连锁超市50强。华润收购慈客隆，进一步壮大了华润在浙江地区的实力。

2006年6月，华润万家与富邦集团共同投资1亿元组建宁波华润万家有限公司，其中华润万家投资8 000万元，富邦集团投资2 000万元。合资公司成立后，华润万家全资收购富邦集团属下宁波富邦百家缘超市有限公司，该公司已在宁波市区开设中、小型综合超市7家，大卖场两家。其间，华润万家投入约1 000万元，收购了绍兴乐客多柯桥店。华润通过资本运作在宁波已经形成区域领先优势，并进行资产组合，渗透江浙地区二、三级市场。

2007年3月12日，华润（集团）有限公司正式宣布收购天津家世界连锁超市有限公司。原杜氏家族所持有的家世界股份毫无保留地出售给华润股份，华润也接手了包括债务在内的家世界全部资产。

2008年5月6日，华润（集团）有限公司对外公布，全资收购了西安爱家超市有限公司100%的股权，并已完成股权变更及工商登记等手续。西安爱家超市注册资金2亿元，是由西安爱家商贸有限公司创建于2000年4月的大型连锁零售企业，商圈覆盖西安、安康、咸阳等地区。背后真正的投资方是以房地产、商业零售、电器制造为主的民营企业西安秦骊集团。

至此，华润万家业务遍及华东、华南、华北、西北、东北、中原以及香港地区，共有门店2 450家，员工10万人。

2009年5月，华润万家对外公布，已经全资收购无锡永安集团超市连锁有限公司，当地25家永安超市陆续翻牌。

2008年12月，深圳农产品公告称，该公司与华润集团洽谈转让其旗下民润连锁商业有限公司股权。

2010年12月，华润万家对外公布，以3 670万元的价格，将广州越秀集团旗下的107家宏城超市收入囊中。

2011年7月29日晚，华润宣布其以36.9亿元的价格收购江西洪客隆集团的全部股权，将江西最大的零售连锁洪客隆百货收入囊中。

从2013年8月开始，华润万家开始全面将"洪客隆"品牌升级改造为"华润万家"！

2013年8月10日，华润万家母公司和乐购同时宣布，双方签署了一份谅解备忘录并进行排他性的合作商讨，双方成立一家合资企业。

2018年4月，华润万家宣布与京东到家和美团外卖展开全面合作，华润万家旗下各品牌将陆续入驻两家外卖平台，共同打造线上线下一体化和数字化的服务能力；2023年，华润万家收购无锡丸悦。

（根据网络资料整理）

2. 纵向并购

纵向并购是指发生在同一产业的上下游之间的并购。纵向并购的企业之间不是直接的竞争关系，而是供应商和需求商之间的关系。因此，纵向并购的基本特征是企业在市场整体范围内的纵向一体化。

3. 混合并购

混合并购是指发生在不同行业企业之间的并购。从理论上看，混合并购的基本目的在于分散风险，寻求范围经济。在面临激烈竞争的情况下，我国各行各业的企业都不同程度地想要多元化，混合并购就是多元化的一个重要方法，为企业进入其他行业提供有力、便捷、低风险的途径。

以上三种并购活动在我国的发展情况各不相同。目前，我国企业基本摆脱了盲目多元化的思想，出现了更多的横向并购，数据显示，横向并购在我国并购活动中的比重始终在50%左右，横向并购毫无疑问对行业发展影响最直接。混合并购在一定程度上也有所发展，主要发生在实力较强的企业中，相当一部分混合并购情况较多的行业都有着比较好的效益，但发展前景不明朗。纵向并购在我国比较不成熟，基本都在钢铁、石油等能源与基础工业行业。这些行业的原料成本对行业效益有很大影响，因此，纵向并购成为企业强化业务的有效途径。

四、特许连锁扩展策略

特许连锁是连锁经营的主流和未来市场推广的重点。特许连锁扩展策略是指连锁集团通过广泛开设加盟店的方式扩展的策略，主要包括连锁总部如何选择加盟者、加盟者如何考察连锁总部、加盟双方关系处理及办理门店开业手续四方面内容。

（一）连锁总部如何选择加盟者

一个合格的加盟者应有相关工作经验及学历，了解加盟公司，有丰富的市场和商品知识、良好的心理素质、完善的人格品质、良好的发展潜力等,在资金及运营方面,有些连锁企业要求加盟者交纳保证金或担保金、加盟金、权利金、广告促销费、员工费用及月供等。其他辅助条件包括加盟者的家庭支持力度、社会关系、思想理念、脾气性格等内容。扩招加盟者的方法有媒体招募、参加行业年会、展览会、店面POP广告及发放招募说明书等。

(二) 加盟者如何考察连锁总部

1. 考察连锁总部的素质

主要包括连锁总部经验丰富程度、经营的专业程度、连锁体系的发展前景、总部品牌竞争优势及连锁加盟分店的经营情况等。

2. 考察加盟体系

主要包括该连锁企业是否是中国连锁经营协会的备案企业和会员企业,连锁总部成立的时间有多久,总部拥有多少家直营店,该品牌在市场上的存活率和生命周期以及加盟体系的产品在市场上的持久性。

3. 要求连锁总部必须提供真实的信息

我国自2007年5月1日起施行的《商业特许经营管理条例》第22条规定,特许人应当向被特许人提供以下信息:

（1）特许人的名称、住所、法定代表人、注册资本额、经营范围以及从事特许经营活动的基本情况;

（2）特许人的注册商标、企业标志、专利、专有技术和经营模式的基本情况;

（3）特许经营费用的种类、金额和支付方式（包括是否收取保证金以及保证金的返还条件和返还方式）;

（4）向特许人提供产品、服务、设备的价格和条件;

（5）为特许人持续提供经营指导、技术支持、业务培训等服务的具体内容、提供方式和实施计划;

（6）对被特许人的经营活动进行指导、监督的具体办法;

（7）特许经营网点透支预算;

（8）在中国境内现有的被特许人的数量、分布地域以及经营状况评估;

（9）最近2年经会计师事务所审计的财务会计报告摘要和审计报告摘要;

（10）最近5年内与特许经营相关的诉讼和仲裁情况;

（11）特许人及其法定代表人是否有重大违法经营记录;

（12）国务院商务主管部门规定的其他信息。

(三) 加盟双方关系处理

连锁加盟制度是一种销售成功的制度。连锁总部把自身在直营店开发成功的商品与服务技术,以有偿形式提供给加盟者使用,其基本形式就是工盟合作。我国要求加盟连锁必须签订正式合同。

(四) 办理门店开业手续

加盟者（门店经营者）应派人到当地工商部门了解营业执照办理手续以及需要准备的

资料。办理个体工商户营业执照手续比较简单，而办理有限公司营业执照则手续比较多，到工商局咨询会得到详细指导。例如，江苏省常熟市办理个体工商户营业执照所需的手续有：开业申请书；个体工商户字号名称审批表（不取字号名称也可）；无业证明（包括下岗、待岗、离退休人员等证明）；身份证复印件（外地人员需要提供暂住证、身份证复印件）；一寸照片一张；租房协议和产权证复印件；设计前置审批行业需提供审批意见；到当地工商部门领取申请开业登记表格，共计八项。办理地点为当地的工商分局和工商所。

另外，办理完营业执照后，还需到当地卫生防疫站申请卫生许可证，到税务局申请税务登记证，到消防部门办理消防行政许可手续，还有刻章、办理组织机构代码、银行开户、购买发票等一系列手续也要办理。

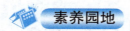
素养园地

国家扶持实体店发展

1. 大力扶持实体商家

现在国家大力扶持实体经济，其中最直接的方式就是降准0.5%，目的就是有效增加银行支持实体店的长期稳定资金来源，让各大银行能够提供更多的贷款资金，让消费者能够提升消费水平，让各大商户有能力开店，从而形成一个良性循环，拉动实体经济增长。实体店的经营一直是负重前行，主要是生产经营的成本高，需要承担各种较高的费用，而最近几年国家取消很多不必要征收的费用，减免租金税收等，一定程度上减轻了实体店的负担。从国家政策方面，也在给实体店发展创造越来越优越的外部环境。《"十四五"规划和2035年远景目标纲要》提出，充分发挥海量数据和丰富应用场景优势，促进数字技术与实体经济深度融合，赋能实体产业转型升级，催生新产业新业态新模式，利用数字技术赋能传统产业提质增效，激发实体经济新活力。

2. 构建线上线下一体化经营体系

对于实体店而言，在销售布局方面，实行线上线下相结合的全零售体系不仅是扩大营销力度、增强品牌影响力的重要途径，同时线上线下相结合，也是帮助实体店长久、可持续发展的重要策略。线上线下一体化经营，意味着传统门店不但可以继续发挥线下销售即时、便利、服务好的优势，而且可以通过线上线下一体化运营，为店铺打造私域流量，持续深入运营，充分占据消费者的碎片化消费市场，能够利用线上门店打破空间上的限制，让门店经营辐射到更远的范围，触达更多的消费人群，实现"1+1＞2"的效果。企业可以通过线上线下联动的方式，实现商品的线上浏览、线下试穿、线上下单、线下取货等功能，还可以通过线上线下一体化，互相传播，互相照应，向消费者提供更好的服务与品牌传播。品牌宣传是线上线下一体化的新零售模式中非常重要的一环。企业需要通过线上线下多渠道的传播方式，提高品牌知名度和美誉度，从而吸引更多的消费者。线上线下的一体化结合，互为彼此服务，互为彼此宣传，才是真正的一体化品牌传播。线下为线上引流是新零售模式中另外一种重要手段。企业可以通过线下为线上引流的方式，将线下实体店的流量引导到线上平台，实现线上线下的融合。可以通过线下推广线上平台、线下店铺扫码购物等方式，将线下的流量转化为线上的销售。线上传播可以为品牌赋能,可以为线下导流,可以实现对线下渠道的赋能。有了来自线上的充分宣传,品牌就容易实现线上线下的打通。站在便利于消费者的角度,企业可以通过线上为线下赋能的方式,为线下实体店提供更多的销售渠道和销售工具,如线上预约试衣、线上支付、线上下单等,提高实体店的销售效率和便捷性。

(根据网络资料整理)

项目总结

连锁经营是一种商业组织形式,连锁经营的特征主要体现在经营规模化、经营统一化、管理规范化、组织网络化。连锁门店是指在连锁企业经营管理的基础上,按照总店(总部)的指示和服务规范要求,承担日常销售业务的店铺。连锁门店划分为三种类型:直营连锁门店、特许加盟连锁门店和自愿连锁门店。连锁零售企业涉及多种业态形式,我国最新的业态分类标准是将零售业态分为有店铺和无店铺共计 17 种。连锁门店扩展策略包括业态扩展策略、地域扩展策略、并购扩展策略、特许连锁扩展策略。

知识自测

一、名词解释

1. 连锁门店
2. 多种业态扩展策略
3. 生鲜食品超市
4. 并购

二、填空题

1. 开店地域的选择有_____和_____两大类。
2. 门店规模较小,经营的是大众日常生活用品,对商品配送要求较高的门店,适合采用_____策略。
3. 产生并购行为最基本的动机就是_____。
4. 根据并购的不同功能或根据并购涉及的产业组织特征,可以将并购分为_____、_____、_____三种基本类型。

三、简答题

1. 零售业态有哪些?
2. 连锁经营的特征是什么?
3. 开发新店的原则有哪些?
4. 集中成片开发策略适合哪些类型的门店?
5. 什么是企业并购?并购有哪些类型?

四、案例分析题

中百仓储超市首个会员折扣专区采用"店中专区"模式

2023 年 12 月 8 日,中百仓储超市首个会员折扣专区在武汉首义路开业。会员折扣专区经营面积超过160平方米，SKU（库存量单位）近350个，采用"花车＋实物堆＋割箱"的独立陈列，以"均一价"的售卖方式，主推食品类别直采、自有品牌等优质商品。

首义路店的会员折扣专区采用"店中专区"模式，这种创新性的经营模式，有利于在现有门店中大范围复制推广。在加快商品更新的同时，进一步丰富商品种类，为消费者带来更多高性价比选择。

"店中专区"以提高商品效率为核心，利用现有供应链和商品系统，配置独立的商品部门和专属收银台，确保了会员商品的有效流转和持续供应。后续，超市会根据开业实际情况，固化拓店标准、优化核心商品库、提升价格竞争力，满足消费者日益增长的差异化、品质化、平价化、特色化需求。

此前，中百仓储超市已经在进行会员折扣方面的尝试。2016年，中百仓储超市申请小百零食铺商标，首家门店经营商品以自有散装零食为主；2022年10月，完成社超业态存量门店批次导入；2023年5月，社区型零食折扣店正式开业。2023年5—10月，中百仓储超市新开小百折扣店5家，服务范围覆盖武汉三镇。

（根据网络资料整理）

问题：

1. 请查找《零售业态分类》（GB/T 11806—2021）中对折扣店业态的定义和折扣店业态的特点。

2. 分析中百仓储超市折扣业态的形式和特点，说明它哪些方面符合了消费者需求。

工作任务

连锁企业门店业态和扩展策略调研

【工作任务描述】

根据中国经营连锁协会发布的最新"中国连锁百强榜单"，自主选择其中某个大型连锁零售企业，详细调研其门店业态形式和企业扩张形式，并汇总形成小组报告。

工作任务一　连锁企业
业态调研

工作任务二　连锁企业
扩展策略分析

综合案例分析

商业场景新趋势，探寻购物中心的内核

越来越多的商业中心在最初构造或者后期调改中加入更多情感元素，以提升人们的购物体验，在这种多元化的发展之中，购物中心的内核也发生了变化。

购物中心逐渐成为人们消费、休闲的第一选择。但那些有着传统模式、单一商品和简单陈列的零售商店已经跟不上新时代消费者的需求。当下的购物中心，其内核是什么呢？与传

统老旧的零售购物场所完全不同,购物中心,主打多业态融合的场景化运营,集合传统零售、休闲娱乐、文化艺术及互动场景等为一体,以贩卖体验感为主。以不同的定位打造差异化较大的空间场景,通过划分功能区域、引进主题IP(知识产权)、构造主题空间、举办艺术展览等方式让顾客拥有沉浸式体验感。

消费者停留时间越长,越能提升用户黏性,从而转化消费。主要针对当代年轻人的"闲逛"需求,有足够的空间场景满足年轻人打卡分享的欲望,更能让人们从繁忙的生活中抽离,放松身心,这是趋向于"去中心化"的体验场所。

从商业场景进入购物中心时代之后,一些高端购物中心对场景化的打造让传统商业趋之若鹜,纷纷走上转型之路。

1. 上海:瑞虹天地太阳宫

瑞虹天地太阳宫(简称太阳宫),一个拥有18万平方米的航母级商业中心,集艺术、文化、自然、生活美学为一体,全力打造365天24小时全维度的城市生活"加油"站。用年轻活力、自然魅力、生活动力、运动魄力等表达自身独特的"生活力",打破传统商业建筑形态,将差异化空间与社交生活融入商业体验,打造一个符合现代消费群体的生活社交场景。

在设计方面,瑞虹天地太阳宫运用透明的超大中庭让阳光穿透,亲水瀑布、1 500平方米的室内绿植、室内水景组成了沉浸式绿色空间,还嵌入了国际领先的空气净化系统,在城市中打造了一座都市花园。

五层的沉浸式美食社交平台Foodie Social(美食社区),以"太阳村"为主题概念,设立美食与美景结合的"空中阁楼",开放式的公共空间和众多的绿植景观,打造田园"目的地"。Foodie Social自有IP——《"农夫有花头"山野生活节》,还在每年举办4次主题节日,传播美味与文化,真正将田园与城市的理想化生活带给消费者。

在业态方面,瑞虹天地太阳宫引入30%上海首店、40%北上海首店、70%虹口首店,包括但不限于Muji Meal Solution Supermarket(无印良品)中国首店;国内首家商场内高科技互动亲子水族馆Hall of the Sun Aqua Park(太阳水上公园);全上海首个融合娱乐及社交场景的Sports Social(运动集合专区)、2.5万平方米单层面积最大的Kids Social(亲子体验空间);创新宠物友好社交空间等高端场景,用联动品牌、生活力与社交体验,助力提升生活品质,贴合当代最新的消费趋势。

2. 成都:远洋太古里

远洋太古里(简称太古里),是一个面积超过10万平方米,建筑独特的开放式、低密度的街区形态购物中心,内与大慈古寺相邻,外与春熙路商圈接壤,从所处位置到建筑形态,饱含了丰富的历史底蕴和文化内涵。以现代赋能传统,将经典老式建筑与现代零售商业体融为一体,在空间形态上,从交通空间到交往空间都得到了突破。

与传统的封闭式购物中心不同,太古里足够开放、足够宽阔,在这里逛街可以与户外足够亲近,让人们在"逛"中多了一些自由与思考,放慢脚步、放松心情。

老房子、水景、艺术品、自然景色等与生活空间紧密结合,艺术展览、文化传播、潮流体验活动让公众爱上社交,当交流可以更顺畅时,消费就变成了一种自然而然的行为,在这些空间中，让"社恐"也能爱上社交。

太古里在业态的打造、品牌的引进上都更加华丽，由中国著名如恩设计研究室操刀设计的 Valextra（万莱斯特）旗舰店、Gentle Monster（温柔巨兽眼镜）成都旗舰店等，其新奇创意与本土文化融会贯通，更加贴合生活场景、文化内涵，这里让热爱美食、休闲生活、追逐时尚、潮流精致、标新立异的年轻人念念不忘。

3. 南京：德基广场

2021年，德基广场以商业、艺术、科技为核心，从空间场景、业态品牌等多方面入手进行了新一轮的调改升级，将艺术与城市文化、购物中心融为一体，通过高端、多维的艺术展示与交流，向消费者展现更多除物质生活之外的艺术空间体验。

在空间场景方面，德基广场带来了规模更大的德基美术馆，将文化内涵与现代商业结合，为大众打造了一个沉浸式艺术体验空间，空间内部明亮宽敞，更加注重呈现艺术品本身的价值，其独一无二的艺术商业气息，吸引众多年轻群体前来打卡。德基广场还将德基美术馆、德基当代艺术空间、德基艺术书店三大空间集合于一体成为"德基文化区"，建立一个以"历史、艺术、生命"为主题的体验区，激发消费者对艺术、生活、城市文化的思考与灵感。

在业态品牌方面，以服饰业态为主，其次是零售业态，品牌调整超过百家，不乏众多高端品牌首店，除 Canada Goose（加拿大鹅）、Celine（思琳）等常规品牌外，还有 Razzle（地素）全国首家全新形象旗舰店、Alexander Wang（亚历山大王）江苏首店以及全球三大牛仔品牌之一 Wrangler（威格）中国首店、Bobbi Brown（芭比波朗）首家全球旗舰店、Tom Ford（汤姆福特）江苏首店等，高端品牌的入驻也激发了年轻人的购物欲望，年轻人纷纷前去打卡。

德基广场也一直在提升消费者科技化体验的探索中进步，德基广场 APP 的开发不只以购物为主，更多的是为消费者提供新颖、潮流的社交平台，打造年轻人爱玩的虚拟乐园。

结语：

购物中心的内核是一个"变"字，要做到"以万变应万变"，无论是传统购物中心进行调改，或是打造新的购物中心，都要做到"离购物很远"。成功的购物中心打造了更开放的街区、更潮流的体验空间、更像公园的建筑形态，甚至把博物馆、展览馆搬进购物中心，等等。如何把购物中心从"购物"中脱离出来，造就独特的气质与价值观，这是购物中心竞争成功的关键出口。

（根据网络资料整理）

问题：

1. 购物中心与传统商业购物场所的区别是什么？现在的购物中心又汇集了哪些业态形式？

2. 案例中三个购物中心，分别是如何实施"以万变应万变"的？

综合实训

分析当地规模较大的某连锁零售企业其门店和业态分布情况。

项目二

商圈调查与门店选址

项目导入

在开设一家连锁门店前,首先要进行市场调查工作,包括消费者调查、竞争者调查,然后要分析商圈内的基本情况,进而选定合适的店址。在连锁门店开发的流程中,由于店址是关系到门店生意好坏的最关键因素,因此商圈调查尤其重要。

知识目标

- ❖ 了解商圈的含义与构成
- ❖ 了解店址选择的意义、原则
- ❖ 熟悉影响商圈范围大小的因素
- ❖ 掌握确定商圈的方法
- ❖ 分析店址选择的条件

能力目标

- ❖ 能够组织商圈调查
- ❖ 能够根据实际选择商圈调查的方法
- ❖ 能够进行门店选址分析

素质目标

- ❖ 培养一丝不苟的工匠精神
- ❖ 培养创新精神和服务意识
- ❖ 培养合作精神和团结意识

项目框架

项目名称	任务步骤	知识点
商圈调查与门店选址	连锁门店商圈调查	商圈及商圈类型
		影响商圈范围的因素
		确定连锁门店商圈的方法
		连锁门店商圈调查
	连锁门店店址选择	连锁门店店址选择的重要性
		连锁门店店址选择的原则
		连锁门店店址选择的条件

导入案例

大数据助力门店选址

作为实体零售竞争条件中入口级的核心要素，地址具有天然的空间壁垒，好位置能够为企业带来可观客流，大幅增高营业额，也是其一大竞争优势和无形资产。新零售也一直在强调全渠道，所以线下是一个必需的环节。

随着移动互联网时代的日益深化，数据信息越发成为影响商业选址的关键因素，大数据已成为新时代的选址利器，并为商业选址提供更为科学的决策依据。位置信息＋时间信息＋舆情信息＋人物行为信息＋……＝大数据的无限演绎，它能全面整合数据信息，成为你的"千里眼"和"顺风耳"，不论是商业选址、广告投放、营销活动还是线路优化设计，大数据都为人们提供最敏锐的信息。

1. 指定位置看人群

基于选定的目标位置，通过大数据技术，能够实现特定位置人群信息的分析展现，即人群特征画像，为企业洞察潜在用户及预测分析市场提供依据，从而评估指定位置选址的可靠性。举例来说，作为全球最大的咖啡连锁店，近年来，星巴克的商业成功备受瞩目，而其选址成功率高背后的秘诀，正是大数据。通过优先对诸如商场、办公楼、高档住宅等汇聚人气聚集人流地段的数据分析，衡量目标地是否拥有大量与之匹配的消费人群，已成为星巴克成功选址的第一步。

2. 指定人群选位置

基于不同商业企业目标客户的定位和特点，大数据能够帮助人们实现不同品类和品牌基于指定人群的商业选址分析，通过位置数据和行为等信息针对目标人群进行筛选和精确定位，为企业"量身打造"最佳选址。如今，在商业广告的投放中也能见到大数据的身影，帮助企业达到营销效果并提高广告效应。

3. 目标人群轨迹洞察最佳选址

基于位置数据、行为数据等相关数据信息，大数据能够对某一地区流入流出的人群行动轨迹进行洞察，对指定路线、区域的数据进行分析，了解客从何来，去往何处，并对特定消费载体实现路线追踪和人群流向洞察，为选址提供更为针对性的动态分析，确保选址的合理性。通过大数据的预测分析，不仅能够掌握各大商圈的客流量和轨迹，更重要的是能提前发掘和预测下一个商圈中的"潜力股"，抢占市场先机。

阿里巴巴新零售的样板工程——盒马生鲜能获得如此大的成功，不仅靠其独特的新型营销模式，而且与精准定位选址密切相关。盒马生鲜一直以来都注重商圈的选择，以及客户的喜好、消费偏好等。正是利用了全域数据，根据其品牌设定的人群画像，比如消费者能力、习惯等，做了实时的潜客筛选，才实现了精准定位，大大节约了时间和人力成本，投入与回报的成效都立竿见影。

星巴克使用一个叫作Atlas（地图集）的内部绘图和商务智能平台，来决定在哪里开设新门店。使用这一平台，可以评估附近的零售商圈、公共交通站以及小区的人口分布图。用大数据测算结果跟实际地址对比一下，水滴标记是初算的地址，小圆点是第二、三步复算出的地址，大圆点是最终的建议选址。这些区位数据还有一些其他意想不到的用途，星巴克的数据分析方法不仅仅对于门店选址有利，他们还会利用当地智能手机的用户数量，决定在哪一区域进行手机应用优惠推广。

老盛昌在上海原来是80多家门店，老盛昌将经营数据对商圈里门店的数据进行匹配，构建起一个模型，分析出哪些门店经营得好，是由于周边商圈有哪些特征能满足企业的经营需求，哪些门店经营得不好，是由于商圈有哪些缺陷，所以导致其经营得不好，用这种方法，老盛昌在上海找出了1 000个可以支持其业绩比较稳定额度的机会点。老盛昌在开新店时，只需要针对大数据提供的地理位置机会点去寻找物业，效率就会大大提高。

（根据网络资料整理）

【引例分析】
新零售的崛起，使大数据助力开店选址成为一项简单、精准、高效的工作，基本上摆脱了人为经验和其他因素带来的偏差误导。新时代下，大数据将以其全面性、高效性、精准性等优势，帮助企业实现智慧选址，打造商业和品牌优势。

学习任务一　连锁门店商圈调查

一、商圈及商圈类型

（一）商圈的概念

商圈，是指以店铺坐落点为圆心，向外延伸一定的距离，并以此距离为半径构成的一个圆形消费圈，即吸引消费者前来购物或接受服务的有效范围。例如，可能是方圆300米，也可能是方圆1 000米（因购物不便，缺乏竞争等因素），视具体状况而定。

商圈大小与店铺的经营规划、经营范围、所处地段、商品信誉、交通条件等有密切的关系，反映着店铺的经营辐射能力。商圈范围是店铺确定服务对象分布、商品构成、促销方法和宣传范围的主要依据。

(二) 商圈范围的构成

商圈结构受各种因素的制约，其形态往往呈现不规则形状。从市场营销学的观点来说，商圈结构可分为三层，用三个大小不等的同心圆来表示，如图 2-1 所示。

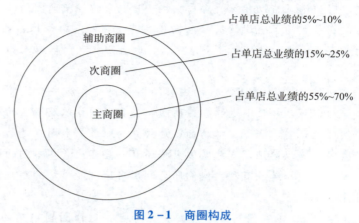

图 2-1 商圈构成

1. 主商圈

这是单店业绩的主要来源，占单店总业绩的 55%~70%，拥有较多忠诚率高的顾客群。

2. 次商圈

次商圈占单店总业绩的 15%~25%，相对而言，老顾客来访率较低。

3. 辅助商圈

辅助商圈占单店总业绩的 5%，处于商圈的最外围，有利客人较多。

商圈范围的划定因行业类别的不同而不同。以便利店来说，一般主商圈多为 50 米，次商圈为 50~150 米，辅助商圈为 150~250 米。但如果是以选购品为主的专卖店或大型店，则其商圈范围的估算可用车程来计算。

有以下情况限制时，可作为商圈的范围划分点：

(1) 商圈半径以 500 米为限。

(2) 马路分界。

凡超过 40 米宽的道路，四线道以上或中间有栏杆、分隔岛、主要干道阻隔，可划分成两个不同商圈。

(3) 铁路、平交道阻隔。

因受铁路、平交道的交通阻隔，可划分成两个不同商圈。

(4) 高架桥、地下隧道阻隔。

因高架桥、地下隧道阻隔，人潮流动不便，可划分成不同商圈。

(5) 安全岛阻隔。

因安全岛阻隔、人潮流动不便，可划分成不同商圈。

(6) 大水沟阻隔。

因大水沟阻隔,使人潮流动不便,可划分成不同商圈。

(7) 单行道阻隔。

因单行道阻隔,使人潮流动不便,可划分成不同商圈。

(8) 人潮走向。

人潮走向的购物习惯及人潮流动的方向,使该区形成一个独立商圈。

(三) 商圈顾客来源

连锁门店有其特定的商圈范围,在这一范围中,其服务的对象,即顾客来源可分为三部分:

1. 居住人口

它是指居住在连锁门店附近的常住人口,这部分人口具有一定的地域性,是核心商圈内基本顾客的主要来源。

2. 工作人口

它是指那些并不居住在连锁门店附近但工作地点在连锁门店附近的人口,这部分人口中不少人利用上下班就近购买商品,他们是次级商圈中基本顾客的主要来源。一般来说,门店附近的工作人口越多,商圈范围扩张相对越大,潜在的顾客数量就越多,对门店经营就越有利。

3. 流动人口

它是指在交通要道、商圈繁华地区公共活动过往的人口,这些流动人口是位于这些地区连锁门店的主要顾客来源,是构成边缘商圈内顾客的基础。一个地区的流动人口越多,在这一地区经营的连锁门店可以捕获的潜在顾客就越多。同时经营者云集,竞争也越激烈,这就要求经营者更讲求竞争策略和经营特色。

(四) 商圈的类型

商圈有集中型商圈和分散型商圈两种形态。在选择商圈时,应充分考虑店铺的定位、所吸引的客层、所售商品的价位、商圈范围的大小等多种因素。一般而言,商圈的类型可分为以下几种:

1. 商业区

该区为商业行为集中地区,其特色为商圈大,流动人口多,各种商店林立,商圈繁华、热闹。其消费习性具有快速、流行、时尚及消费较高等特色。

2. 住宅区

该区住户数量至少有1 000户。住宅区的消费习性为:消费人群稳定,生活便利,具有亲切感,家庭用品购买率高。

3. 文教区

该区附近一般有一所或多所学校。该区消费群以学生居多,消费普遍不高,但食品、文教用品购买率高。

4. 办公区

即办公大楼林立的地区。一栋办公大楼内的员工人数可能超过一千。其消费习性为便利性，外食人口多，消费水平较高等。

5. 工业区

工业区的消费群多为工厂管理者及打工一族，其消费水平较低，但消费总量较大。

6. 混合区

混合区有住商混合、教住混合、工商混合等。混合区具备各种单一商圈形态的消费特色。而一个商圈内往往含有多种商圈类型，具有多元化的消费习性。

案例

百果园门店选址要求及商圈类型

1. 店铺要求

店铺实用面积：50平方米左右，门面及内宽3.5米以上，内层高2.8米以上，有上下水、有网络，电压220 V、总电力容量12 kW以上，有足够面积放置空调、展示柜主机，该商铺为合法建筑，无法律纠纷。

该商铺门店辐射商圈的范围与已有百果园老店商圈无明显重合，或在保护商圈外的（所有百果园门店评估时都有商圈保护范围）。

2. 商圈类型

（1）社区类型商圈：以社区住宅为主。

原则上住户达2 000户以上规模的大型社区/追求高品质（健康）生活的中高端消费人群。

优选位置：社区出入口，或在社区内人流聚集的活动中心。

（2）综合性类型商圈：商超+社区/客流区+社区。

以人流为主的店铺，原则上住宅至少有800户以上；

以住宅为主的店铺，原则上在下午高峰期（6:30—7:30）商铺门前有效人流300人次/小时以上。

优选位置：拐角处、十字路口、丁字路口、斑马线。

优先邻居：面包店、便利店、超市、药店等（它们之间客户群体相似，可以相互吸引客流）。

（3）写字楼类型商圈：写字楼/写字楼区+公寓区。

下午6:30—7:30有效人流500人次/小时以上（有消费力的有效人流）。

原则上区域内办公人数达5 000人以上。

最优商铺位：十字路口、人行通道、地铁口、宿舍/食堂等。
（4）业态特殊类型商圈：交通枢纽、园区、旅游景区、大型购物中心等。
业务特点：以各类特殊场景为主，满足在特定情况下用户的购买需求。

（根据网络资料整理）

（五）商圈分析的作用

商圈分析就是经营者对商圈的构成、特点、范围以及影响商圈规模变化的因素进行调查、评估和分析，为门店选择店址、制定和调整经营方针和策略提供依据。商圈分析的作用主要体现在以下3个方面：

1. 商圈分析有助于合理选址

新店经营者选址时要了解商圈的详细信息，在明确商圈范围和分析市场商圈内人口规模与特点、劳动力市场情况、商品的供应情况、竞争程度等各种市场及非市场因素的基础上，预测经济效益，评估店址价值，选择合适的店址，使商圈、店址、经营条件有机结合，创造出经营优势。商圈分析在这一过程中极为重要。

2. 商圈分析有助于制定竞争经营策略

在日趋激烈的市场竞争环境中，仅仅运用价格手段显得太有限了。连锁门店为取得竞争优势，广泛采取非价格竞争手段，诸如改善形象、完善售后服务等。经营者通过商圈分析，了解商圈的详细信息，并根据顾客的需求特点采取竞争性的经营策略，从而吸引顾客，才能成为有竞争力的赢家。

3. 商圈分析有助于制定市场开拓战略

一个连锁门店经营方针、策略的制定或调整，总要立足于商圈内各种环境因素的现状及其发展趋势。通过商圈分析，可以帮助经营者制定合适的市场开拓战略，调整商店经营战略和经营方针，不断延伸经营触角，扩大商圈范围，提高市场占有率。

此外，商圈分析还可以帮助连锁企业测算出一定区域内门店设置的最佳数目，能够准确识别市场地理位置上的特点，帮助经营者掌握竞争状况、金融服务、交通运输、政策法规、商品配送、劳动力供给等情况。

二、影响商圈范围的因素

门店经营的活动范围通常都有一定的地理界限，即相对稳定的商圈。不同的门店由于所在地区、经营规模、经营方式、经营品种、经营条件不同，使得商圈规模、商圈形态存在很大的差别。同样一个零售店，在不同的经营时期受到不同因素的干扰和影响，其商圈也并不是一成不变的，商圈规模时大时小，商圈形态表现为各种不规则的多角形。如一般小型的连锁门店，其商圈设定的因素可能会考虑门店周围人口分布的密度以及徒步多少分钟可能来店的范围（通常消费者愿意步行来购买商品的距离为500米，但会随着四周的一些障碍，如道路、山河等改善，有所增减变动）。对一家大型连锁门店而言，其商圈设定的因素除周围地区之外，交通网分布的情形就必须考虑顾客利用各种交通工具很容易来门店的地区均可列为商圈范围。

为便于研究，一般将商圈视为以连锁门店本身为中心的同心圆形。实际上，商圈不一定都是同心圆模式，其规模与形状是由各种各样的因素决定的。其中包括门店的类型、规模、竞争者的坐落地点、顾客往返的时间和交通障碍等。设在同一商圈的不同门店，对顾客的吸引力也不一样。如果门店供应商品的花色品种很多，推销宣传很广泛，并且建立了良好的商誉，它的商圈就会比竞争力弱的对手大一两倍。有一类门店称为"寄生店"，即没有自己的往来通道，也没有自己的商圈，它依靠的是那些被其他原因吸引来的顾客。

（一）店铺开设形态

通常来讲，店铺的开设有两种最常见的形态：一种是地铺店，即店铺直接开设在街道上，顾客直接进入店铺中，如街道上位于一楼的各独立店铺等；另一种则是寄生店，这种店铺依附在某大型的商业网点中，顾客购物是先对大型商业网点产生光顾兴趣，然后进入店铺购物。这种大型商业网点最常见的代表就是百货公司、购物中心等。这两种开店方式在商圈界定方式上存在明显差异。独立开设的地铺店，可以直接以该店铺为中心再根据辐射半径划分商圈范围，而对于依附在大型商业网点中的寄生店，其商圈的界定应以该大型商业网点的商业范围为标准。

（二）店铺规模

一般来说，店铺规模越大，其市场吸引力越强，从而有利于扩大其销售商圈。这是因为店铺规模大，可以为顾客提供品种更齐全的选择性商品，服务项目也随之增多，吸引顾客的范围也就越大。当然，店铺的规模与其商圈的范围并不一定成比例增长，因为商圈范围的大小还受其他因素的影响。

（三）店铺经营水平及信誉

一个经营水平高、信誉好的店铺，由于具有颇高的知名度和信誉度，吸引许多慕名前来的顾客，因而可以扩大自己的商圈。即使两家规模相同，又坐落在同一个地区、街道的店铺，因其经营水平不一样，吸引力也完全不一样。例如，一家店铺经营水平高、商品齐全、服务优良，并在消费者中建立了良好的形象，声誉较好，其商圈范围可能比另一家店铺大好多倍。

（四）经营商品的种类

对于经营居民日常生活所需的食品和日用品，如食品、牙膏、卫生纸等的店铺，一般商圈较小，只限于附近的几个街区。这些商品购买率高，顾客购买此类商品，常为求方便，不愿在比较价格或品牌上花费太多时间。而经营选择性强、技术性强、需提供售后服务的商品以及满足特殊需要的商品，如服装、珠宝、家具、电器等，由于顾客购买此类商品时需要花费较多时间，精心比较商品的适用性、品质、价格及式样之后才确认购买，甚至只认准某一个品牌，因而店铺需要以数千米或更大的半径作为其商圈范围。

（五）促销策略

商圈规模可以通过广告宣传、人员推销、公共关系等各种促销手段来赢得顾客，如优惠酬宾、有奖销售、礼品券等方式都可能扩大商圈的边缘范围。香港百佳、惠康超级市场经常大做广告，通过每周推出一批特价商品来吸引边缘商圈顾客前来购买。

（六）交通状况

交通地理条件也影响着商圈的大小，交通条件便利，会扩大商圈范围，反之，会缩小商圈范围。很多地理上的障碍如收费桥梁、隧道、河流、铁路，以及城市交通管理设施等，通常都会影响商圈规模。需要注意的是，大店和小店对交通的预期不同，大店希望周边交通改善，以便更远处的顾客都能方便地过来，一定程度上，小店不希望交通改善，因为小店的优势之一就是距离近，交通便利，一旦外部交通改善之后，它的便利优势便下降，很可能出现购买力外流的情况，其自有商圈反而缩小。

（七）时间因素

无论采取哪种方法划定商圈，都要考虑时间因素。例如，平日与节假日的顾客来源构成比重不同；节假日前后与节假日期间顾客来源构成比重不同；开业不久的店铺在开业期间可能吸引较远距离的顾客，在此之后商圈范围则可能逐渐缩小，所以要正确估计商圈的范围，必须经常不断地调查。

（八）竞争对手的位置

竞争对手的位置对商圈大小也有影响。如果两家竞争的店铺间相隔一定距离，而潜在顾客又居于其间，则两家店铺的商圈都会缩小；相反，如果同业店铺相邻而设，由于零售业的集聚效应，顾客会因有更多的选择机会而被吸引前来，则商圈可能因竞争而扩大。

三、确定连锁门店商圈的方法

由于受各方面因素的影响，设定商圈的方法多少会有些差异。因此在调查时，通常配合以下方法确定商圈：

（一）利用政府商业主管部门通过调查而存有的现成资料

因为政府做的调查通常是大规模的，因此，官方资料是了解大范围消费者行为的好线索。

（二）独立调查

调查采用如下方式进行：

1. 直接征询法

直接征询光顾门店的顾客的意见，调查他们的地址、来店频率、使用的交通工具等；或以计划中的开发地址为中心，设定半径 300 米、500 米、1 000 米等范围行为等问题，在街上直接询问调查。

2. 间接调查法

一般可以从来店顾客的车牌号查询其地址，也可以由发票的填写得到顾客的地址。

3. 访问调查法

具体是直接进行家庭访问，通过发放调查问卷、电话调查等方式进行调查，问卷的内容有住址、性别、职业、年收入、购买额、在哪个商街或门店购买哪种商品、喜欢哪些门店、讨厌哪些门店、来店的交通方式等。

（三）经验法

根据以往经营过程中获得的各种经验、经历等来设定商圈。例如，便利店中购买频率较高的商品的商圈为10分钟左右的时间距离，而购买频率较低的商品为30分钟左右，这是通常的基本范围；再如便利店的商圈半径是500米。这些都是根据他人或自己过去的经验所得出的结论。使用这种方法来设定商圈时，还应综合考虑地区性、社会性、自然条件等环境因素的影响。

1. 根据业态设定商圈范围

各种商业业态的商圈范围有较大的差异。百货商店、高级专卖店、购物中心一般追求大商圈。百货商店的商圈其人口在30万~100万人，大型购物中心的商圈则可包括周边的几个城市，而超级市场与百货店、购物中心等业态相比，商圈偏小，来店单程时间约为10分钟；超市奉行小商圈主义，地处社区或居民区，社区商圈人口7万~12万人；以经营食品为主的超级市场的商圈更小，商圈人口仅为3.5万~5万人。调查表明，人们对肉、鱼、蔬菜、水果的经常性购物距离不足2公里，而对服饰、化妆品、家具、耐用消费品的购物距离为4~5公里。

2. 根据零售店所处位置设定商圈范围

一般位于都市中的超级市场的商圈要大大小于位于城郊的超级市场的商圈范围。对于居民区类门店来说，社区型超市商圈仅为社区范围，便利店常常没有边缘商圈的顾客；对于商业中心区类门店来说，核心商圈的顾客较少，次级和边缘商圈的顾客较多，商圈范围较大。

3. 根据零售市场规模设定商圈范围

一般零售市场规模越大，商圈范围越大；反之，则越小。除了不同业态的零售店经营规模不同、商圈的范围不同外，同一业态由于规模的不同，商圈的范围也不同。

4. 根据顾客购物出行方式设定商圈范围

人们购物出行的方式不同，零售店商圈范围也不同。出行方式现代化程度越高，商圈范围越大；反之，则越小。

5. 根据顾客购物频率设定商圈范围

一般来说，顾客购买的频率越高，商圈范围越小；反之，则越大。不同的商品，其购买的频率不同，人们出行的范围也不同。例如，食品、日用品的购买频率较高，出行的范围较近；而耐用品购买频率较低，人们购买时出行的距离较远。受收入水平及消费习惯的影响，居民购物频率显示出不同的特征，即使是对同一种商品，也会出现购物频率的差异。

（四）数学分析法

1. 雷利零售引力法则

雷利零售引力法则（简称雷利法则）是最原始、最基本的商圈理论法则，以后众多的法则均源于该法则，这个法则对研究城市商圈的贡献在于：如果企业无法在投资地获得较为详尽的资料，只能通过官方资料大概知道该地人口和地理情况，那么就可以利用雷利法则对该地点进行初步的吸引力判断，雷利法则运算方法简单，获得数据容易，是企业在决策早期经常使用的方法。

雷利零售引力法则仅适用于单一的市场竞争环境。

在雷利法则中，有这样一种简单的逻辑推理关系：如果其中一个地方人口多，那么它的商业设施就会好，顾客因此就很愿意前往设施齐全的区域消费；如果该地距离远，那么它的交通就不会很方便，顾客前往该地的时间就会很长，所以就不太愿意前往消费。这种逻辑关系抛却了城市规划、交通网络建设、企业经营能力及商品本身的影响力因素，而这些因素有可能导致人口多的地方商业不一定发达，人们到距离远的地方或者会比到距离近的地方更方便。企业如果据此去判断一个地方的投资价值，显然过于片面。这种片面性决定了雷利法则只能在一些市场竞争环境较为单纯的情况下应用。

1）在实战案例中的计算方法

某企业试图在某市选择一个商业区在附近投资开设一个大型超市，该市有两个中心商业区，A 商业区有 8 万人，B 商业区有 4 万人，A、B 两个商业区之间有一大型住宅 C 区，有 10 万人，C 区距离 A 商业区有 2 千米路程，距离 B 商业区有 1 千米路程，问哪个商业区市场潜力大？该企业应该选择在哪个商业区设店？

2）雷利零售引力法则

(1) 计算 A、B 两个商业区吸引力比值 M。

$$M = (8\text{万人}/4\text{万人}) \times [(2/1) \times 2] = 8$$

(2) 计算 A 商业区吸引力。

$$[8/(1+8)] \times 100\% = 88\%$$

(3) 计算 B 商业区吸引力。

$$1 - 88\% = 12\%$$

通过计算可以知道，B 商业区对 C 区的吸引力为 12%。假设 C 区有 10 万人要选择前往超市购物，由于人口多的商业区，商业吸引力也大，则有 10×88% = 8.8（万人）会前往 A 商业区购物，而只有 1.2 万人前往 B 商业区。从吸引 C 区的顾客的可能性看，企业将超市设在 A 商业区比较合适。

雷利法则对数据要求简单，多应用在企业对投资地点的初步判断上，由于该法则是对被评估区的吸引力的计算，在公式中的中间地带 C 区只是作为一个评估区域，在实际应用中，有可能 A、B 两个商业区之间并无 C 区的存在，依然可以使用雷利法则评估 A、B 两个商业区对中间区域的吸引力，这种吸引力的大小可以理解为企业门店商圈辐射的范围大小。

2. 饱和理论

饱和理论是指通过计算零售业市场饱和系数，测定特定商圈内某类商圈内商品销售的饱和程度，用以帮助新设门店经营者了解某个地区内同行业是过多还是不足的理论。一般来说，位于饱和程度低的地区的门店，其成功的概率高于位于饱和程度高的地区的门店。零售商业市场饱和系数的计算公式为：

$$IRS = H \times RE \div RF$$

式中，IRS——某地区某类商品零售商业市场饱和系数；

H——某地区购买某类商品的潜在顾客人数；

　　　　RE——某地区每一顾客用于购买某类商品的费用支出；
　　　　RF——某地区经营同类商品门店的营业总面积。
　　例如，为一家新开果品门店测定零售商业市场饱和系数，根据资料分析得知，该地区购买果品的潜在顾客人数是 150 000 人，每人每周在果品门店平均消费 10 元，该地区现有果品门店 12 家，营业总面积 18 500 平方米。据上述公式，则该地区果品行业的零售商业市场饱和系数可计算为：

$$IRS = 150\ 000 \times 10 \div 18\ 500 = 81$$

　　81 即为该地区果品门店每周每平方米营业面积销售额的市场饱和系数。用这个数字与在其他地区测算的数字比较，*IRS* 越高，表明该市场饱和程度越低，成功的可能性越大。

　　运用饱和理论还可以帮助经营者用行业已知的毛利与业务经营费用的比率，对门店利润进行预测，做出经营效益评估。

　　从上面的计算公式中也可以看出，饱和理论的不足之处在于用来计算 *IRS* 的准确资源不易获得，同时饱和理论也忽略了原有门店对经营同类商品的新设门店有哪些优势或劣势。所以新设门店时，为了做出正确的决策，既要进行定量分析，也要进行定性分析。

　　在定性分析过程中，应对影响门店商圈范围大小的各种内外环境因素进行分析，这些因素主要有以下几种：

1）门店的经营特征

　　经营同类商品的两个门店即使同处一个地区的同一条街道，其对顾客的吸引力也会有所差异，相应地，商圈范围也不相同。那些经营灵活、商品齐全、服务周到、在顾客中树立了良好形象的门店，商圈范围相对地会较其他同行业门店大。

2）门店的经营规模

　　随着门店经营规模的扩大，商圈范围也随之扩大。规模越大，供应的商品范围就越大，花色品种也就越齐全，因此，可以吸引顾客的空间范围也就越大。商圈范围虽然因经营规模而增大，但是并非成比例增加。

3）门店的商品经营种类

　　经营传统商品、日用品的门店，商圈范围较经营技术性强的商品、特殊性（专业）商品的门店要小。

4）竞争门店的位置

　　相互竞争的两个门店之间距离越大，它们各自的商圈范围也越大。如潜在顾客位于两家同行业门店之间，每家门店都会分别吸引一部分潜在顾客，造成客流分散，商圈范围会因此而缩小。但有些相互竞争的门店毗邻而设，顾客因有较多的比较选择机会而被吸引过来，则商圈范围反而会因竞争而扩大。

5）顾客的流动性

　　随着顾客流动性的增长，光顾门店的顾客来源会更广泛，边际商圈的范围也会扩大，门店的整个商圈也就会扩大。

6）交通地理状况

　　交通地理状况是影响商圈范围的一个主要因素。位于交通便利地区的门店，商圈范围也会因此扩大,反之,就会限制商圈范围的延伸。自然的和人为的地理障碍,如山脉、河流、铁路以及高速公路,会截断商圈的界限,成为商圈范围扩大的巨大阻碍。

7) 门店的促销手段

门店可以通过广告宣传、开展公关活动以及广泛的人员推销与营业推广活动不断扩大知名度、影响力,吸引更多的边际商圈顾客慕名光顾,门店的商圈也会随之扩大。

如何打造有特色的商业街?

上海市徐汇区的延庆路,本来是一条普通的道路,但最近几年,在当地政府、运营商和商户的协作下,从整条街区的层面发力,被打造成为相对成熟的有特色的商业街。

整理延庆路的做法,可总结出一条街道被打造成有特色的商业街区需要的几件事。

1. 选址

一条街道被打造成商业街,必须先满足几个条件。

1) 人流量大

比如延庆路,离地铁站近,而且是去另一条网红街区——安福路的必经之路。安福路外溢的客流和商家,都会奔这来。

2) 有原生的人文景观

延庆路区域内有232处历史建筑,占全上海将近四分之一。上海市政府为了保护城市的人文面貌,在2007年就制定了64条永不拓宽的马路清单,延庆路就是其中之一。

3) 有烟火气

比如延庆路,有一个菜市场、两家水果店、三家理发店,还有饺子馆、小卖部等,全部经营了很多年,本地人经常去。这些看起来跟旅游街区不搭的、非标准化的东西,提供了烟火气和松弛感。

2. 适度的商业化

特色商业街区不能完全不商业化,否则商家不愿意来。但也不能太商业化,否则就又陷入了跟大多数街区一样的局面。

网红街区的商家之间竞争那么激烈,除了商业因素之外,还有一个特别重要的原因,就是商家之间没交情,都是来做生意的,没有情面可讲。反过来,只要商家之间有那么一点交情,这个街区就既是商业街,同时也是社区,就不会陷入太严重的商业化。

按照这个思路,延庆路运营商就找了一群互相之间早就认识的潮牌店主,把大家一起迎过来做生意,既解决了商家入驻的问题,又防止了街区变得过度商业化。

3. 通过满足轻需求,保持街区活跃

比如,打卡拍照、网红直播,这些需求都不是特别高频,但作为一个商业街区,得

满足这些轻需求。按照这个思路,延庆路把整个街区都做了审美风格的划分。确保顾客从入口走到出口,每走几十米,拍照的感觉都不一样。有的店面是工业风,有的店面是多巴胺色系。

4. 通过满足高频需求,打造客流的基本盘

商业街光满足大家逢年过节凑热闹的需求还不够,关键还得满足吃饭、购物、散步等日常的高频需求。比如,有几家好吃的饭馆,有几家有特色的小店,最好还能卖一点别的地方买不到的独家款。

面对高度同质化的商业街区,只要稍稍做出一丁点创新,都会成为巨大的吸引力。

(资料来源:案例根据《得到头条》资料整理)

四、连锁门店商圈调查

在确定了商圈的基本位置后,选址者应对预选地址的商圈进行详细的调查,包括商圈总体要素和其竞争门店的情况。

(一)商圈调查的重要性

1. 商圈调查可以预估门店的基本顾客群

商圈调查可以预估门店坐落地点可能交易范围内的用户数等人口资料,并通过消费水准预估营业额等消费资料。对商圈的分析与调查,可以帮助经营者明确哪些是本店的基本顾客群,哪些是潜在顾客群,力求在保持基本顾客群的同时,着力吸引潜在顾客群。

2. 商圈调查是门店选址的前提

通过商圈调查可以帮助开店者了解预定门店坐落地点所在商圈的优缺点,从而决定其是否为最适合开店的商圈。在选择店址时,应在明确商圈范围、了解商圈内人口分布状况及市场、非市场因素等有关资料的基础上进行经营效益的评估,衡量店址的使用价值,按照设计的基本原则,选定适宜的地点,使商圈、店址、经营条件协调融合,创造经营优势。

3. 良好的商圈调查是制定经营战略的依据

良好的商圈调查可以使经营者了解门店位置的优劣及顾客的需求与偏好,作为调整卖方商品组合的依据;可以让经营者依照调查资料订立明确的业绩目标,掌握客流来源和客流类型,了解顾客的不同需求特点,采取竞争性的经营策略,投顾客所好,赢得顾客信赖,获得竞争优势。通过商圈分析,制定市场开拓战略,不断延伸触角,扩大商圈范围,提高市场占用率。

◆ 案例

家乐福十分注重大卖场的选址工作。它认为如果选址适当,占有"地利"优势,就能吸引大量顾客,其经营业绩一定会很好。

家乐福开店选址还非常注重适应所在城市居民的购物活动规律。例如，为了在广州选到一个好的位置，和沃尔玛一样，家乐福也曾让自己的市场开发人员在广州考察了4年，最后才选定了卖场地点。这种谨慎所带来的回报异常丰厚。家乐福大卖场在广州开张不久，就成为广州这一国际大都市的一个亮点。

在家乐福，选址工作所涉及的不仅仅是店址，还有商圈的确定，因为商圈表明了未来超市所销售的空间范围以及该超市吸引顾客的区域范围。

1. 调查商圈的步骤

1）调查商圈内居民的消费能力

任何一个零售店铺周围商圈内居民的消费能力都是其日后发展的一个重要依据，它不仅直接决定了顾客群的大小和类型，而且与自己店铺的定位和产品的定价都有密切的关系。

从家乐福在中国市场上的选址过程，可以看出其对商圈内居民消费能力调查的重视程度。

20世纪90年代末，家乐福进入中国市场后，由于缺乏现有的资料（GIS人口地理系统），家乐福不得不借用市场调研公司的力量来收集中国商圈方面的数据。

具体的做法是：

（1）从某个原点出发，分别测算5分钟步行、10分钟步行、15分钟步行的距离会到什么地方。

（2）根据中国的本地特色，测算以自行车出发的小片、中片和大片半径。

（3）以机动车的速度来测算小片、中片和大片各覆盖了什么区域。

（4）对这些区域进行进一步的细化，计算这片区域内各个居住小区的详尽人口规模和特征，如不同区域内人口的数量和密度、年龄分布、文化水平、职业分布、人均可支配收入等指标。

2）研究商圈内的城市交通状况

家乐福认为，如果一个未来的店址周围有许多的公交车，或是道路宽敞、交通便利，那么销售辐射的半径就可以放大。

3）计算竞争对手

在调查潜在市场的基础上，家乐福还计算所有竞争对手的销售情况、产品线组成和单位面积销售额等情况，并将这些调查得到的数字从总的区域潜力中减去，从而得出未来的销售潜力。

4）开店后调查

家乐福认为，一个商圈的调查并不会随着一个门店的开张而结束，门店开业后，它依然需要对目标顾客进行调查，并根据得到的信息来微调自己的产品线。

2. 选择大规模的商圈

家乐福认为，虽然商圈规模越大，带来的风险也越大，但盈利的空间和发展机会也会越大，同时可以带来经营上的优势：一是一次占领更大的领地，加大战胜竞争对手的可能性；二是商圈规模大，较远的顾客会一次性购齐绝大多数商品，加大了顾客的购买量。

家乐福在北京的几家大卖场，如方圆店、中关村店，这些大卖场基本上都开设在道路宽敞、客流量大、交通方便的黄金地段，从而保证店铺的商圈辐射半径和辐射能力加大，零售的盈利空间也就更大。

3. 选择顾客群类型

顾客群类型的确定同样是家乐福商圈调查的重要内容，这与店铺的定位、产品线的选择以及产品的定价密切相关。

例如，家乐福在中国的顾客群定位是工薪阶层，这类消费者的主要交通工具是自行车或公共汽车。因而，在进行商圈消费能力调查时，家乐福既侧重于以机动车速度来测算小片、中片和大片商圈的半径，又侧重于以自行车的速度来测算小片、中片和大片所能覆盖的区域。根据这一商圈调查结果，家乐福在北京的几个分店，大部分设于市中心三环以内，这一位置对于骑自行车和乘公交车的顾客来说，很容易到达。即便是设于三环之外的家乐福中关村，顾客乘公交车也极易到达。可以说，通过这样的商圈调查结果选出的店址，很好地保证了家乐福各分店具有充足的客源，为其生意兴隆汇聚了人气。

同样，家乐福进驻乌鲁木齐的第一家分店——大巴扎店也充分考虑了少数民族顾客的消费特点，在其经营结构和产品线上进行了合理的调整，以适应当地的特殊商业环境。例如，生鲜处的所有产品均符合当地新疆少数民族的风俗习惯，其中有50%的自制熟食是民族特色产品；杂货处也将当地的一些著名品牌引入家乐福产品体系。

4. 分析影响商圈规模变化的因素

家乐福的商圈分析，既包括了对商圈的构成情况、特点、范围的调查分析，又包括了对影响商圈规模变化因素的调查分析，例如商圈内居民的迁徙状况、季节性因素对商品范围的影响，等等。

经过如此全面细致的商圈分析后，家乐福门店的选址、经营方针的制定和调整就有了科学的依据，再去选址，就有所保障，不至于因为选址不当而经营不力。

注：

徒步圈，指步行可忍受的商圈半径，单程以15分钟为限。

自行车圈，指自行车方便可及的范围，单程不超过10公里。

机动车圈，指开车或乘车能及的范围，单程为30分钟左右。

物业租赁期限一般为20年或20年以上，不低于15年，并提供一定的免租期。

（根据网络资料整理）

（二）商圈调查的目的

开设门店时，首先要找到门店的位置，了解所找门店的周围情况，调查商圈可以了解预设门店营业范围内的地理区域。商圈调查的目的包括以下几点：

（1）了解地区居民的人口特性、生活形态和购物习惯等；

（2）确定未来门店的消费档次，以及所要销售的产品组合及促销重点；

（3）分析和现有门店的商圈是否重叠；

（4）计算在某一地理区域内应开门店的数量；

（5）找出商圈内的障碍，如道路设备不便、人口拥挤、交通过度堵塞等；

（6）法规方面，应考虑租金、税金、执照、运营、最低工资以及都市区域划分情况；

（7）其他因素：了解地区内同性质的商业竞争是否激烈，将来的变动趋势、供应商位置、交通状况、将来开连锁门店能否利用物流配送中心一次补齐所需要商品以及停车场是否宽广等。

（三）商圈调查的重点内容

连锁门店为准备开店所做的市场调查，一般可分为两个阶段：

第一个阶段，主要是针对开店的可能性做大范围的调查，其结果可作为设店意向的参考，重点在于设店预定营业额的推算及门店规模的决定，所以此阶段主要要调查设店地区的市场特性并做出深入的研究。作为决定门店具体营业政策的参考，重点在于对门店具体的商品构成、定价及销售促进策略的决定，所以此阶段的内容包括对消费生活方式的深入分析及门店格调设定等基础资料的提供。

第二个阶段，为配合设店的决定，要进行各项基本调查，将所得到的资料加以整理并深入地分析。这一部分资料的内容包括人口结构、消费水平及城市结构等项目，可以反映出城市化进展的状况，也可以反映出生活水平与消费水平的情形。零售业的发展，尤其是大型的零售业，与城市的发展有着密切的关系。因此，一家零售店的设立，特别是大型的百货店与该地区消费的形态，可从三方面加以观察，同时应在进行市场调查工作时做深入研究。

（1）对于该地区内消费者的生活形态必须深入探讨，因为这与城市化的进程有相当密切的关系。具体的调查内容包括人口数、家庭户数、家庭成员、收入水平、消费水准等。

（2）调查构成消费者活动空间的各项要素，例如交通设施、道路网、政府机构、各种民间设施等。

（3）在整个城市机能的组合中，对于实际反映出消费者行动的消费活动结果，即零售业的构造也要予以深入了解，如零售业的销售额实绩、各种零售业态种类、大型店的动向等。一家连锁门店在设店之前，对于该地区内的各种条件，诸如商圈的消费购买能力、同业竞争店的营业状况等，必须经由调查资料进行分析判断，以作为设店时营业额预测及门店规模决定的参考。进而利用这些资料规划门店整体的经营策略、经营的收益计划、设备资金计划以及对经营的价值进行估算等。

在对上述资料的收集、整理、分析与评价时，有两项重点是不容忽视的：其一，除对此地区过去及现在的情况要了解之外，有关将来的预测，即今后的发展也必须考虑到；其二，在运用调查资料做比较分析时，与其以该商圈的成熟度作为判断基准，不如以类似的商圈或某一成熟的商圈来做比较,因为后者更能作为在该地区设店的判断依据。

虽然调查的重点可能较适用于一般大型连锁门店,但是这些对于中小型的连锁门店而言,仍然具有相当的参考价值,在实施时可依门店的规模与特性,针对实际相关的因素予以斟酌运用。现就生活结构调查、城市结构调查及零售业结构调查三个方面的重点予以说明。

1. 生活结构调查

生活结构调查就是收集该地区内消费者生活形态的资料,即针对消费者的生活特性,依人口结构、家庭户数构成、收入水平、消费水平、购买行为等方面进行整体和定量的研究。了解商圈范围内有多少人口、有多大的潜在消费额等,以确定其发展前景如何。一个门店的生存和发展,依赖于商圈范围内有受其吸引的充足购买力,没有理想的购买力,门店将难以为继。

1) 人口结构

除了对于目前的人口结构进行调查之外,有关过去人口集聚、膨胀的速度及将来人口结构的变迁也要加以预测,同时将人口结构根据行业、年龄、教育程度等进行分类整理,以便深入分析。

2) 家庭户数构成

家庭户数构成是人口结构的基本资料之一,可据此对家庭户数变动的情况及家庭人数、成员状况、人员变化趋势等进行了解,进而可以由人员构成的比率,洞悉城市化发展与生活形态的关系。

3) 收入水平

通过调查收入水平,可以了解消费的可能性,进而利用家庭、人口的资料,得知每人或每一家庭的收入水平,并将所得资料与其他城市、其他地域进行比较,从而做进一步的分析。

4) 消费水平

消费水平是地区内消费活动的直接指标,对零售业者来说也是最重要的指标。据此可以了解每人或每一家庭的消费情形,并将消费内容依商品类别划分,得知其不同商品类别的消费支出额,同时也可以知悉商圈内购买力的概况。

5) 购买行为

对于消费者购买行为的分析,可以从消费者购买商品时的活动范围及经常在哪个门店购买哪些商品予以了解。研究消费者购买行为的目的,一是可以了解消费者购物活动的范围;二是可以了解消费者选择商品的标准,以便对该地区的消费意识做深入研究。

当然,有关上述资料的取得可以从政府机构发行的刊物或报道中得到,诸如人口统计的资料、家庭收支调查与个人收入分配研究资料等。除此之外,门店本身也可以配合实际业务上的需要进行各种调查,以便进行研究分析。

2. 城市结构调查

通过对地域内实际生活的空间,包括中心地带及周围区域城市的调查,了解该地域内地形状况、交通状况、繁华地段的位置形态、城市机构和城市发展规划。

1) 地域内地形状况

对于地域内地形状况要进行调查，尤其是对平地的广阔度及腹地的大小要予以了解，对于气候的特殊性也要深入了解，因为零售店的经营状况与气候因素有比较紧密的关系。

2) 交通状况

门店选在交通要道比较好的地方，因为交通密布的地方往往是人口集中或流量特别大的地方，自然是开店的理想地点。所以调查时，对于交通路线与车辆往来班次、载送量都要考虑。

3) 繁华地段的位置形态

繁华地段，往往是门店集中之处，所以选择繁华地段设店是理所当然的，但繁华地段的地价和租金较高，因此在投资成本提高的情况下，如何有效地运用地理位置的优势以及将来可能变动的方向，都成为在繁华地段设店的考虑要素。

4) 城市机构

一般设店位置若在行政、经济、文化等城市机构密集的地方，则整个城市机能，诸如行政管理、经济流通、娱乐服务、商品销售等易于发挥出来，自然成为人流集中的焦点，因此究竟是以公务人口为主体还是以购物、社交、娱乐的人口为主体，也应作为调查的事项。

5) 城市发展规划

除了城市机构的现状，有关将来发展的方向，诸如交通网的开发计划、社区发展计划及商业区的建设计划等，均是设店时在地点因素上所必须考虑的要点。尤其是连锁门店的发展，不仅要考虑单店的选址，还要考虑连锁网点的总体发展。

3. 零售业结构调查

以上两项调查是针对地区内居民生活状况及生活空间的城市结构情形所做的调查，零售业结构调查则是对此地区内零售业实际情况的调查。本调查资料的结果不但可以作为设店可能性及经营规模的判断依据，更可以作为了解地区内零售店商业活动的指标及各种零售店发展动向的依据。

1) 地区间销售动向

针对营业面积、从业人数、年营业额等项目作调查，尤其要对营业面积及营业额总量和过去的增长状况作了解，同时对城市中心地域及周边地域的销售密度及商圈的范围作比较。

2) 业种别、品种别的销售动向

对地区内业种别门店的构成及品种别销售额做统计分析，不但可以了解商圈内消费者购物的情况，也可以作为设店时商品构成的参考。

3) 商业地区间的竞争店的竞争情况

同一商圈范围的竞争店是影响门店竞争激烈程度的最重要因素，对于门店的销售、盈利等经营要素影响重大。针对各地区间有关商品构成内容及目标顾客阶层作比较分析，可以深入了解其中的竞争情况，并据此分析各地区的特性。因此，对于商圈内竞争店情况的调查与分析是商圈调查分析的重中之重。

竞争店调查主要立足于商圈范围内，重点是那些具有相关竞争性的店型。做好开店前的竞争店调查，可以做到心中有数，以便做好决策。对于商圈内竞争店基本情况的调查主要包括以下几个方面：

（1）综合调查。

由公司高级负责人对竞争店的情况进行综合调查，包括选地、用地、门店构造、商品策略、门店计划、运营管理等内容。如果调查证明它是一个没有竞争力的店，可不用再进行具体调查；如果是一个威胁性很大的竞争店，则必须再进行深入的调查。

（2）商品调查。

商品品质高、结构优是门店成功的重要因素。这种调查一般由采购员和部门负责人对竞争店每一部门经营商品的品种、面积、货源等情况进行调查，以便进行市场定位，或与自己的超级市场进行比较，找出双方的差异，以求改进。

（3）门店调查。

门店调查包括对竞争店店址环境、门店设计及店堂陈列布局等内容进行调查。店址环境调查主要包括竞争店选地、用地、停车场及商品搬入口的调查。门店设计调查主要包括竞争店的门店形象、构造、建筑、空调、电气设备、器具等方面的调查。店堂陈列布局调查主要包括竞争店的楼面构成、平面布局、面积分割、商品陈列及家具备用品等方面的调查。

（4）门店运营管理调查。

门店运营管理调查主要包括对促销、补货、陈列及清扫等门店运营管理方面的调查。

在了解竞争店基本情况的基础上，还要进一步对竞争店进行分析。对竞争店进行分析是开店前的必要准备工作，是业态选择和形象定位的重要基础，对竞争店进行分析主要立足于商圈范围内的竞争分析，具体竞争分析表现在下面几个方面：

①业态确定前的竞争环境分析。

如果连锁企业还没确定自身的业态，也没有相应的意向选择，那么对竞争店的分析就要着眼于商圈内的整体门店布局情况，考察各种业态的情况和门店饱和度情况。商圈内门店饱和度可通过两种方法来计算：一种是每个零售店服务的人口数，如果商圈内该数字超过标准平均数，就意味着未达到饱和；反之，则认为实现了饱和。另一种是每平方米销售面积的营业额，如果商圈内该数字超过平均数，就意味着未达到饱和；反之，则认为实现了饱和。

②业态确定后的竞争店分析。

如果连锁企业已有业态选择意向，就要进行直接竞争店的分析。直接竞争店是指那些与待建门店业态类型相同的门店。例如，某公司拟开一家超级市场，那么，商圈范围内的超级市场就成为直接竞争店。间接竞争店是指那些与待建门店业态类型不同，却经营着某些相同商品的门店。例如，某公司拟开一家名牌时装专卖店，那么，商圈范围内的百货商店就属于间接竞争店。国外有些专家认为，快餐店也是超级市场的间接竞争店，种种迹象表明，去快餐店的人多了，去超级市场买食品的人就少了。无论是直接竞争店还是间接竞争店，都需要对其营业面积、目标顾客、商品构成、价格策略、促销活动以及店堂陈列情况进行详细的分析。

4）大型门店的动向

因为大型门店的动向对于地区内的竞争情况多少会有影响，所以，无论是大型门店还是小型门店，在设立前，对于现有大型门店的规模、商业额、商品构成、商品设施等资料都必须加以调查，评估其优劣势、长短期的规划与策略，并把这些资料作为设店时的参考。

（四）商圈调查的方法

1. 顾客调查的方法

1）消费者购物倾向调查

（1）调查目的：居住地消费者有关年龄、职业、收入、购物倾向的把握，以调查可能的商圈范围。

（2）调查对象：以学校或各种家庭为对象，或依据居住地点以抽样的方式进行家庭抽样调查。

（3）调查方案：采用发放调查表或直接访问的方式均可。

（4）调查项目：居住地、家庭构成、户主年龄、职业、工作地点、商品类别、购物倾向。

（5）调查优缺点：居住地购物倾向与设店预定地的评价易于比较，但调查费用较高。

2）购物动向调查

（1）调查目的：设店预定地实际消费购买动向的把握，以调查零售业的商业潜力。

（2）调查对象：设店预定地通行人数的抽样调查，或是门店主力顾客的调查。

（3）调查方法：对在调查地点通过的行人，在一定时间内采取面谈方式，时间以10分钟以内为宜。

（4）调查项目：居住地、年龄、职业、出行目的、使用的交通工具、出行频率、商品类别、购物动向。

（5）调查优缺点：调查费用较低，但对于居住地与设店预定地的购物依存度较难明确把握。

3）顾客流量调查

对设店预定地、时间、顾客流量的把握，作为确定商业体制的参考。

可以利用各种座谈会的机会，或利用公私场合进行各项有关资料的收集与调查。

2. 同业竞争店调查的方法

1）同业竞争店调查的目的、对象、方法

（1）调查目的：对同业竞争店类别构成进行调查，以作为新门店类别构成的参考。

（2）调查对象：设店预定地商圈内竞争店的主力销售场所及特征销售场所的调查。

（3）调查方法：销售人员与销售促进人员同行，针对营业面积、场所、销售体制进行调查，以便共同研讨。

2）同业竞争店商品构成调查

（1）调查目的：针对前项调查，再附加商品组成项目的调查，以作为新门店商品类别构成的参考。

（2）调查对象：与前项调查竞争店相同，着重于主力商品进行更深入的调查。

(3) 调查方法：主力商品方面，由销售人员、采购人员与销售促进人员同行，着重于商品量的调查。

3) 同行业竞争店价格线调查

(1) 调查目的：对常备商品的价格线与价值进行调查，以作为新门店的参考。

(2) 调查对象：与前项调查竞争店相同，对于常备商品，对在一定商业额或毛利额以上的商品进行调查。

(3) 调查方法：采购人员与销售人员共同进行，对于陈列商品的价格、数量进行调查，尤其是年节繁忙期间的调查更为必要。

4) 同业竞争店出入客数调查

(1) 调查目的：调查同业竞争店出入客数，以作为新门店营业体制的参考。

(2) 调查对象：竞争店出入的 15 岁以上的顾客。

(3) 调查方法：在竞争店现场记录出入店客数，尤其注意特殊日期或各类别流动量的调查。

以上是门店调查比较重要的几个方面，仅仅作为参考，各连锁门店在进行调查的时候，可配合业务上的需要斟酌运用。

（五）商圈调查的基本流程

1. 宏观上要对各种权威性的统计数字与资料进行分析

把握人口分布、生活行动圈、中心地区功能分布等总体情况，根据自己的开店政策、主要参照人口规模、地域发展性、商业饱和度等因素，确定目标区域。

2. 实施对特定区域的市场调查

实施对特定区域的市场调查包括立地环境调查、商业环境调查、市场特性调查、竞争店调查等。

3. 通过市场调查，筛选出具体的目标地点

主要考察以下几个方面的内容：

1) 稳定的家庭（人口）数的具体位置

考虑把影响门店设定地的人口变为稳定顾客的因素。

2) 商业环境的利弊

确认有无竞争店，能否在面积、停车场、商品构成、营业能力等方面与竞争店形成优势。

3) 将来具有良好发展前景的地区

对地区的人口增长率、城市规划政策均要研究。

4) 对销售额做出预测，粗略地确定商圈范围

略。

4. 对具体的地址要进行详细调查，做出优劣、适合性的具体评价

如土地房产的适用性、周围环境状况尤其是公共配套设施的状况、将来发展余地、基础

配套设施状况等。

5. 根据土地房产的优劣顺序，对该房产的每个必要条件做出确认

经过对房产所有者、用途、面积的确认，经所有者的认可，制定开店计划书，经公司批准后签订合同。

（六）商圈调查报告

商圈调查报告是指连锁企业总部在企业门店开发策略的指导下，对某一个预开门店或已经开发的门店的商圈进行调查所形成的，并为经营决策提供依据的书面报告。它是商圈调查结果的具体表现。商圈调查报告的具体内容包括以下几个部分：

1. 调查的背景

调查的背景包括连锁企业的发展形势、连锁企业的扩张战略、连锁企业的开店策略、国家的政策背景、门店所处行业的发展前景等。

2. 调查的目的

调查的目的主要是获得商圈范围、商圈性质、商圈结构、商圈经济水平的资料，为开店决策和经营操作提供依据。

3. 调查的内容与因素

商圈划分受很多因素的影响，用来划定商圈范围大小的基本内容与因素如表2-1所示。

表2-1 划定商圈范围大小的基本内容与因素

商圈测定的因素			
外部因素	量的方面因素	人口数、人口密度、家庭数；零售业销售额、营业面积；交通装备及交通量等
	质的方面因素	年龄、职业、家庭人口构成；收入与消费水平；就业状况；城市规划、城市间关系；竞争店、互补店地区分布；商业街规模、市政设施等
内部因素	主体方面因素	门店规模、业态；商品配置、楼层构成与配置；停车场等吸引顾客的配套设施；销售促进、营销及其组织活动状况等
	附加因素	文化、公共设施的有无

4. 调查方法与资料处理方法

调查方法主要有观察法、经验法、直接询问法、间接调查法、对手分析法、专家判断法、雷利法则等。资料处理方法包括资料的统计分组、频数分布与累计分布、绘制统计图等。

5. 报告的结果

报告的结果是指篇幅较大，要按一定的逻辑顺序提出紧扣调研目的的一系列结果。其主要内容包括数据结果（消费水平）、现象结果（如汽车的档次、住宅的类型）、政策结果（导向问题）、趋势结果（威胁与前景）等。

6. 结论与建议

结论与建议主要是肯定与否定的意见，针对意见提出下一步应采取的举措或思路。

7. 体现形式

体现形式包括封面、前言、摘要、目录、各种图标、报告正文、调查表、参考资料、被访问人员名单等。

案例

王府井商圈的大数据调研

商圈是一个地理概念。在许多大型项目的可行性论证中，商圈研究是必不可少的一个重要环节，特别是对商圈内的竞争状况、业态类型、消费者特征以及经济地理状况等深入了解是进一步确定立项和制定经营策略的重要依据。传统的商圈调查方式，只能依靠人为去目的地蹲点，观察目标店址所在商圈人流、交通便利性、竞争对手位置、周边配套是否能吸引来潜在客户，等等。这种方法最主要的问题是收集到的信息未必能够真实反映这里的情况。

Data Dance（城市地图）是新一代基于地图的大数据图形分析平台，它可利用大数据技术，通过城市商业地理数据，结合时空智能、用户画像技术，为商圈调研分析提供便捷的数据获取能力。该平台拥有人口数据、男女比例、教育水平、收入水平、消费能力、年龄分布、是否乘车出行、职业分布等画像数据，以及周边住宅数据和周边业态的POI数据，可满足多种业务场景数据需求分析、数据驱动，为决策提供数据支持。

下面以大数据调研对王府井商圈人口、人群画像、周边业态分布等维度数据进行分析，深度挖掘用户价值，从而辅助该商圈项目定位改造、运营调整以及精准营销。

1. 王府井商圈范围

王府井商业区南起长安街，北至灯市西口，东接金鱼胡同，西连东安门大街，面积达45万平方米左右。

2. 王府井商圈概况

作为北京唯一一条步行商业街，王府井大街由南向北全长810米，大街两侧分布着700余家大大小小的商店。在这条具有700多年历史的商业街上，有着众多著名的商业老字号。随着中国旅游市场的开放，国内外游客慕名而来，再加上新东安市场、东方新天地等大型综合性购物中心的加入，颇具传统色彩的王府井商圈逐步演变成一个国际性旅游商圈。

3. 王府井商圈特点：老字号聚集

王府井商圈，盛锡福、瑞蚨祥、东来顺、全聚德、四联美发、中国照相、亨得利表行等老字号云集，是北京传统商业的发源地，文化底蕴浓厚，是集商业、服务、文化于一体的综合型商业区域，形成真正意义上的"黄金商圈"。

4. 3 000 米范围内商圈概况

1) 人口密度大，外来人口占比高

该商圈内常住人口数量高达 166.8 万，而实际居民人口约 57.6 万，外来人口、工作人口高达 109.2 万，占比约 65.5%，如图 2-2 所示。

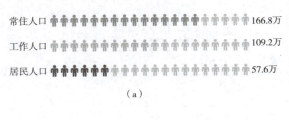
(a)

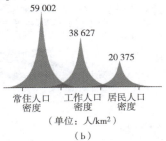
(b)

图 2-2　王府井商圈人口密度
(a) 商圈人口；(b) 商圈人口密度

2) 人群收入水平较高，年轻群体为主要消费者

该商圈 3 000 米范围内，已婚人士占比 74%，仅有 26% 未婚。年龄分布主要人群以中青年为主导，25~34 岁人群占比 27.7%，55 岁以上人群仅占 5.5%，年轻客群为主要消费者。近一半以上消费者出行方式为私家车出行。

3) 业态丰富，商业化成熟

该商圈内齐聚餐饮、零售、生活服务、休闲娱乐等大小业态，餐饮 119 家，购物 94 家，生活服务 70 家，大多业态呈聚集型分布，集中于核心区域。

(1) 典型商业项目：东方广场、银泰百货、新东安市场、金宝汇。

(2) 餐饮美食类业态数量占比最高，同购物中心都呈集中型分布，酒店分布较为分散，3 000 米范围内业态数量如图 2-3 所示。

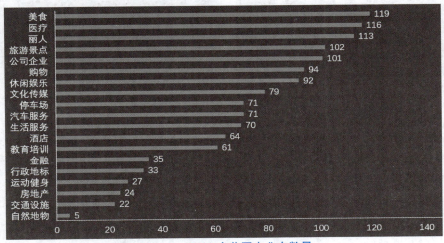

图 2-3　3 000 米范围内业态数量

（3）时尚精品以国际高端品牌为主，如图2-4所示。

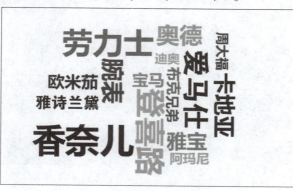

图2-4　时尚精品

作为目前国内最具影响力的连锁百货集团——"王府井百货"的旗舰店，王府井百货大楼的时尚精品百货定位越发清晰，国际品牌纷纷入驻，店内品牌阵容也在日益壮大，卡地亚、爱马仕、梵克雅宝、劳力士、欧米茄、登喜路、宝马、布克兄弟、香奈儿、莱珀妮、雅诗兰黛、兰蔻、迪奥、娇兰、希思黎、阿玛尼、周大福等众多国际国内一线品牌汇聚一堂，在王府井商圈形成了自己独有的品类优势。

4）商圈内住宅信息

该商圈内小区数量1 006个，住户有293 115户。建筑类型以平房为主，房价较高，如图2-5所示。

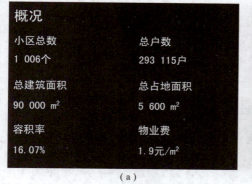

(a)

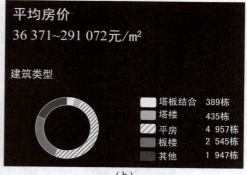

(b)

图2-5　Top10小区房价及位置分布

各商圈现在同质化严重，购物中心体量也越来越大，商圈之间竞争非常激烈，数字化经济的发展趋势正在推动商圈运营模式的更新；商圈的定位、业态分布、运营策略等都需要不断提升，而这些仅仅依赖于传统的调研方式已经不能够满足实际需求，必须通过大数据的方式来获取一手数据，做到更精准掌握。

（资料来源：https://market.baidu.com/promo/article/57157bc1-fa41-438c-9e3f-73b2af4173a5.html）

学习任务二　连锁门店店址选择

全家便利店基于 GIS 的连锁企业商圈分析与门店选址策略

一、连锁门店店址选择的重要性

零售业的特征是立地产业，店址选择必须经过仔细评估，否则在出现问题以后，无论怎么努力，都无法挽救败局。连锁门店店址的选择对开店成败的影响力可达 70%。在西方国家，连锁门店的开设地点被视为开业前所需的主要资源之一，因为特定的开设地点决定了这家门店可以吸引有限距离或地区潜在顾客的多少，也决定了可以获得销售收入的高低，从而反映出开设地点作为一种资源的价值大小。

连锁门店选址是否成功，在开店战略中至关重要。连锁门店店址选择的重要性主要表现为以下几点：

（一）连锁门店店址选择是企业的战略决策行为

连锁门店店址选择是一项全局性、长期性投资，关系着企业的发展前途。连锁门店店址无论是租借的，还是购买的，一经确定，就需要大量的资金投入。当外部环境发生变化时，它不像人、财、物等经营要素那样可以做相应的调整，而是具有长期性、固定性特点。因此，连锁门店店址选择要做深入调查、周密考虑、妥善规划。

（二）连锁门店店址选择是门店经营目标确定的重要依据

连锁门店店址选择是经营者确定经营目标和制定经营策略的重要依据。不同的地区有不同的社会环境、地理环境、人口状况、交通条件、市政规划等特点，它们分别制约着其所在地区连锁门店的顾客来源和特点，以及连锁门店对经营的商品、价格、促销活动的选择。所以，连锁门店经营者在确定经营目标和制定经营策略时，必须考虑店址所在地区的特点，以达到策略的可实施性和目标的可实现性。

（三）连锁门店店址选择直接影响门店经济效益

连锁门店店址选择是否得当，是影响连锁门店经济效益的一个重要因素。店址选择得当，就意味着其享有优越的"地利"优势。在同行业门店之间，如果在规模相当，商品构成、经营服务水平基本相同的情况下，必然享有较好的经济效益。所以，经营者在分析经济效益的过程中，不可忽视店址选择的影响效果。

二、连锁门店店址选择的原则

连锁门店选择店址必须针对不同的目标店类型，因为不同店的类型（如独立店、店中店、单层店、多层店、底层店、中层店、高层店等）分别对应着不同的选址原则。但无论如何，下列这些原则都是应该考虑的通用原则：

（一）有足够的目标客户

包括人流量、潜在和现实的购买力等。

（二）具有方便的交通条件

如果客户的层次属于有车族，则诸如高档美容院、高档服务场所、高档商品店等，应考虑停车场的问题。

（三）方便本店的商品配送

对于大件商品，以及商品配送频繁、商品数量大的单店，这一点尤为重要。

（四）经济性

不能单纯地以租价考虑，因为租价与从该地址获得的收益是成正比的。经济上考虑的不能只是成本支出或收益的单项，而应是两者的差额——纯利润量。

（五）当地治安等安全条件良好，公共基础设施齐全

略。

（六）该地址的邻居店在风格、内容、客流量等方面和本体系的单店不会发生冲突等不和谐的现象

允许按本体系单店 VIS（企业视觉形象识别）进行装修。

（七）适度的竞争

过度激烈的竞争很容易使单店的经营发生困难，因为每天要面对巨大的压力，单店工作人员也会感觉很疲惫。

（八）在该地段的经营是符合有关法律和规定的

例如，虽然幼儿园门口附近是人们聚集的场所（等待接孩子），但按某些地区的规定，在这些地方设置成人用品店却是不合法的。

（九）有足够空间

略。

（十）该地址可以被获得

这也是最重要的一条，虽然该地址属于绝对的黄金地段，但却由于各种原因不能获得，则这样的地址仍然是不可选的地址。

◉ 案例

美宜佳的选址策略

东莞作为全国便利店密度最高的城市，有超过 5 000 家便利店，全国排名第四，但东莞的面积还不到北上广任何一个城市的一半，所以有人把东莞叫"中国便利店第一城"。在东莞，数量最多的便利店叫美宜佳，美宜佳在东莞有超过 3 000 家门店，占了东莞便利店超过 1/2 的数量。在全国，有 30 000 多家门店，是全国数量第一的便利店。

美宜佳的选址策略非常独特。他们避开了竞争激烈的核心区域，而是选择了位于城市外围的三线城市，并且选择那些还没有被巨头关注的区域。比如在湖南，美宜佳发现长沙、株洲和湘潭等城市相对发达，竞争压力也较大。相反，衡阳、益阳、娄底等城市市场容量虽然较大，但尚未被巨头关注，美宜佳凭借准确的市场判断，成功进驻这些城市。

而在具体选址上，美宜佳更是紧跟顾客的需求。他们将目标顾客的居住区域作为选址的重要依据。以东莞为例，该城市是本地人口占比最低的城市之一，外来务工人员占总人口的60%。这些人大多数住在工业园区，虽然周边环境一般，但对于美宜佳来说却非常合适，因为距离目标顾客足够近。美宜佳善于追踪顾客的脚步，将门店开在顾客身边，为他们提供便利。

（根据网络资料整理）

三、连锁门店店址选择的条件

（一）区域位置选择

1. 城市规划与区域选择

连锁门店的区域选择要分析城市建设的规划，既包括短期规划，又包括长期规划。有的地点从当前分析是最佳位置，但随着城市的改造和发展则会出现新的变化而不适合设店；反之，有些地点从当前来看不是理想的开设地点，但从规划前景看，会成为有发展前途的新的商业中心区。因此，选址的区域类型，企业经营者必须从长远考虑，在了解地区内的交通、街道、市政、绿化、公共设施、住宅及其他建设或改造项目规划的前提下，做出最佳地点的选择。

1）城市地理分布变化导致新的商业区域出现

这种情况多发生于快速扩张的大中型城市，城市中心由于过度膨胀，空间日渐窘促，因此开始向外拓展，整个城市结构由中心集团式向组团式发展，原本高度集中在市中心的多种服务功能也伴随人口扩散向外迁移，这样就直接导致新的商业区域的产生。这些新的商业区域大多尚未成熟，消费者还没有对它产生清晰的印象。远离中心城区的新商业区域客流规模也较小，因此进驻这些地区存在一定的风险。但由于是新商业区域，所以存在的机会也相对较多。例如，相对旧商业区域，新商业区域有更为宽松和适合经营的物业条件可供选择等。

2）城市重心转移引起的商业区域地位改变

这种情况就是由于城市经济、人口重心伴随城市拓展向外转移，导致原有商业区域的重要程度逐步下降。这意味着原来的城市核心商业区可能出现消费群体分流的情况，选址人员应对分流后原商业区域的人气做出评判。

3）城市发展导致商业区域功能发生变化

这种情况多出现在城市中的市级商业区。对于选址人员来说，商业区域功能的增多能加强其集聚客流的能力，蕴含着大量的商业机会，非常值得继续深入考察。

4）城市发展导致商业区域之间的重新组合

城市发展导致原有商业区域之间相对地位的改变和功能的综合调整。这些变化必然引起商业区域特性的变动，同时会使商业区域进入持续的更新改造期。在这些变化中，既有威胁，又有机会，需要选址人员仔细评估。

2. 店址区域类型选择

连锁门店店址选择，在为了适应人口分布流向情况、便利广大顾客购物、扩大销售的原则指导下，绝大多数门店都将店址选择在城市繁华中心、人流必经的城市要道和交通枢纽、城市居民住宅区附近以及郊区交通要道、村镇居民住宅区等购货地区，从而形成了以下 4 种类型的商业群：

1）城市中央商业区

这是全市最主要、最繁华的商业区，全市性的主要大街贯穿其间，云集着许多著名的百货商店和各种专业商店、豪华的大饭店、影剧院和办公大楼。在一些较小城镇，中央商业区是这些城镇的唯一购物区。

2）城市交通要道和交通枢纽的商业街

它是大城市的次要商业街。这里所说的交通要道和交通枢纽，包括城市的直通街道、地下铁道的大中转站等。这些地点是人流必经之处，在节假日、上下班时间人流如潮，店址选择在这些地点，就是为了便利来往人流购物。

3）城市居民区商业街和边沿区商业中心

城市居民区商业街的顾客，主要是附近居民，在这些地点设置连锁门店，是为方便附近居民就近购买日用百货、杂品等。边沿区商业中心往往坐落在铁路重要车站附近，规模较小。

4）郊区购物中心

在城市交通日益拥挤、停车困难、环境污染严重的情况下，随着私人汽车大量增加、高速公路的发展，一部分城市中的居民迁往郊区，形成郊区住宅区，为适应郊区居民的购物需要，不少连锁门店设在郊区住宅区附近，形成了郊区购物中心。例如，近年来蓬勃发展的奥特莱斯名品折扣店，都是选择在交通便利的郊区，一般都要求在高速路旁。

3. 不同商品类别的区域选择分析

作为一个具体的店铺，在选址决策时应充分考虑顾客对不同商品的需求特点及购买规律，从而确定店铺所在的区域位置。顾客对商品的需求一般可分为三种类型。

1）日常生活必需品

这类商品同质性大，选择性不强；同时价格较低，顾客购买频繁，在购买过程中力求方便。所以，经营这类商品的店铺应最大限度地接近顾客的居住区，设在居民区商业街中，辐射范围以半径 300 米为限，步行在 10 分钟以内为宜。

2）周期性需求的商品

对这类商品，顾客是定期购买的。在购买时，顾客都经过了一定的比较，最终才选择出适合自己需要的商品品种。另外，这类商品的购买量不大，有高度的周期性。经营这类商品的店铺选择在商业网点相对集中的地区为宜，如地区性的商业中心或交通枢纽、交通要道的商业圈。

3）耐用消费品及顾客特殊性需求的商品

耐用消费品多为顾客一次购买长期使用的商品，购买频率低。顾客在购买时，一般已有既定的目标，在反复比较权衡的基础上再做出选择。

对于特殊性需求的商品，购买的偶然性较大，频率较小，顾客比较分散。以经营此类商品为主的店铺，商圈范围要求更大，应设在客流量更为集中的中心商业区或专业性的商业街道，以吸引尽可能多的潜在顾客。

（二）客流规律分析

店铺成功的另一个关键因素是客流量的大小。客流包括现有客流和潜在客流。店铺选择开设地点总是力图处在潜在客流最多、最集中的地点，以使多数人就近购买商品。但客流规模大，并不总是能带来相应的优势，具体问题还需具体分析。

1. 客流类型

1）自身客流

自身客流指那些专门为购买某些商品的来店顾客所形成的客流。这是店铺客流的基础，是店铺销售收入的主要来源。因此，新设店铺在选址时，应着眼于评估自身客流的大小及发展规模。

2）分享客流

分享客流指一家店铺从邻近店铺所形成的客流中获得的客流。这种分享客流往往产生于经营相互补充商品类的店铺之间，或大店铺与小店铺之间。

3）派生客流

派生客流指那些顺路进店的顾客所形成的客流，这些顾客并非专门来店购买。在一些旅游点、交通枢纽、公共场所附近设立的门店主要利用的就是派生客流。

2. 客流目的、速度和滞留时间

不同地区客流规模虽然可能相同，但其目的、速度和滞留时间各不相同，要做具体分析，再做最佳地址选择。

3. 街道两侧的客流规模

很多情况下，同样一条街道，两侧的客流规模由于光照条件、公共场所、交通条件、设施等影响而有所差异。另外，人们骑车、步行或驾驶汽车都是靠右行，往往习惯于光顾行驶方向右侧的商店。因此，开设地点应尽可能选择在客流量较多的街道一侧。

在商业集中的繁华区，客流一般以购物为主。其特点是速度缓慢、停留时间长、流动时间相对分散，因此可以把经营挑选性强的门店设在这里，如服装店。

有些地区虽然有相当规模的客流量，却多属非商业因素，如车站、码头、学校等公共场所，其主要客流的目的不是购买商品。此地区的客流速度一般较快、停留时间短、流动时间比较集中，因此可以将经营挑战性不强和携带不方便的商品设在这里，如烟酒副食品、冷饮店、快餐店等。

（三）立地点周围设施评估

选择开店地点还要对目标所在地的道路性质、接近度、邻居特性等做调查。

1. 道路性质

道路性质主要是调查立地点前道路的特性及通行车辆种类。

1) 连接道路

它连接主要的商业区与住宅区，供居民上下班来往，是公交站牌、交通工具转换站林立处。

2) 运输道路

运输道路是地之间商品物资来源的干道，连接两大区域之间商品货物的流通，货车及各种特殊运输车辆比例多。

3) 商流道路

商流道路是批发、零售等各种商业活动来往频繁的动脉，其背后往往有市镇、商业区或住宅区为其中心。

4) 郊区道路

郊区道路处在上下班的路线外，它还是接续商业区与郊区住宅的干道。它主要处于郊区，多半属于城镇的新兴区。

5) 老旧道路

老旧道路是老旧商业区所发展出的主要商业道路，往往是人潮汇集处，行人来往多，车辆也偏重小型自用车。因此，常常为商业活动畅旺之处。

2. 接近度

接近度是测量立地点是否符合顾客容易接近店铺的准则。通常接近度越高，立地点越好。其考评标准如下：

1) 确定店铺200米内是否有公交车站或巴士转运站

此转运站最好是位于上下班路线上，以增加顾客购物的时间性。

2) 确定店铺前道路宽度

道路足够宽，不仅可以使行驶车流增多，还可以增加停车的便利性。

3) 是否有斑马线可到对面街或侧街，且左右距离在100米内

这关系到来往人流数量的多少。

4) 临近100米内是否有红绿灯

红绿灯是增加店铺曝光率、增加消费认知的捷径。

5) 近期内是否有道路拓宽计划或掩埋管线计划

因为各项开挖马路工程都会影响顾客前来的意愿。

3. 邻居特性

邻居特性指立地点两侧行业种类的特点，以及不宜为邻的行业种类。如果属于同行业的专业区，则新点将会面临强大的同业竞争；如果属于异种行业的专业街，则要考虑是否能构

成旺市效应。

其实，不必过于担心同业竞争的问题。因为一旦同业门店越开越多，就会产生聚集效应，则容易扩大影响、聚集人气，形成专业街，生意反而比单枪匹马更容易做。另外，为避免使顾客产生不良反应，在制造大量污染的店（如洗衣店）或发出特别气味的店（如油漆店），乃至发出烟雾的店（如烧烤店）等店铺旁不适宜开一般生活用品的店铺。再如，高频噪声出现的地方，比如铁路平交道旁也不是良好的立地点。

（四）立地点评估

立地点评估是强调立地点本身的评估，即针对所要开店的建筑物内外结构及法律问题的分析评估。其中评估项目有以下几个方面：

1. 辨识性

辨识性是指预定地点（简称"预定点"）是否明确，临近100米内是否有明显路标。

2. 齐全性

齐全性是指建筑物内原有的那些设施越齐备，越节省开店的装潢成本。

3. 所有权明确化

所有权明确化是指确认真正拥有房产所有权的业主。

4. 完整性

完整性是指通过使用执照来再次确认承租屋在店面法律上的使用权利，并了解实际营业使用的申请。

5. 清白性

清白性即查清所租赁的房屋是否有被银行或其他机构设定有他项权利或是被查封、拍卖的记录，以避免在房屋租赁期间受房东财务纠纷的影响。

6. 时间性

时间性即确认预定地点现行使用人是谁？需要多久才能移交使用？时间越短，对店铺越有利。

7. 明显度

明显度是指架设广告招牌的可见度。招牌是店铺与消费者沟通的第一步，因此招牌越明显，对店铺的宣传越好。

8. 特殊天气

特殊天气不但会影响顾客的消费意愿，还会造成经营上不可预估的风险。如水淹、日晒引起的商品及设备的损耗，或店面迎向强风所造成的大量尘土对店面、商品鲜度的损坏，以及设备折旧率高低、采光度好坏等均是重要的考虑因素。

9. 建筑物本身评估

建筑物的年份及现状是评估的首要条件。一般来说，具有10年以上的旧屋子不予考虑。再者，对建筑物构造成分的分析，有助于装潢成本的预估；对建筑物楼层的分析，则关系到间接费用的开支,如是否整栋承租,或将卖场与办公室或是宿舍合并;同时,楼层的高度、给排水、配线状况及可供电力、消防设施都是计算改装费用的依据。如果是屋顶加建、空地加建、中庭加建等部分,则要调查其合法性与可行性,以避免日后产生法律纠纷。另外,如是否为室内停车场改装,是否为防空避难室,是否占用公共设施等问题都要调查清楚。

10. 积率

积率指预定地点本身的形状与面积。形状包括建筑物外观的整体设计和预定地点本身的形状。前者关系到店铺的未来格局,后者则是卖场设计的重点。通常,店铺的形状越方正,卖场生意越好。

11. 面积

面积指可使用的营业面积,即经内部测量后的实际有效面积。其中门面宽度是首要条件,无论是一、二楼卖场还是一楼与地下室的卖场,不同行业有所不同。如超市因其卖场大,多设于一楼或地下室;而便利店则以一楼为主,美容美发业则可设在二楼。

12. 租金、押金

租金主要是房租高低及付款方式,而押金需对附近房租行情进行调研。

13. 邻店

对于邻店的用途、屋主、邻居、前任承租人是何人,其个人职业、住处、信用、是否有财产纠纷等也需要调查清楚。

立地点评估对店铺的成败有很大的关系。一般而言,评估是开店前必需的工作。评估过程中,数据化、定量化评价数据是非常重要的,因为这可将人为干扰因素降至最低。

案例

连锁复制秘籍之选址模型

进入 21 世纪后,代表连锁企业发展趋势的"连锁百强",以年均超过 50% 的速度增长,远远超越了社会零售总额年均 9.4% 的增速,"连锁百强"在零售业中的比重也快速提高。连锁企业之所以能在社会的零售业中占据越来越重要的地位,根本原因在于其特殊的复制价值。就像制造企业的流水线作业一样,连锁经营就是在商业领域不断地复制门店,从而迅速实现企业规模的膨胀,抢占市场份额,最后托起企业的品牌。

世界级连锁品牌,如沃尔玛、家乐福、麦当劳、肯德基等,这些我们耳熟能详的连锁企业的全球扩张无疑告诉我们,这就是复制,也就是连锁经营的秘密。

零售业态曾经流行过这样一句话——"零售最重要的是什么?第一是选址,第二是选址,第三还是选址",可见选址对于零售业的重要性。对于连锁企业,选址是非常重要的一个环节,复制一个门店首先要做的是什么呢?肯定是选址,因为只有有了实体门店平台,才能开始提供我们的产品和服务。

选址"一三模型"就是一个前提和三个步骤。一个前提就是选址进入城市的前提，即城市评估，三个步骤就是选取具体门店的三步，即选址评估。

1. 一个前提——城市评估

首先，应当对准备进入的城市或已经进入的城市进行综合评估，收集各种相关数据，具体如下：

1）城市背景资料

如地理位置、人口数量、人口密度、区域划分、城市发展规划、公共交通、竞争对手、政府优惠政策等。

2）城市经济资料

如经济水平、收入水平、物价、所属行业发展状况等。

对相关数据进行分析，分析该城市的经济发展速度、城市规模是否适合开连锁门店；分析进入该城市的投入产出比，需要开多少家门店才能基本覆盖；分析预测第一年的营业额及各项费用支出预算；分析预测第二年的增长趋势；分析客流量规律及消费潜力；分析交通地理条件；分析竞争激烈度；分析人力成本；分析广告宣传成本；分析人文状况；分析其他影响经营的因素，如政府的工作效率等。在此基础上，形成该城市的评估报告，作为连锁企业进入该城市进行选址的依据。

2. 三个步骤——选址评估

1）选商圈

分析该城市各区域的商圈个数、商圈名称和类型，确定城市核心商圈、次级商圈与辅助商圈。对商圈的成熟度、发展规划、潜力、辐射范围、有无竞争对手等情况进行分析，以便选择符合定位、适合进入的商圈。

2）选街道

分析所选商圈的街道个数、名称和类型，对街道条件、人流车流、竞争情况、吸引情况等进行分析。

街道条件：街道长度、街道宽度、门店数量、人流出入口、道路成熟度；

人流车流：人流量、车流量；

竞争情况：典型竞争门店数；

吸引情况：有无对所属行业顾客群产生吸引力的设施或条件。

3）选门店

选门店主要分析两方面的内容：外部评估和内部评估。

外部评估：人流量、车流量、门店可视范围、门前空地、门前道路宽度、邻铺类型等；

内部评估：面积、建筑结构、招牌长度、门面长度、配套水电条件、租金等。

(根据网络资料整理)

项目总结

店址是关系到门店生意好坏的最关键因素，而商圈调查是选择合适店址的前提。理论上，商圈是以门店设定地点为圆心，以周围一定距离为半径所设定的范围。而实质上商圈是以门店所在地点为中心，沿一定距离形成不同层次的吸引顾客的区域。商圈由核心商圈、次级商圈和辅助商圈（边缘商圈）构成。商圈顾客来源可分为三部分：居住人口、工作人口和流动人口。商圈确定方法有单纯划分法、经验法和数学分析法。门店商圈调查的方法主要有顾客调查的方法、同业竞争店调查的方法两种。连锁门店选址应该遵循以下几项基本原则：方便顾客购物的原则、有利于连锁门店开拓发展的原则、有利于获取最大经济效益的原则。

店址选择类型主要有四大商业群：城市中央商业区，是全市最主要、最繁华的商业区；城市交通要道和交通枢纽的商业街，是大城市的次要商业街；城市居民区商业街和边沿区商业中心；郊区购物中心。选择店址时应分析交通条件、客流规律、竞争对手、地形特点和城市规划情况。

知识自测

一、名词解释

1. 商圈
2. 商圈调查
3. 自身客流
4. 分享客流
5. 派生客流

二、选择题

1. 商圈是指门店吸引消费者的（　　）。
   A. 空间范围　　　　B. 程度　　　　C. 能力　　　　D. 时间范围
2. 核心商圈包含顾客总数的（　　），是最靠近超市的区域，顾客在总人口中所占的比例最高，每个顾客的平均购货额也最高，并且很少与其他商圈产生重叠。
   A. 0　　　　B. 15%~25%　　　　C. 55%~75%　　　　D. 75%~100%
3. 边缘商圈顾客的构成基础是（　　）。
   A. 居住人口　　　　B. 工作人口　　　　C. 流动人口　　　　D. 其他
4. 根据以往经营过程中获得的各种经验、经历等来设定商圈的方法是（　　）。
   A. 间接调查法　　　　B. 访问调查法　　　　C. 直接调查法　　　　D. 经验法
5. 下列属于零售业结构调查的是（　　）。
   A. 收入水平　　　　B. 消费水平
   C. 购买行为　　　　D. 地区间销售动向

三、填空题

1. 商圈由_____、_____、和_____构成。

2. ＿＿＿＿＿＿是离门店最近、顾客密度最高的区域，每个顾客的平均购货额也最高。
3. 顾客来源可分为＿＿＿＿、＿＿＿＿和＿＿＿＿三部分。
4. 雷利零售引力法则，又称雷利法则，1929 年由美国学者＿＿＿＿提出。
5. ＿＿＿＿是通过计算零售业市场饱和系数，测定特定商圈内某类商品销售的饱和程度，用以帮助新设门店经营者了解某个地区类同行业是过多还是不足的理论。
6. ＿＿＿＿是连锁门店确定经营目标和制定经营策略的重要依据。

四、简答题

1. 简述商圈的含义及其结构。
2. 测定商圈范围大小的基本要素有哪些？
3. 简述确定商圈的方法。
4. 商圈调查报告的具体内容包括哪几个部分？
5. 简述店址选择的重要性。
6. 连锁门店选址应该遵循哪些基本原则？

工作任务

连锁门店商圈调查与选址分析

【工作任务描述】

某餐饮企业在济南有 5 家连锁门店，现在该餐饮连锁企业打算开拓更多新店，请你帮助其完成新门店的商圈调查与选址分析。

工作任务一　连锁门店
商圈调查

工作任务二　餐饮门店
选址分析

综合案例分析

蜜雪冰城的选址分析

影响门店回报率的因素很多，例如交通、配套、政府政策、市场定位等，但影响门店回报率最大的因素是地段。地段是升值的资本，也是保值的砝码，好的地段就有好的人气、好的环境、好的购买力，等等。

毫不夸张地说，好的选址就是门店成功的一半。所以，我们一定要懂得选址的方法，这等于成功了一大半。那么，蜜雪冰城的选址策略具体是怎样的呢？

1. 考虑租金

开店要先考虑店铺选择在哪个地段，地段的租金以及来往的人群特点、交通位置等，这些都是投资者需要关心的，对于蜜雪冰城来说，冷饮品牌想要吸引消费者，地段必定是人来人往非常热闹的,而且它的租金不能太高,因为该品牌所需要的店铺面积很小,成本也会有所控制,如果地段定位的租金太高,会影响到整体收益,那样生意就不划算了。

2. 考虑交通情况

蜜雪冰城的产品特点是人们购买之后可以随带随走,消费者会觉得比较方便,对于地理位置在四岔路口的店铺来说,来来往往的人更多,还有一些在车站旁的店铺也非常容易吸引客流。人们等车的时候总是会下意识地去购买冰激凌来品尝,打发无聊的时间,这样就能有效提升产品销量,在交通繁华的地区,消费者会增加,这也对促进蜜雪冰城的销量来说非常有帮助。

3. 考虑潜在消费群

每个产品都有它的特定消费群,蜜雪冰城的产品针对儿童和年轻人,所以在这些特定人群经常聚集的场所开店,对于促进产品销量来说非常有帮助。例如选择在学校、大型游乐城旁开店,能长期提升人气,做这个品牌的投资者,如果想提升自己店铺的关注度,门店前人来人往是必需的,要选择潜在消费群经常出入的场所。

比如,蜜雪冰城的北京市朝阳区十里河门店,虽然并非三线城市的布局,但是由于加盟商对门店周围环境精准的预判,使得蜜雪冰城十里河门店成功地打破了街区原有的茶饮格局,成了一个成功的典范。

(根据网络资料整理)

问题:
1. 开店选址为什么要考虑客流的主要消费目标和消费水平状况?
2. 蜜雪冰城的门店选址有何成功之处?

综合实训

1. 分组模拟成立零售连锁企业,为其进行商圈调查和选址分析。
2. 分小组讨论并分析我国本土连锁企业进行商圈调查与选址的新发展。

项目三

连锁门店 CIS 设计

项目导入

连锁门店在具体的经营活动中,企业形象的发展几乎无所不在,在管理、服务、店面设计、商品陈列及 POP 广告等多个环节都会展示出企业形象。企业形象的塑造对创造良好的消费环境,提升企业知名度、美誉度和增进消费者的认同有重要作用。

知识目标

- ❖ 了解企业形象的含义、特征以及企业形象塑造的原则
- ❖ 熟悉连锁门店 CIS 的构成
- ❖ 掌握连锁门店 CIS 的设计技巧

能力目标

- ❖ 能够理解连锁门店 CIS 的重要性
- ❖ 能够设计分析连锁门店 CIS 的构成情况
- ❖ 能够设计连锁门店 CIS

素质目标

- ❖ 培养系统思维、全局意识
- ❖ 培养创新意识、服务意识
- ❖ 培养以人为本、多赢的思维方式

项目框架

项目名称	任务步骤	知识点
连锁门店 CIS 设计	连锁企业形象塑造	企业形象的含义及特征
		连锁企业形象塑造
		连锁企业形象评价
	连锁门店 CIS 设计	CIS 的含义和特征
		CIS 的设计程序和方法
		CIS 的作业流程

导入案例

永辉超市的 CIS 分析

永辉超市（以下简称永辉）成立于 2001 年，是中国企业 500 强之一，是国家级"流通"及"农业产业化"双龙头企业。永辉超市是中国大陆首批将生鲜农产品引进现代超市的流通企业之一，被国家七部委誉为中国"农改超"推广的典范，通过农超对接，以生鲜特色经营及物美价廉的商品受到百姓认可，被誉为"民生超市、百姓永辉"。截至 2024 年 6 月，永辉超市已在全国发展 958 家连锁超市，业务覆盖 29 个省份、517 个城市，经营面积超过 800 万平方米。位居 2022 年中国超市百强榜第二位、2023 年中国连锁百强第四位。

一、永辉的形象

永辉企业标识主体采用"永辉"汉语拼音"Yong Hui"的第一个字母变化而成，微微前倾的动感充满了现代气息，象征着前进中的永辉，如图 3-1 所示。

圆是美好和愿景的象征，传达了永辉以顾客为导向的经营方针，为顾客提供日常食品、用品和购物服务，在促进商圈繁荣的同时，提高所在城市和社区居民的购物体验和生活品质，与顾客的美好生活圆满结合。代表永辉"民生超市，百姓永辉"的社会承诺。

图 3-1 永辉企业标识

圆弧线条的粗细变化给人以空间扩展的视觉感受，象征永辉高速、健康发展的特点，同时体现了永辉全体员工团结一致，共同努力、共同进步，与合作伙伴"融合共享，成于至善"的核心价值观。

热烈的红色，体现中国特色，具有浓郁的民族文化气息，代表了勤奋务实、勇于创新的永辉人以及永辉光荣的创业历史，代表了充满活力、欣欣向荣、不畏艰难、永创辉煌的精神风貌。

二、永辉理念

（一）永辉的企业愿景

让用户更喜欢，让创业更容易。

（二）永辉的企业使命

为满足用户需求，提供安全、健康、高性价比的生鲜产品。

（三）永辉的价值观

"融合共享，成于至善"，帮助他人成功，自己才能成功。

（四）永辉的企业文化

勤奋、创新、沟通、总结。
包容、开放、分享、共享。

（五）永辉的经营理念

1. 绿色的永辉

永辉将食品安全视为生存之本、发展之道，引领生鲜消费朝着"绿色、低碳"的方向前进，使企业、社会、自然可持续发展，积极引进和培育绿色商品，应用低排放、高能效的建筑材料及经营装备，向消费者、供应商倡导绿色理念。

2. 人文的永辉

永辉坚持以人为本的理念，大力倡导"家"文化，视同事为家人、待顾客如家人，以"感恩的心"回馈社会、回馈百姓，充分体现人文关怀。

3. 科技的永辉

永辉以技术驱动业务和创新，积极探索数字化、智能化，推进线上线下全渠道融合，到家到店业务协同发展，打造"手机里的永辉"，通过永辉生活APP，打通第三方平台，依托全渠道为用户提供便捷、快速的购物体验。

三、永辉的特色

（一）生鲜经营是永辉最大的特色

永辉各门店的生鲜经营面积都达到40%以上，而且果、蔬、禽、肉、蛋、鱼等品种一应俱全；在集团总销售额中，生鲜农副产品的销售额占到总销售额50%以上。永辉的生鲜经营之所以有强大的竞争力，首先源于其在商品陈列、气氛营造方面体现出的专业素质，在肉品分割上，一般超市是分割好了，等着顾客来买。永辉则是现场分割，顾客要哪块就切哪块，真正满足了顾客的餐桌需求。

（二）在上游供应链中的独到之处

与国内许多大超市自己不敢直接经营生鲜产品或与厂商联营不同，永辉坚持所有生鲜商品自己直营，并在全国建立起20多个采购基地，以现款直接去农户家采购。比如永辉在采购海鲜商品时，会直接把采购船开到海中渔船的旁边，实现直接采购，这也是永辉在水产商品经营中罕有对手的原因。在水果采购中，永辉常常是把整个果园包下，自己进行水果的等级分拣，低等级的放进卖场做促销。

通过其足够的规模和实力，直接针对生产者的现款采购，永辉确立了采购的品种优势和对抗农贸市场的价格优势。针对生鲜保鲜期较短、损耗大的特点，永辉降低损耗的办法是，根据销售情况随时理货。在其他很多超市里，冷冻肉是一天摆放一次，而在永辉，每2小时理货员就要补一次货，甚至是随时补货。每一种生鲜商品不会一次摆放很多，根据销售状态，现卖现补。通过如此集中管理和陈列，永辉生鲜产品的损耗最低可控制在3%左右。损耗的减少在帮助永辉以更便宜的价格回馈消费者的同时，也使永辉经营生鲜商品的毛利提高。

（三）密集布点，频繁配货也是永辉谋求更低成本的方式之一

针对同一地区的多家店，永辉的配送车队一天的配送频率可以达到3次之多，由于送货频率较高，某一单品一次送好几家店，能很快被消化掉，也降低了物流成本。支撑这一切的，是因为永辉有其他超市所不具备的一个生鲜经营团队，在这个团队中，有一大批生鲜管理专家、采购专家、水产养殖专家。

未来，永辉将继续坚守主业、坚守定位、坚守文化，坚持以科技赋能供应链，以数字驱动增长，建立起质量更高、效率更高的全渠道运营体系，成为"以生鲜为基础、以客户为中心"的科技零售平台。

【引例分析】

永辉的成功与它的CIS设计是分不开的，企业形象是潜在性的销售额，是无形的资产，良好的企业形象会给企业带来不可估量的社会效益和经济效益。

（根据网络资料整理）

学习任务一　连锁企业形象塑造

一、企业形象的含义及特征

（一）企业形象的含义

企业形象，是指社会公众或消费者按照一定的标准和要求，对企业经过主观努力所形成和表现出来的形象特征所形成的整体看法和最终印象，是社会公众对企业的生产管理水平、资深状况、商品和服务质量等进行的综合客观评价。在市场经济条件下，它是经营者信誉的体现。企业形象的含义可从以下四个层次理解：

（1）公众是企业形象的评价者和感受者，这种评价是有一定标准的。

（2）企业形象不是形象主体的自然流露，而是经过企业塑造和追求的结果反映。

（3）公众对企业形象的认知是整体的、综合的，而不是局部的、个别的，它是经过理性选择和思考的最终印象。

（4）公众对企业形象的认知要从印象上升为信念并据此做出判断、评价。

（二）企业形象的分类

企业形象的分类方法很多。根据不同的分类标准，企业形象可以划分为以下几类：

1. 企业内在形象和外在形象

这是根据企业的内外表现来划分的。内在形象主要是指企业目标、企业哲学、企业精神、企业风气等看不见、摸不着的部分，是企业形象的核心部分。外在形象则是指企业的名称、商标、广告、店铺、店歌、产品的外观和包装、典礼仪式、公开活动等看得见、听得到的部分，是内在形象的外在表现。

2. 企业实态形象和虚态形象

这是根据主客观属性来划分的。实态形象又可以叫客观形象，是指企业实际的观念、行为和物质形态，它是不以人的意志为转移的客观存在。如企业生产经营模式、产品和服务质量、市场占有情况、产值和利润等，都属于企业实态形象。虚态形象则是指用户、供应商、合作伙伴、内部员工等企业关系者对企业整体的主观印象，是实态形象通过传播媒体等渠道产生的印象。

3. 企业外部形象和内部形象

这是根据接受者的范围来划分的。外部形象是员工以外的社会公众形成的对企业的认知，我们一般所说的企业形象主要指的是这种外部形象。内部形象则是指该企业的全体员工对企业的整体感觉和认识。内部形象的接受者范围更小，但作用却很大，与外部形象有着同等重要的地位，绝不可忽视。

4. 企业正面形象和负面形象

这是根据社会公众的评价态度来划分的。社会公众对企业形象认同或肯定的部分就是正面形象，抵触或否定的部分就是负面形象。对于企业来说，一方面要努力扩大正面形象，另一方面又要努力避免或消除负面形象，两方面同等重要。因为往往不是正面形象决定用户购买某企业的产品或接受某项服务，而是负面形象使得他们拒绝购买该企业的产品和接受其服务。

5. 企业直接形象和间接形象

这是根据公众获取企业信息的媒介渠道来划分的。公众通过直接接触某企业的产品和服务，由亲身体验形成的企业形象是直接形象，而通过大众传播媒介或帮助他人的体验得到的企业形象是间接形象。树立企业形象不能只靠广告宣传，还应注重提高产品质量和服务水平；不能只看到间接形象却忽视了直接形象。

6. 企业主导形象和辅助形象

这是根据公众对企业形象因素的关注程度来划分的。公众最关注的企业形象构成主导形象，而其他一般因素则构成辅助形象。

例如，公众最关心的手机的质量（功能效果、图像、话质等）和价格（是否公道合理），手机的质量和价格等构成手机生产厂的主导形象，而手机生产厂的企业理念、员工素质、企业规模、产区环境、是否赞助公益事业等则构成企业的辅助形象。企业形象由主导形象和辅助形象共同组成，决定企业形象性质的是主导形象；辅助形象相对主导形象有影响作用，而且在一定条件下能够与主导形象实现相互转化。

（三）企业形象的特征

1. 整体性

整体形象取决于各子形象或形象要素，其中任何一个方面出现事故，都可能使整体形象受损。整体形象与各子形象都有各自的作用，其功能不能相互替代。具体来说，主要有以下几个方面：

1) 综合因素

综合因素包括企业历史、知名度、经济效益、社会贡献等；它能从总体上体现连锁企业在社会上的地位和在市场上的实力。

2) 人员素质

人员素质包括人力资本构成、服务方式、服务态度等；它能从人力资源的质量及其行为输出方面反映企业经营、管理的基础能力。

3) 经营与管理水平

经营与管理水平包括商品结构与质量、经营方式与特色、基础的管理工作、决策与预测能力等；它能体现企业领导者素质的高低。

4) 物质设施

物质设施包括商品布局与陈列、物资设备先进与否、店堂环境等；它能反映企业的规模与资金实力。

2. 稳定性

在塑造、推广连锁门店企业形象初期，即使企业的若干形象要素出色，但要被公众广泛知晓直至深入人心，也并非一日之功。这不仅是因为公众有一个认知过程，还可能因为对一个企业的认同意味着对其他连锁企业形象的"放弃"，这需要改变原来的心理定式。社会公众一旦对企业形成某种认识、看法，企业形象便具有相对稳定性。由于社会公众对企业的认识是一种理性认识和概括性评价，如果企业情况没有发生重大变化，这种基本评价就不会发生明显变化。

3. 可变性

企业形象的主客观性一旦趋于统一，相对稳定性就更为明显，这是因为形象具有缓和功能，连锁企业稍有疏漏，一般不会危及企业形象。但当较大的失误持续地发生时，公众就会改变对企业的评价，形象的主客观性趋于统一。连锁企业的形象并非永远不变，恰恰相反，现代企业时刻在公众舆论的监督之下，影响甚至足以毁灭企业形象的危机事件时刻都可能发生。如果不能很好地处理发生的危机事件，则可能导致千辛万苦建立起来的企业形象发生巨变，美好的企业形象将不复存在。美国的安然公司、南京的冠生园都是前车之鉴。

4. 传播性

企业经营等各项活动具有广泛的社会影响。换言之，企业形象可通过直接或间接方式在社会公众中传播、扩散，从而成为公众比较、评价不同企业的依据，同时也为策划、树立与众不同的企业形象提供了有利条件。

5. 偏差性

连锁企业形象的定义表明，形象源于社会组织的表现，具有客观性；但评价者是公众，因而又具有主观性。主客观相统一的形象是真实形象；虚构、想象、误解的形象是虚假形象；连锁企业领导及其他成员所追求的形象是理想形象。形象的两重性要求企业既要做得好，又要说得好。由于公众的价值观、利益取向、审美取向以及获取的企业信息往往不同，因此同一企业在不同人的心目中会产生有差异的形象。在人机互动中，企业的各种情况会被公众广泛知晓，不同的评价会逐渐收敛，从而使公众能对企业做出较为客观、真实的评价。但公众对企业的要求差别仍会存在，由于受信息不完全、公众价值判断的差异等诸多因素的影响，通常会出现主观印象与企业客观现实不尽吻合的情形。

6. 效用性

社会公众对企业形象的认识与评价，对企业运营有直接并且重要的影响。实际上，它是企业的无形资产，可以进行计量和评估。良好的企业形象可以提高企业的市场拓展力，为企业带来直接的经济利益；不良的企业形象则可以置企业于困境，使其丧失机遇与利益。总之，企业形象是企业可以利用的稀缺资源，要珍惜和有效使用。

（四）企业形象的子系统

1. 企业形象的组成

企业形象的组成可以归纳为三个层次（三个子系统），即理念形象、行为形象和视觉形象。

1）企业理念形象

企业理念形象是由企业宗旨、精神、发展目标、经营战略、道德、风气等精神因素构成的企业形象子系统。

2）企业行为形象

企业行为形象是由组织及组织成员在内部和外部的生产经营管理及非生产经营性活动中表现出来的员工素质、企业制度、行为规范等因素构成的企业形象子系统。内部行为包括员工招聘、培训、管理、考核、奖惩，各项管理制度、责任制度的制定和执行，企业风俗习惯等；外部行为包括采购、销售、广告、公益等公共关系活动。

3）企业视觉形象

企业视觉形象是由企业的基本标识及应用标识、产品外观包装、店容店貌、机器设备等构成的企业形象子系统。其中，基本标识指企业名称、标识、商标、标准字、标准色，应用标识指象征图案、旗帜、服装、招牌、吉祥物等；店容店貌指门店自然环境、店铺、橱窗、办公室及其设计和布置。

在企业形象的三个层次中，理念形象是最深层次、最核心的部分，也是最重要的，它决定行为形象和视觉形象；而视觉形象是最外在、最容易表现的部分，它和行为形象都是理念形象的载体和外化；行为形象介于上述两者之间，它是理念形象的延伸和载体，又是视觉形象的条件和基础。

2. 企业形象识别系统

企业形象的全称为企业形象识别系统（Corporate Identity System，CIS），它是企业（或社会团体）由内而外有计划地展现其形象的系统工程。对内部而言，它形成企业文化；对外部而言，它取得社会的认知，从而获得公信力。良好的企业形象的设计与推广，是实现企业发展理想的必然途径。

CIS 之前由三部分组成：企业理念（Mind Identity System，MIS）、企业行为（Behavior Identity System，BIS）、视觉识别（Visual Identity System，VIS）。2002 年，企业听觉识别系统（Audio Identity System，AIS），即企业 AIS 理论由品牌音乐家寒春首次在中国提出，主要包括企业歌曲、广告音乐、企业注册的特殊声音、企业特别发言人的声音等内容。

案例

蜜雪冰城主题曲

蜜雪冰城主题曲"你爱我，我爱你，蜜雪冰城甜蜜蜜"的旋律火遍大街小巷，每个路过蜜雪冰城的人，尤其是小孩子，都会不自觉地跟着旋律唱起来，而且，小朋友唱得还特别开心、忘我。

那么，蜜雪冰城这首主题曲究竟有什么魔力能够如此洗脑呢？一起来看看吧。

第一，表达通俗易懂，老少皆宜。

可以说，蜜雪冰城是跟着这首神曲大火起来的，而这首主题曲的表达也十分直白，表达出十足的诚意。等到吸引客人买了奶茶，觉得确实物美价廉，回购之后，那就映衬了"甜蜜蜜""你爱我""我爱你"的歌词含义。

第二，旋律朗朗上口，很接地气。

"你爱我，我爱你，蜜雪冰城甜蜜蜜"歌词直接采用了儿歌的方式，歌词循环往复，旋律朗朗上口。

第三，大幅度的宣传，引发联动效应。

虽然近年来有不少饮品店都陆续火了起来，成为网红店，但是像蜜雪冰城这样另辟蹊径，走出自己独特的"神曲路"，打磨鲜明标识的饮品店屈指可数。蜜雪冰城赢在了宣传策略与市场先机上，其旗下每个门店都统一店面标识、统一员工标识、统一主题曲的传播策略，经过数次的反复，想不被洗脑都难。

（根据网络资料整理）

请分析蜜雪冰城主题曲发挥了哪些作用。

门店导入 CIS 是一项系统工程，必须分阶段、按计划地推进。在开始之前和导入的过程中，需要进行数次企业内部与外部市场的定性、定量调查，以确定 CIS 的定位与定向。根据调查分析的结果，及时调整和修订 CIS 的执行计划，才能达到预期的目标。

3. 企业形象的形成

良好的企业形象形成依赖于各种途径。其中，通过建立及实施企业形象识别系统，是树立良好企业形象的有力途径。

二、连锁企业形象塑造

连锁企业形象塑造是一个循序渐进的过程，要根据一定的流程和步骤，选择合适的方式，有计划地进行。

（一）企业形象塑造的意义

现代连锁企业的形象已成为企业最宝贵的资产。塑造一个良好的企业形象，可以振奋企业员工的劳动热情，调动他们的生产积极性，促进企业的生产经营和管理工作，增强企业的凝聚力，优化企业的外部环境，获得消费者的认同和依赖，这样才能使企业在竞争中生存发展。

1. 帮助企业赢得顾客信任

社会公众对企业的印象和评价，实际上裁定的是企业可信与否。良好的企业形象，使社会公众产生信任和依赖感，愿意与之进行经济利益上的联系。显然，增强公众对企业的可信度和赞誉度，就意味着企业有了广阔的市场发展空间和良好的前景。

2. 帮助企业推进精神文明，提升消费文明

略。

3. 帮助企业获得协助合作，创造良好的经营环境

企业诚信可靠，形象良好，得到社会公众的拥戴，不仅会带来资金融通上的便利，政府主管部门也会大力支持其发展，企业的产、供、销就易于协调和畅通，而且会不断扩大贸易伙伴的范围，有更自由的选择空间。即使偶有不良事件发生，也容易得到公众的理解和原谅，从而很快消除负面影响。总之，企业形象实际上是社会对企业的评判，优劣与否决定了企业在社会经济关系中能否处于良好的生存状态。显然，良好的环境有利于企业顺利成长，反之，企业则困顿异常。

4. 帮助企业吸引优秀人才

"人往高处走，水往低处流"，良好的形象能造成工作环境优良的感觉。"有了梧桐树，不愁金凤凰"，良好的企业形象不仅利于企业吸纳更多的优秀人才到单位效力，而且增加了职工的向心力、凝聚力及归属感，员工会因为身为其中一员而自豪，自发努力地工作。

5. 帮助企业解除危机

良好的企业形象可以使企业逢凶化吉以至东山再起。可口可乐公司说，如果他遍布全世界的工厂在一夜之间化为灰烬，那么第二天全世界的头号新闻必定是全世界各大银行的巨头

们纷纷向他贷款,凭"可口可乐"这张王牌,他会东山再起。

在当下激烈的市场竞争中,每个企业都面临同类型竞争对手的压力,如何让产品脱颖而出、深入人心,如何让消费者形成对企业的依赖,产生信任和归属感,这是企业形象设计的重要意义。所以,企业在进行形象设计时要更新要求,比如:追求差异化、去除陈腐印象、摆脱平庸感受、瞄准感性消费、面向世界市场、适应多元化经营、配合企业改革目标等。

(二)企业形象塑造流程

综合国内外企业塑造企业形象的经验,其作业流程大约可分为以下五个阶段:

1. 企业现状调查阶段

把握公司的现状、外界认知和设计现状,并从中确认给人印象的认知状况。

2. 形象概念确立阶段

以调查结果为基础,通过分析企业内部、外界认知、市场环境与各种设计系统的问题,来拟订公司的定位与应有形象的基本概念,作为企业形象设计规划的原则依据。

3. 设计作业展开阶段

根据企业的基本形象概念,将其转变成具体可见的信息符号,并经过精细作业与测试调查,确定完整并符合企业理念的识别系统。

4. 完成与导入阶段

重点在于排列导入实施项目的优先顺序、策划企业的广告活动及筹组 CIS 执行小组和管理系统,并将设计规划完成的识别系统制成标准化、规格化的手册或文件。

5. 监督与评估阶段

企业形象塑造的设计规划仅是前置性的计划,如何落实建立企业的形象?必须时常监督与评估,以确保符合原设定的企业形象概念。如发现原有设计规划有缺陷,应提出检讨与修正。

(三)企业形象形成过程

企业形象的形成主要经过四个环节,即形象传播、公众印象、公众态度和公众舆论。

1. 形象传播

形象传播分为直接传播与间接传播。

间接传播,就是大众传播媒介,以其技术划分,可分为印刷媒介、电子媒介和户外媒介三种形式。

1)印刷媒介

印刷媒介主要包括报纸、杂志、书籍及企业印刷资料和印刷广告、DM 广告等。其中,报纸的信息传播速度最快、范围最广、影响最大;杂志和书籍信息容量大,阅读周期长,但是受出版周期的影响,信息传播速度较慢;企业印刷资料和印刷广告、DM 广告的阅读者针对性较强,信息传递速度较快,但是传播范围较小,很难产生较大影响。企业可以根据自己的需要有针对性地选择适当的印刷媒体。

2）电子媒介

电子媒介主要包括电视、广播、电影、录像、影碟及互联网等。其中，最主要的大众传媒是电视、广播及发展迅速的互联网。电视是企业传递信息的首选媒介，其特点是形象生动，声画并茂，传播速度快，覆盖面广。广播同样具有传播快、覆盖面广的特点，它曾经是主要的大众传播形式，随着电视的普及，其影响力不断缩小。但是广播传媒具有低成本、快捷的特点，其仍然不失为重要的信息传播渠道。互联网作为现代信息社会的革命性标志，随着家用电脑的普及及网民数量的迅速增长，已成为大众电子传播的主要工具。

3）户外媒介

户外媒介包括户外公共场所如建筑物、路牌、交通工具、户外电子屏等发布广告信息的各种传播媒介。户外媒介一般具有气势恢宏、体积巨大的特点，可以产生强烈的视觉冲击效果。企业通过户外广告媒介宣传自己，利用其持续时间长的特点，将信息反复不断地传递给受众，给受众留下深刻的印象。但户外媒介具有的覆盖面窄、信息更新慢的特点，使其只能作为企业形象传播的辅助手段，与其他大众传播媒介有机统一地使用，共同完成形象传播任务。

2. 公众印象

印象是客观事物在人们头脑中留下的迹象。公众印象则是公众对企业形象传播的各类信息形成的印象，是企业现实状态和特征在公众头脑中的反映，是一种心理活动。

1）注意

注意是指心理活动对一定对象的指向和集中，是印象形成的前奏。当人们开始对接触过的事物注意时，印象才开始生成。企业要使公众产生印象，就要从引起公众注意方面做出努力。

2）判断

当公众对企业信息引起注意，进而产生兴趣后，便会对所关注的事物进行判断。判断是对事物特征有所断定的思维的一种基本形式，分为直觉判断和复杂判断两种。同印象联系较为密切的是直觉判断，公众通过直觉判断而形成直接印象。复杂判断与直觉判断产生的直觉印象、判断者的经验、个性、角色、心理倾向、兴趣、当时的状态及周围环境等各种因素有关。直觉判断受心理定式影响较大，容易产生偏见。

企业形象传播一方面应追求美感，另一方面则应强调企业个性。通过高质量的产品、服务、广告和公共关系等交流渠道，在公众中形成良好的接纳状态和心理定式，激发公众作出可信、可靠的判断，以利于企业良好形象的建立。

3）记忆

记忆是经历过的事情在人脑中的再现。确切来讲，是人们感知过的事情、思考过的问题、体验过的情绪和做过的动作在人脑中的反映。

对企业形象传播来说，要使企业形象在公众中留下深刻的记忆而不被遗忘，在企业形象输出的最初阶段，必须以简单而有意义的表示和口号对公众进行持续而有力的冲击。这种冲击需要反复、多角度、多层次地进行，只有这样，才能给公众留下深刻的印象。企业形象在公众头脑中定型后,传播的目的就是经常唤起公众的记忆,使其不被遗忘。

3. 公众态度

公众态度的形成是一个复杂的过程。它是社会公众对反复接收的企业信息进行接受、分类、分析、整理,并以其价值观念、心理倾向进行判断的过程。企业信息只有符合公众的心理倾向、价值观念及其需要,才能被公众认同并接受,以形成良好的企业形象。如果背离公众的需求,只会遭到公众的拒绝。为此,企业形象传播可根据社会心理学理论来控制或影响公众态度。

1)强化策略

企业形象通过不断地增加企业形象信息的正面内容,不断引起公众的注意和兴趣,便能达到影响或改变公众态度的目的。

2)定式策略

企业形象是企业实态及员工行为的反映,是员工长期行为的结果。企业只有坚持不懈地以其固有的价值理念和规范统一的行为准则面对公众,使公众对企业产生比较稳定的印象,公众才会对企业形成稳定的态度。

3)迁移策略

在利用公众原有态度的基础上引发新的态度,称为态度迁移。利用态度迁移,比重新建立一种新的态度难度要小得多,速度也快得多,能收到事半功倍的效果。根据此策略,进行企业形象策划时,应将企业名称、品牌名称有机地统一起来,使企业形象协调统一,以利于新产品领域的开拓和新产品市场的开发。

4)信度策略

企业在试图影响、改变公众的某种状态时,往往要通过形象传播对公众输入一系列的信息,而这些信息必须是真实可靠的。如果信息是虚假的,是欺骗社会公众的,企业的得意也只会是暂时的,难以持久;一旦事情真相败露,则会引发公众极端的对抗情绪,极大地损害企业的原有形象。所以,企业传播的企业信息必须与企业现实相吻合,使公众对企业产生信赖感。

4. 公众舆论

公众舆论是公众对企业的实态及特征的认识基本是一致的,是企业形象形成的最后阶段。一般以对企业行为的肯定或否定两种形式出现。公众舆论的好坏,直接决定着企业形象的好坏。好的公众舆论为企业塑造良好形象提供了契机,坏的公众舆论直接引发企业危机,损害企业形象。

三、连锁企业形象评价

企业的知名度与美誉度分别从量的方面和质的方面进行评价,是评价企业形象的两个常见、也是最基本的客观指标,是两个既有联系又有区别的概念。

知名度是评价企业形象的量的指标,是企业被公众知晓和了解的范围和程度,从中可发现企业的社会影响广度和深度。它是评价企业名声大小的客观尺度,不涉及公众对企业舆论评价的质的判断。企业知名度高，表示企业外界名声大；企业知名度低，表示企业外界名声小。

美誉度是评价企业形象的质的指标，是企业被公众信任、赞许和肯定，是评价社会影响和社会舆论好坏程度的客观指标。美誉度高，表明企业在外界形象好；美誉度低，表明企业在外界形象差。

需要特别注意的是，企业知名度高，美誉度不一定也高；企业知名度低，美誉度不一定也低。任何企业要想树立良好的形象，就必须同时把扩大知名度和提高美誉度作为追求的目标。

学习任务二　连锁门店 CIS 设计

一、CIS 的含义与构成

（一）CIS 的含义

CIS（俗称司肖）是英文 Corporate Identity System 的缩写，意思是"企业的统一化系统""企业的自我同一化系统""企业形象识别系统"。司肖理论把企业形象作为一个整体进行建设和发展。

（二）CIS 的构成

CIS 由四个部分组成：理念识别（Mind Identity, MI）、行为识别（Behaviour Identity, BI）、视觉识别（Visual Identity, VI）、听觉识别（Audio Identity, AI），如图 3-2 所示。

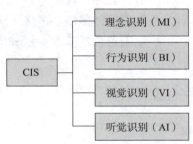

图 3-2　企业识别系统

1. 理念识别（MI）是最高决策层，是导入 CIS 的原动力，是企业的精神所在

理念识别包括企业标语、企业理念、经营方针、座右铭……理念识别也是一种符号，当此符号发挥有效功能时，无形中对员工产生潜移默化、教导的作用，使员工能肯定自己在公司工作的意义，进而提高士气。同时，理念识别又代表语言上的形象，因而须具备简单易懂的明快感。

山东××集团股份有限公司的服务理念

如某公司的 MI：

企业标语——让消费者享受更便宜的商品，使从业人员享受更安定的生活，公司股东则享受更丰厚的福利。

企业理念——全新价值的再创造。

经营方针——重视人、市场走向、革新经营。

座右铭——更接近消费者，勤力开拓市场，以强劲快捷作为活力的象征。

2. 行为识别（BI）是非视觉化动态的识别方式

对内负责组织管理，包括工作环境、生产设备、研究发展、生产福利及员工教育（礼貌仪表、服务态度、上进精神）等。对外负责开展各种活动，包括市场调查、促销活动、公共关系、产品开发、流通对策、金融对策、公益性活动、文化性活动等。J·G·雪南先生说："CIS 并非单纯的设计，而是组织全体——商品、服务、员工、管理者、工作态度和状况、倾向以及民众性等各方面的统整性知觉。"实施 CIS 时，需要企业全体员工的协助。员工是将企业形象传递给外界的重要媒体，如果员工的素质有问题，将为公司带来很大的伤害。例如员工的态度、举止不像样；营业员对顾客态度不佳，秘书接电话不礼貌；有公司标志的车辆不遵守交通规则；和客人约谈的聚会无法准时赴约等，如以上情况发生，都将对公司形象造成伤害。

任何营运状况正常的企业，都有两种不同的力量：其一是离心力；其二是向心力。离心力是指使企业向外扩展的作用力，如：销售、服务活动范围的扩大，商品的多样化等，离心力的作用是向外的。向心力则是指一种向内部集中，借以强化共同体的团结力。由此可见，离心力和向心力的作用方向相反，但对企业来说，这两种作用力必须相辅相成，合二为一。

3. 视觉识别（VI）是静态的识别符号

视觉识别在整个企业识别中传播力量与感染力量最为具体而直接，项目最多，层面最广，让人一目了然。企业形象是存在于人心中一种模糊、朦胧的感觉；或是存在于脑中的记忆片段。为了加深印象，须设计能适当表现、代表这些记忆、感觉的符号。以这种符号为媒介来启发或打开某种感情、记忆。认识的程度愈深，就更加强信赖感。

蜜雪冰城门店形象变迁

视觉识别包括基本要素和应用要素两个方面，它们之间的关系可以用企业树的形式来表示。

 案例

山东银座集团的标识

山东银座集团的标识由红色三角形与"S"组成，如图 3-3 所示。红色，象征企业拥有无比的热情和活力，三角形，给人以奋发向上、锐意进取的视觉印象，似泰山，五岳独尊；又寓银座位处经商黄金三角之意。

"S"及与三角形组成的变形"Y"是山东世贸中心与银座商城的第一个字母。

"S"如滔滔黄河，奔腾向前。

该标识如鲲鹏展翅腾飞，又似扬帆破浪航船，喻银座必能成就一番恢宏大业。取名"银座"，是取其以泉水筑底、作为托盘之意。大厦的基础正好筑在喷泉之上，据勘测，银座地下正是多路泉水的交汇处，水源旺盛。银，既可作为水的代名词，又可作为货币的代名词（货币之旧称又叫泉币）。

图 3-3　山东银座集团的标识

因此，取名"银座"，含义叠加，既有地理位置之巧合，又有寓安泰吉祥、财源茂盛之意，预示着银座商城的效益就像汩汩喷涌的泉水一般，源源不断。

请分析山东银座集团标识的合理性。

（根据山东银座集团网站资料整理）

4. 听觉识别（AI），亦称听觉形象统一化

它是通过听觉刺激传达企业理念、品牌形象的识别系统。听觉识别系统是利用人的听觉功能，以特有的语音、音乐、歌曲、自然音响及其特殊音效等声音形象建立的识别系统。与其他识别系统一样，可以体现企业或品牌的个性差异。听觉刺激在公众头脑中产生的记忆与视觉刺激相比毫不逊色，从理论上看，听觉占人类获取信息的11%，是一个非常重要的传播渠道，颇受广大企业青睐。

华为的企业歌曲

案例

百果园企业文化之歌《堂堂正正一辈子》歌词

人在年少时，一定要励志；
经得起风雨，才能长见识。
莫好高骛远，稳健才扎实。
做事讲诚信，做人讲良知。
你有能力时，决心做大事；
没有能力时，快乐做小事。
你有余钱时，多做点善事。
没有余钱时，做点家务事。

（根据百果园网站资料整理）

请分析百果园企业文化之歌的意义。

二、CIS 的设计程序与方法

（一）调查研究阶段

在确认导入 CIS 的方针和目的后，有实行企业形象调查的必要。这是对企业历史的回顾和对现状的分析，为开发设计提供可靠的依据。

1. 企业自身研究

企业自身研究包括历史沿革、企业组织机构、经营方针、营运能力、领导层的经营理念、广告意识、员工素质、现行市场的销售策略与对应措施、企业发展的潜力评估、近期与中长期的既定发展目标、企业优势和缺陷的分析与评估。

2. 市场调查

市场调查包括国内外市场产品的结构、产品的市场分布、产品的市场含量、销售价格、销售渠道。

3. 竞争者研究

竞争者研究包括同业竞争者的数量、地域分布、市场占有量、经营方针、特点、销售渠道的调查，竞争者的广告策略、广告预算、广告种类、广告特点的调查。

4. 消费者调研

消费者调研包括消费者的生活意识、购买动机、购买能力、地域区划、文化层次、年龄层次、审美观念等的研究，以及潜在的市场消费者的调研。

5. 产品自身研究

产品自身研究包括产品种类、特点、功能、质量、价格、外观造型、成本调研，调整产品结构的可能性与可行性评估，潜在价值与附加价值的调研。

6. 广告策略研究

广告策略研究包括现行广告的战略思想与政策原则的再研究，广告种类与各占的比重，媒体的选择、发放频率，以及广告预算、广告主题、制作水平、大众反应如何，等等。

（二）设计开发阶段

当今社会是以"激烈化""多样化""专精化"三轴为中心不断地发展变化。由于科学技术的不断发展，商品的品质、生产技术、销售价格均趋向"同质化"，唯一的差别就在于形象好坏。企业为了扩大市场占有率，提高士气，促进员工的向心力，利用信息传递活动来维持外界对企业的好感，就赖于运用 CIS 来塑造企业形象，以增进差异化的竞争能量。

CIS 的目的是与竞争对手产生差别化，创造适合本公司活动的环境。CIS 竞争即是企业间的个性竞争，因此缺乏差异化的 CIS 概念是有价值的。在整个企业识别系统的视觉设计中，应用最广、出现频率最高的是商标，它是视觉设计的核心。商标在消费者心目中是企业、品牌的象征。由此可见，设计一个构思独特、格调清新、单纯强烈、简洁明确的商标是 CIS 战略的关键。

标志确定后，一般应用在两大类媒体上：一类是各类印刷品等小型应用设计上，通常用精致的墨稿去放大或缩小；另一类是为了适应建筑物、招牌等大型应用设计场合，不可能用墨稿去放大，为了不至于使标志产生变形，致使社会大众产生误解，影响形象，制定标准制图是必要的。

标准制图法种类很多，大多采用方格制图法。方格的密度以标志图形的繁简程度而定，图形越简单，密度越稀，总之，以方便制作为准。

1. 标准字体

标准字体是企业识别的基本要素之一，往往与商标同时使用，出现频率很高，运用广泛，几乎出现于所有的应用设计中。标准字体的设计处理不但是信息传达的手段，也是构成视觉表现感染力的一种不可缺少的要素。由于标准字体本身具有说明，又具备标志的识别性。因此，合二为一的字体标志越来越受到重视。

标准字体包括品牌标准字体和企业名称标准字体。它们的基本功能都是传达企业的精神，表达经营理念。就是说标准字体是根据企业名称商品品牌而精心设计的字体，对于每一个字的间距、笔画的粗细、长宽的比例、造型要素等都是经过严密推敲和严谨制作的。

1）准确性

文字是一种视觉语言，同时是一种可供转换的听觉语言。人们要在瞬间读出企业名称、品牌名称。这就要求标准字体做到最大限度的准确、明朗且可读性强，不会产生任何歧义，更不会"猜字"。这是标准字体的基本要求，由于人们生活节奏加快，大家不愿意把时间延误在仔细阅读和分辨文字上。

2）关联性

标准字体的设计，不只是考虑美观，它要和商品的特性有一定的内在联系。如果没有关联性，就达不到目的。不同的字体由于笔形与组合比例不同，给人的知觉感应联系也大不相同，有的浑厚有力，有的柔婉秀丽，有的活泼流畅，有的庄重大方，要充分调度字体的感应元素，唤起大众对商品本质的联想。

3）独特性

标准字体同样具有标志识别的功能，众多的文字排在一起，字形、笔画都有很大的差异，这给设计提供了种种条件，有些是有利条件，有些是不利条件。设计者的任务就是要充分发现挖掘有利条件，寻求适当的表现方法，设计出独具一格、有震撼力的字体来。如果不独特，就吸引不了注意力；如果不能造成震撼力，印象就不会持久。

2. 标准色彩

1）标准色彩的定义

标准色彩是企业指定一种或几种特定的色彩作为企业专用色，利用色彩传达企业的理念，塑造企业形象。合理的色彩设计运用到各种媒体上，能对人的生理、心理产生良好的影响，给人们带来美好的联想。

2）色彩的象征含义

俗话说："远看颜色近看花。"人们的视觉对色彩是最敏感的，色彩能给人们留下深刻的第一印象。色彩教育家约翰内斯·伊顿说过："色彩向我们展示了世界的精神和活生生的灵魂。""色彩就是生命，因为一个没有色彩的世界，在我们看来就像死的一般。"色彩是有感情的，它不是虚无缥缈的抽象概念，也不是人们主观臆造的产物，它是人们长期的经验积累。色彩感觉有冷暖、轻重、明暗、清浊之分，不同的色彩还可以使人感到酸、甜、苦、辣之味。色彩通过人的视觉，影响人们的思想、感情及行动，包括感觉、认识、记忆、回忆、观念、联想等，掌握和运用色彩的情感性与象征性是十分重要的。

（1）红色象征热烈、辉煌、兴奋、热情、青春。

（2）绿色象征春天、健美、安全、成长、新鲜。

（3）蓝色象征安详、理智、科技、开阔、冷静。

（4）黄色象征富贵、光明、轻快、香甜、希望。

（5）橙色象征华丽、健康、温暖、欢乐、明亮。
（6）紫色象征高贵、优越、优雅、神秘、细腻。
（7）白色象征明亮、高雅、神圣、纯洁、坚贞。
（8）黑色象征严肃、庄重、坚定、深思、刚毅。
（9）灰色象征雅致、含蓄、谦和、平凡、精致。

3）标准色并不都是单色使用，一般有三种情况

（1）单色标准色。

单色标准色强烈、刺激，追求单纯、明了、简洁的艺术效果。

（2）双色标准色。

双色标准色追求色彩搭配、对比的效果。还有一种情况是，标志虽是单色，但这并不是企业的标准色，企业的标准色是另一种色彩，如富士胶卷，标志是大红色，而企业的大面积色彩是绿色，这种情况也可以理解为双色标准色。

（3）标准色+辅助色。

有许多企业建立多色系统作为标准色，用不同的色彩区别集团公司与分公司，或各部门，或不同类别商品。利用色彩的差异性达到瞬间区分识别的目的，但有一种色是主要的。

3. 吉祥物

在整个企业识别设计中，吉祥物设计以其醒目性、活泼性、趣味性越来越受到企业的青睐。利用人物、植物、动物等为基本素材，通过夸张、变形、拟人、幽默等手法塑造出一个亲切可爱的形象，对于强化企业形象有积极作用。由于吉祥物具有很强的可塑性，往往可以根据需要设计不同的表情、不同的姿势、不同的动作，较之严肃庄重的标志，标准字体更富弹性、更生动、更富人情味、更能达到令人过目不忘的效果。如第25届奥林匹克运动会的科比、麦当劳食品公司的"麦当劳叔叔"、汉城奥运会的"小老虎"、洛杉矶奥运会的"山姆老鹰"等早已成为家喻户晓的宠物。

（三）实施管理阶段

1. CIS的设计与管理

CIS的设计与管理必须从开发设计系统做起，将以上各项基本要素设计定型、规范（包括标准范例和禁止使用范例），再将之运用于应用项目中。一般的方法是，先设计范例和具有代表性的应用项目，再把它们规格化并制成企业识别手册。这样就可以手册为标准，实施内部的管理和制作。

要使设计与管理准确，制定一份严格的CIS手册十分重要。CIS手册一般由"基本规定"和"应用规定"两部分组成，可以编成一本，也可以分为两册。手册的编排形式并不重要，只要便于使用、说明清楚就行。

良好的设计与管理，是达成CIS成效的最终条件。严加遵守手册内的规定，虽然是必需的，但规定只是为了确保作业的水准。对于那些有工作能力的人，手册的规定非但不会阻碍其创造力的发挥，反而可助一臂之力。CIS手册是企业界极重要的智慧资产。

2. CIS 手册的内容

1）基本要素

（1）标志与标志的制图法。
（2）标准字与标准字的制图法。
（3）标准色与标准色的标示法。
（4）标志、标准字、标准色的变体设计。
（5）企业吉祥物。
（6）专用字体。
（7）版面编排模式及规定。

2）基本要素的组合系统

（1）基本要素的组合规定。
（2）基本要素组合系统的变体设计。
（3）禁止组合的范例。

3）应用要素

（1）业务用品（名片、信封、信纸、账票）。
（2）广告媒体。
（3）包装设计。
（4）招牌、标志。
（5）专用车辆外观。
（6）办公室用品。
（7）员工制服。

三、CIS 的作业流程

（一）调查阶段

本阶段主要了解公司的文化现状和竞争环境及公司现存的历史、文化和个性。
（1）总裁个性咨询调查。
（2）公司历史文献研读。
（3）公司竞争环境调查。
（4）公司文化现状调查。
（5）公司发展战略目标调查。

（二）分析研究阶段

本阶段主要揭示公司的文化现状、竞争环境，公司现存的历史、文化和个性。
（1）公司文化现状分析。
（2）公司竞争环境分析。
（3）公司 CIS 设计综合分析（提出相应的分析报告）。

（三）策划创意阶段

本阶段提出最基本的设计策划概念，以指导全部的策划工作。
（1）提出公司 CIS 策划之总概念及概念组。
（2）提出公司竞争发展之总战略。

（四）设计规划阶段

1. 本阶段提出的内容

（1）公司精神的策划报告。
（2）公司文化发展战略的报告。
（3）公司管理风格的策划报告。
（4）公司发展战略的定位报告。
（5）公司识别系统。

含标志、色彩、字体、辅助平面设计等要素和数十项应客户要求的展示设计，如车辆、名牌、服装、餐具、烟缸、礼品等。

2. 本阶段具体步骤

整个设计自签约和付清第一笔设计费起约半年内完成。大型公司或做大规模市场调查的公司可能要花一年的时间。具体来讲，大概有以下几个步骤：

1）总经理咨询

这一步骤的目的在于了解总经理的经营哲学、管理风格、发展战略和个性特征。

2）公司形象及市场调查

这一步骤对公司的社会形象和市场竞争环境有一个深入的调查，并提出报告，对公司准确鲜明地进入社会和市场提供基础。

3）发展战略定位

这一步骤以市场及消费者需求为中心，对产品作立体的全方位的定位，在细分的市场中确立自己的地位，以使公司的投入和竞争有明确的市场和战略。提高产品在消费群中的知名度、信赖度。

4）公司文化调查

这一步骤要对该公司文化的目标、决策、利益结构、激励方向等要素和次文化要素的市场导向、视野、工作气氛、冒险心理等进行调查，使该公司文化现状清晰地呈现出来。

5）公司文化调查分析

这一步骤在对公司文化调查数据统计、研究的基础上，准确地揭示出公司的文化特征，参照世界多国文化评价系统，对公司文化中的目标驱动、决策方式、成就感、利益结构、激励方式与方向、思维的主导方式、公司职工的伦理观、市场导向、竞争风格、集团工作气氛等近二十项文化指标做出准确的描绘。

6）公司文化发展战略策划

这一步骤将分析现存文化的利弊，作出集团文化的选择，确认文化要素，进而确立公司的精神、经营理念、行为规范以及企业的模范人物范式、文化网络沟通、文化礼仪、分配倾向等，最后说明公司文化过滤和创立的方法，为实施真正的、科学的文化发展战略提供范本。

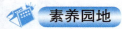
素养园地

济南市支持连锁经营发展的若干措施

根据《济南市支持首店经济和连锁经营发展的若干措施》，摘录以下关于促进连锁经营发展的内容：

一、鼓励引进大型知名连锁企业

1. 鼓励引进国际连锁企业总部或区域总部

支持跨国连锁企业、中国连锁 100 强等大型知名连锁企业在济南市设立总部或区域总部，对新引进的连锁企业总部或区域总部，自引进当年开始计算，3 年内年销售额达到 10 亿元、50 亿元的，分别给予一次性奖补 100 万元、300 万元。

达到新引进总部企业认定标准的，按照《济南市鼓励总部经济发展的若干政策》（济政办发〔2018〕32 号）规定给予补助。鼓励现有子公司、分公司转为连锁企业区域总部或总部，达到新引进总部企业认定标准的，按上述办法给予奖励。

2. 对连锁企业购房或租赁房产给予补贴

对新进驻济南市，且在济南市无自有产权住房，需购买房产或租赁房产用作办公场地的连锁企业总部，进驻 3 年内购置房产的，在其取得不动产权证后按照购房合同金额的 3% 给予补助，最高补助 200 万元；租赁办公场地，签订 3 年（含）以上租赁合同的，前 2 年按 20 元/平方米/月给予总部办公场地租金补贴，单个企业补贴面积不超过 2 000 平方米（即每年 48 万元）。

达到新引进总部企业认定标准的，按照《济南市鼓励总部经济发展的若干政策》（济政办发〔2018〕32 号）规定给予补助。

二、支持现有连锁企业发展壮大

1. 支持连锁企业做大

零售类连锁企业年销售额首次突破 10 亿元、50 亿元、100 亿元的，分别给予一次性奖补 100 万元、200 万元、400 万元；住宿餐饮类连锁企业年营业额首次突破 1 亿元、5 亿元、10 亿元的，分别给予一次性奖补 50 万元、150 万元、300 万元。现有分公司转为连锁企业子公司的，参照本条规定执行。

2. 支持连锁企业做强

对总部设在济南市的连锁企业首次被评定为"山东企业 100 强""中国民营企业 500 强""中国企业 500 强""中国连锁企业 100 强""世界企业 500 强"的，按照《济南市鼓励总部经济发展的若干政策》（济政办发〔2018〕32号）规定给予补助。

3. 支持总部设在济南市的连锁企业"走出去"

鼓励总部设在济南市的连锁企业拓展域外市场，对在市域外新设的经营面积不低于2 000平方米的直营连锁店，按照每店20万元标准给予一次性补助。

4. 支持连锁企业汇总纳统

鼓励符合条件的连锁企业统一核算，降低管理成本和人力成本，提升运营效率，拓展盈利空间。

三、支持连锁企业优化布局、提质升级

1. 鼓励大中型连锁企业建设农村地区经营网点

对拥有20家以上连锁店的商贸流通企业，在所在辖区镇驻地新建直营店数量达到10个以上，且单店建设面积不少于300平方米的，每店给予最高补贴5万元，单个企业最高补贴50万元。

2. 支持开展促销活动

对连锁企业以店庆、大型节庆等形式开展的各类全市性促销活动，经区县和市级商务部门确认，年销售额同比增长20%以上的，对其促销活动产生的宣传推广等费用给予20%补助，单个企业年度最高补助50万元。

四、支持连锁便利店品牌化、连锁化、智能化发展

1. 支持便利店升级改造、新增门店

对现有门店数量20个以上且单店经营面积在60平方米以上并实施升级改造的老旧便利店，给予每个升级门店硬件投资额30%、最高2万元的资金补助；对现有直营或特许加盟门店数量30个以上、搭载便民服务的品牌连锁便利店，每新增1个门店且单店经营面积在80平方米以上的，给予3万元资金补助。以上单个企业升级改造、新增门店最高补助100万元。

2. 支持无人便利店、24小时便利店发展

对现有直营或特许加盟门店数量30个以上、搭载便民服务的品牌连锁便利店，每新增1个无人便利店或1个面积超过60平方米的24小时便利店，给予5万元补贴，单个企业最高补贴100万元。鼓励在居民小区、公园、地铁、医院、广场等公共服务场所布局智能零售柜。对智能零售柜年度投放量超过30处的企业，按照每个智能零售柜2 000元、每个企业最高不超过10万元的标准给予补贴。

3. 支持国际国内知名便利店落户济南市

积极引进国际知名品牌便利店，对国际知名便利店（总部或设立子公司）落户济南市的，根据纳统情况，给予年度投资额20%、最高100万元的资金补助。积极引进国内知名品牌便利店，对国内知名品牌便利店（总部或设立子公司）落户济南市，根据纳统情况，

给予年度投资额 10%、最高 50 万元的资金补助。

4. 鼓励品牌连锁便利店提供经营餐饮、药品、生鲜蔬菜、图书音像出版物及天然气、公交卡充值等便民服务。

（来自济南市人民政府网站《济南市支持首店经济和连锁经营发展的若干措施》）

项目总结

连锁门店企业形象，是指社会公众或消费者按照一定的标准和要求，对连锁企业经过主观努力所形成和表现出来的形象特征所形成的整体看法和最终印象，是社会公众对连锁企业的生产管理水平、资深状况、商品和服务质量等进行的综合客观评价。在市场经济条件下，它是经营者信誉的体现。

企业形象的全称为企业形象识别系统（Corporate Identity System，CIS），它是企业（或社会团体）由内而外有计划地展现其形象的系统工程。对内部而言，它形成企业文化；对外部而言，它取得社会的认知，从而获得公信力。良好的企业形象的设计与推广，是实现企业发展理想的必然途径。

知识自测

一、名词解释

1. 企业形象
2. 企业形象识别系统
3. 理念识别（MI）
4. 行为识别（BI）
5. 视觉识别（VI）
6. 听觉识别（AI）

二、选择题

1. CIS 的灵魂与核心是（　　）。

   A. MI　　　　　　B. VI　　　　　　C. BI　　　　　　D. AI

2. CIS 的英文全称是（　　）。

   A. Corporation Identity System　　　　B. Corporate Identity System

   C. Corporate Idea System　　　　　　D. Corporation Idea System

3. 下列不属于企业形象特征的是（　　）。

   A. 整体性　　　　　　　　　　　　　B. 稳定性

   C. 间接性　　　　　　　　　　　　　D. 偏差性

4. 下列不属于企业形象形成过程中公众印象的是（　　）。

   A. 注意　　　　　　　　　　　　　　B. 判断

   C. 记忆　　　　　　　　　　　　　　D. 公众舆论

5. CIS 中（　　）是静态的识别符号。

   A. 行为识别　　　B. 理念识别　　　C. 环境识别　　　D. 视觉识别

三、填空题

1. 企业形象识别系统由_____、_____、_____、_____四个方面构成。
2. 内在形象主要是指_____、_____、_____、_____等看不见、摸不着的部分，是企业形象的核心部分。
3. 根据接受者的范围来划分的企业形象，_____是员工以外的社会公众形成的对企业的认知；_____则是指该企业的全体员工对企业的整体感觉和认识。
4. 按照社会公众的评价态度来划分的企业形象，社会公众对企业形象的认同或肯定的部分就是_____，抵触或否定的部分就是_____。
5. 企业形象的形成主要经过四个环节，即_____、_____、_____和_____。

四、简答题

1. 什么是企业形象？其具有哪些特征？
2. 简述 CIS 设计的内容及程序。
3. 简述连锁企业形象评价的常用指标。
4. 简述企业形象塑造的意义。

工作任务

连锁门店 CIS 设计

【工作任务描述】

某连锁超市在济南很多大学校园都设有门店，现在该连锁超市打算重新设计门店 CIS 系统，请你帮助其完成门店的 CIS 设计。

工作任务一　连锁超市
门店形象调研

工作任务二　设计连锁
超市门店 CIS

综合案例分析

家家悦的 CIS 设计

一、家家悦简介

家家悦集团股份有限公司（以下简称家家悦）是以连锁超市为主业，以区域一体化物流为支撑，以发展现代农业生产基地和食品加工产业链为保障，以经营生鲜为特色的全供应链、多业态的综合性零售渠道商。截至 2023 年 12 月末，公司门店总数上千家，网络覆盖山东、北京、河北、内蒙古、江苏、安徽 6 个省（市），形成了大卖场、综合超市、百货店、便利店、专业店等多业态并举的格局。先后获得"全国百城万店无假货活动示范店""中国商业服务名牌""中国零售业最佳雇主""农业产业化国家重点龙头企业""山东省省长质量奖""全国文明单位"等荣誉称号。

二、家家悦的理念识别（MI）

放眼未来，做中国最优秀的零售企业是家家悦人共同的愿景；家家悦用执着坚定信念，用专注成就专业，用品质铸就品牌。为社会创造财富，为顾客创造价值，让员工共享企业发展成果。

经营理念：顾客的需求就是我们追求的目标。

企业使命：为社会创造财富、为顾客创造价值、让员工共享企业发展成果。

企业精神：敬业拼搏、追求卓越。

企业愿景：做中国最优秀的零售企业。

核心价值观：顾客至上、守信担当、勇于创新、同心共赢。

市场定位：做居民的好邻居，当家庭的好帮手。

三、家家悦的视觉识别（VI）

企业名称：家家悦集团股份有限公司。

企业标志：红底白字的斜体字"家家悦"，右加拼音"JIAJIAYUE"。

企业标准字体：宋体。

企业标准色：红色。

企业业态包含：大卖场、生活超市、百货店、便利店、母婴购物中心、电器广场、悦洁洗衣等，多个业态又有自己的标识。

家家悦的企业视觉形象载体如下：

1. 建筑外观

风格朴实、简约，家家悦招牌非常醒目。

2. 员工服装

员工统一着工作服，并佩戴公司员工卡，有利于传达统一的企业形象。家家悦服装严格区分工作范围、性质和特点，依据不同的颜色区分不同的工种。按季节分为春秋装、夏装和冬装。服装样式包括印有家家悦标志的红马甲、浅绿色围裙、超市生鲜部统一白色的服装，等等。

3. 广告媒体

家家悦的广告信息传播途径主要包括电视广告、报纸广告、杂志广告、路牌广告、招贴广告、商场吊旗、串旗、刀旗等。家家悦广告文字简明扼要、语言生动简练、图形出神入化、含义深刻隽永。

4. 办公用品

办公用品主要有名片、信封、信纸、便笺、公司旗帜、奖状、感谢信、账票、工作证件、文件夹、笔记本、徽章、请柬、介绍信、公文表格、笔、文具盒、会客室的烟灰缸、茶杯等，家家悦充分利用这些与外界接触，将家家悦的名称、标志、标准字体、地址、电传、企业标语或宣传口号等传达出去。

四、家家悦的行为识别（BI）

家家悦秉承"社会责任创造价值"的理念，积极履行社会责任，促进经济、社会和谐发展。公司坚持"顾客的需求就是我们追求的目标"的经营理念，积极采用现代营销方式，大力发展现代物流，整合优势资源，不断提升竞争能力，走集团化发展之路，取得了超常规、跳跃式的发展成果。

1. 发展连锁，物流先行

在物流建设上，家家悦按照"发展连锁，物流先行"的成本战略，建设了7处常温物流中心和8处生鲜物流中心，构建了东西结合、布局合理的配送体系，形成了山东省内2.5小时配送圈，保证了物流对覆盖门店的高效配送服务。

2. 农超对接的生鲜经营模式

在生鲜经营上，家家悦在国内首创"基地+超市"的农超对接模式，通过建立农副产品基地，引导"订单农业生产"，形成了从生产基地到批发市场再到生鲜配送的一条龙产业链，与全国200多个合作社及养殖场建立了直接合作关系，超过80%的生鲜商品都采取了"基地直采"的模式。

3. 积极拓展农村市场

在农村市场开拓上，家家悦按照城乡一体的发展战略，让超市下乡，开拓农村市场，构建农村新型流通网络，通过"一网多用"，搭建服务农村的综合平台，为在农村发展连锁经营做出了有益的探索，其经验和做法得到了商务部的充分肯定，并在全国开展"万村千乡市场工程"进行推广。

4. 产业链条延伸

在产业链条延伸上，家家悦投资建设了占地320亩[①]的家家悦食品工业园，在自建植物油厂、大米厂等项目的基础上，加强与优秀供应商的合作，引进福建蜡笔小新、深圳一町等国内名牌企业入园，从事食品加工生产，建立更加紧密的战略合作关系，有效利用并整合各种资源，降低采购成本和商品价格，增强了市场竞争力。

5. 经营模式创新

在模式创新上，家家悦秉承"搜索全球，品味世界"的理念，引进母婴产品、保健品、生活用品等5 000多种进口商品，设立保税商品下单体验区，通过PC端和移动端手机APP实现"线下体验、线上直接下单"的模式，通过国际采购、海外直邮，实现了进口商品最快两天配送直达，让消费者享受"买世界、品世界"的实惠体验。

（根据网络资料整理）

---

① 1亩＝666.67平方米。

问题：

1. 家家悦的 CIS 主要包括哪几个方面？
2. 家家悦的企业形象设计有何成功之处？如需进一步改进，你觉得可以从哪些方面入手？

综合实训

1. 分组模拟成立零售企业，设计其 CIS。
2. 分小组讨论并分析我国本土连锁企业进行 CIS 设计时的重点。

项目四

连锁门店外部环境设计

项目导入

外观形象是人们认识连锁企业的重要条件。整体协调、统一的外部环境设计对塑造企业形象非常重要。连锁企业店面形象设计就是要用一种统一的设计思想、统一的设计标准对企业内外的店名、店标、招牌与橱窗等进行精心设计。分布在各地的连锁门店都必须运用统一的识别系统，使连锁门店真正联系起来并形成竞争优势。

知识目标

- ❖ 了解连锁门店店面设计的原则、建筑物外观设计的要求
- ❖ 能清晰描述连锁门店外观布局的原则和风格
- ❖ 理解连锁门店店面设计的风格及类型
- ❖ 掌握连锁门店店名、店标、招牌及橱窗设计的技巧

能力目标

- ❖ 能够提出连锁门店的整体设计建议
- ❖ 能够分析连锁门店外观布局
- ❖ 能够分析和设计连锁门店店名、店标等

素质目标

- ❖ 培养系统思维、全局意识和多赢思维
- ❖ 培养团结协作意识
- ❖ 培养以人为本、求真务实的工作作风
- ❖ 培养创新意识、服务意识

项目四　连锁门店外部环境设计

项目框架

项目名称	任务步骤	知识点
连锁门店外部环境设计	连锁门店店面设计的原则与风格	连锁门店店面设计的原则
		连锁门店店面设计的风格
	连锁门店建筑物外观及周围环境设计	连锁门店建筑物外观设计的要求
		连锁门店停车场设计
		连锁门店与周边道路、绿化、相邻建筑协调的设计
	连锁门店店名、店标、招牌与橱窗设计	连锁门店店名设计
		连锁门店店标设计
		连锁门店招牌设计
		连锁门店橱窗设计

导入案例

关注店铺的"颜值"

无论你承不承认,人就是天生喜欢那些美丽夺人眼球的事物。对店铺,如果连"颜值"都没有,何谈吸引力?开一家店,最容易且最不应该忽视的是门头招牌。那什么样的门头招牌才更加抓人眼球呢?

一、门头用字

1. 字数少、信息精

门头设计时字不要多,一般体现的是品牌名、行业名或产品、店面的属性,哪些字大,哪些字小,哪些可以省略,对不同的城市,甚至同一个城市的不同市场,门头要强调的信息实际上是稍有差别的,不能机械地"一刀切"。

总体上说,最重要的是品牌名、行业名或产品,这些字肯定要大,至于店面属性、电话、地址,则相对次要。

2. 新鲜字体

文字的可读性与字号和字体有着直接的联系,在门头排版设计中,我们可以找一些新的字体,一方面,能为我们的门头排版设计注入新鲜的成分;另一方面,可以扩大我们的视野。

3. 合理位置

文字的位置应符合整个版面的需求,文字在该画面中充当什么角色,要恰如其分,切忌抢了主体的视觉冲击力,使整个画面失去主次关系。顾客需要了解的是清晰明了的内容,这样就有了与他们交流的机会,对方才会有接着看下去的欲望,才能提高作品的诉求力度,同时在视觉上也能给人以美感，因此布局良好的字体也是版面重要的组成部分。

二、门头形状

做"顶天立地"的门头，门面总是会遇到各种条件限制，十全十美很难。如果现成的门头条件不足，可以考虑将门头往上下左右延伸。这种方式的门头往往有的太长，有的太高，有的有阻挡，需避让，也就是所谓异形门头。

对于异形门头，要求有很好的门头设计，在门头制作时的材料选择、颜色、标识的处理上，店家要尽可能听取专业人士的意见。当然，这样做意味着投入会增加。但综合考量，这种投入是值得的。

三、门头颜色

1. 对比度要强

门头颜色的对比度要强，这样才能引人注目；尽可能使用现代的装饰材料。如果门店处于闹市区，装饰一些小型霓虹灯，这很有必要。而且，每隔一段时间，要检查或粉刷门头招牌，以保持它的鲜亮感。

2. 适当运用空间留白

留白是门头排版设计中的一个必要元素，它包括通过网格系统形成的版面，通过在基本布局中留出空白边缘，从而在视觉上使版面更有序、更成熟，同时为额外的门头排版设计元素留出了空间。

（根据网络资料整理）

【引例分析】
开店，如何第一眼就讨人喜欢，取一个个性化的店名，这已成为店家不约而同的选择。

知识学习

学习任务一　连锁门店店面设计的原则与风格

汇宁便利店"一店一景"
体验创新

由于连锁经营本身具有的"一个店铺是连锁系统里其他店铺的活广告"作用，所以要对店铺的外观内里设计加以重视。连锁门店的店面就是它的脸面，它主要起到方便顾客和广告促销的作用，可以吸引消费者注意到门店、进入门店。如果店面不协调，招牌残缺不全，光顾者肯定不会多，销售自然也会受到很大的影响。连锁门店店面设计包括连锁门店的店面结构、招牌标志、橱窗等项目，它是门店建设的重要组成部分，除了便于消费者识别以外，对美化店堂和环境也有着重要作用。

一、连锁门店店面设计的原则

（一）醒目原则、刺激消费者的原则

连锁门店开设的目的是让消费者消费，而消费的前提是进入门店，进入门店的前提是必

须先关注门店，而关注门店的前提是门店给消费者以刺激。刺激顾客的手段很多，通过刺激给消费者以愉快的感觉。如爽口的店名、醒目新颖的店名字体、简洁明快的标识、有特色的大门、宽敞的店前广场、五颜六色的条幅等。

（二）方便顾客的原则

方便顾客是连锁门店经营的基本点之一，主要包括以下几点内容：

（1）从交通往来角度讲，方便顾客到达、离去和寻找门店。

（2）从交通工具停放角度讲，停车场要宽畅方便，进出入畅通无阻，收费要合理。

（3）从进入门店角度讲，店门外不能有任何障碍物，让顾客能顺利方便地进入商店。

（4）从顾客购买商品的角度讲，让顾客在店内能够方便地接触到所有商品，店内所有商品的摆放都能让顾客看得见、摸得着，不论高处、低处的商品，不用服务人员的帮助就可以自如地取放商品（仓储式商场例外）。

（三）促进消费的原则

也就是尽量延长顾客在店内的停留时间，使顾客尽可能多地消费。到超级市场、百货店、便利店购买商品的消费者，即时性购买的比例占70%~80%，因此，丰富、新鲜的商品，会大大刺激顾客的消费欲望。顾客在货架前停留的时间越长，购买商品的可能性就越大。

（四）创造良好的购物环境以使消费者快乐的原则

门店是一个取得顾客好感，让顾客留下美好回忆的空间。除尽可能利用售卖空间达到一举多用，做到照明、音响、装潢布置、气味、温度的有机配合，制造一个良好的、有独特个性的购物环境外，还应该重视场外环境的设计。为什么麦当劳的"M"在很远的地方就能吸引顾客？关键是"M"的设计把麦当劳品牌和消费者的心理感受进行了沟通。他留给消费者的是满意、满足和快乐，自然少不了回头客。

（五）安全性原则

连锁门店是人口聚集的地方，也是货物、资金、设备集中的地方，一旦出现安全事故，损失是严重的。门店外观设计应侧重于安全事故的防范和安全撤离，所以店门和安全通道的设计对于连锁企业来说是非常重要的。这里的安全事故主要包括倒塌、火灾、毒气、疾病、地震等。

二、连锁门店店面设计的风格

店面的风格指的就是门店个性化特色的外在表现。零售行业的竞争日渐加剧，店面的个性化特色起着越来越重要的作用。所以，需要从门店内部布局和店面外观设计的角度来研究店面风格的功能、类型和设计策略。

（一）店面风格的功能

1. 反映经营管理者的经营理念

一个保守的企业经营者，是不可能把自己的店面装饰得气势非凡的。

2. 反映门店经营产品的类别

工业五金类产品与眼镜、化妆品产品的店面风格是迥然不同的，要根据自己经营的产品选择设计风格。

3. 反映企业经营的文化底蕴

我国许多的老字号品牌由于多年的经营，其无形资产价值不可低估，关键就是文化在起作用。所以，它们的店面仍然保持传统的特色，这就是文化的继承、经营特色的反映。

4. 反映企业经营的不同阶段和经营范围

在一个区域经营的门店，它的店面风格不可避免地受到当地风格的影响。而跨国集团经营的店面一般情况下应该是标准化，能够为全球大多数消费者所接受，为各地的不同文化所接纳。

（二）店面风格的设计类型

1. 平铺直叙式风格

这是最常见的店面风格类型。在日常生活中，我们经常路过一些门店，却对它的店面没有任何印象，这是该店面没有特色的结果。这些店铺一般不是快速消费品门店，多为企业加工门店。

2. 抒情夸张式风格

这种风格的店面相对较多，多用于青少年产品的店面设计或者新潮时尚产品的店面设计，其功能是烘托气氛，产生联想，愉悦人们的心情。从而引起人们的好奇，并使人们产生进去看看的欲望。如有一个门店取名"名古屋"，而日本有个城市叫名古屋，这个门店和城市有关系吗？只有进去看看才知道，那么就有了消费的可能。

3. 兼容并蓄的风格

这种风格的门店比较少，因为兼容并蓄有可能丧失特色，主要用于跨区域经营的连锁门店。比如乡村风味的门店却用现代化的灯光设备进行店面设计安装；少数民族风味的门店除了用少数民族文字外，还用汉字对店面产品进行说明。

4. 前卫时尚的风格

这种店面风格也比较少，主要是青少年产品的店铺，目的是突出店面和产品的个性，张扬自己。比如军体用品店面用绿色和军人形象作店铺设计。雪亮眼镜店的店面用的是玻璃钢门窗，显得里外通透，既体现行业特色，又时尚无比，其红黑白三色的搭配也是非常重要的时尚因素。

5. 体现科技的风格

这种店面风格现在比较常见，在连锁门店里，海尔、美的等都是代表。字体得体大方，文字简洁，颜色以蓝色为主，体现科技元素。小门大店面，充分利用店面的广告作用，起到促销的作用，体现以市场为导向的经营理念。取消橱窗，运用玻璃幕墙，里外透明；顾客在里外都可以观察，体现了企业阳光服务的本质。

（三）店面风格设计策略

店面的设计主要包括店名、字体、店标、色彩运用、装饰、门口、台阶、广场、灯箱等

内容。所以,店面风格设计策略应考虑以下几个方面:

1. **必须重视门脸**

因为门脸是企业经营的外在表现,客户首先看到的是企业店面,正是由于店面的吸引力,顾客才产生进入门店的兴趣;进入门店后,店内布局的效果,会对顾客购买与否产生影响。所以店面风格设计得怎样直接关系到门店对顾客的吸引力。

2. **以目标消费群的审美观进行设计**

每一个门店都有自己的目标消费群,以他们的喜好来进行店面的设计,本身就是保持个性的体现。这既是门店对消费者进行调查、与消费者进行沟通的结果,也是对消费者的尊重。

3. **根据服务内容的行业特点设计**

由于人们平时受到文化的影响,往往对某些现象有着基本相同的看法,对行业的认识也有相同的特点。如化妆品连锁门店的店面应该体现清爽的风格,而鞋店的风格应庄重、踏实、简洁。

4. **根据消费对象的年龄设计**

年龄不同,心理不同,欣赏、观察事物的角度不同。由于人们回顾自己的过去,常常对现实产生想法,所以我们必须注意根据年龄设计店面风格。如婴儿产品的店面应温馨;青少年产品的店面应活泼一些;青壮年产品的店面应庄重、大方,不能用太艳丽的色彩;老年产品的店面应厚重、凝练。

5. **店面设计要有独创性和唯一性**

由于店面是消费者识别门店的最重要标志,所以店面必须和别的店面有明显的差异,就是说有个性,并且个性是内外统一的,而且店面设计的独创性和唯一性同经营的区域有关系。若想在全国发展连锁门店,那店面必须在全国具有差异性和唯一性。若想成为全球企业,店面的设计必须具有全球范围的适应性和差异性。这里的适应性是指店面的风格在世界各地能够被消费者所接受和认可。

案例

服饰店设计风格

主题陈列设计是一项创造性很强、重在表现个性的工作,实际经营中的情况也各不相同,因此不应循规蹈矩或照搬他人的创意。但是,基本的方法和思路还是应该掌握。在此,对几种典型的展示、陈列方式做简要的介绍。

1. **名牌服饰专卖店**

参考面积:150平方米。

商品特点:具有浓郁欧陆风格的高档服饰,商品种类齐全,属于流行精品。

设计方案：商品展示由入口处的展台开始，对全套商品作系列化展出，以展示商品的总体形象；店内中央部分设置休息处，顾客可以在此环顾四方所展示的商品；店面左右两侧各设置一个展示橱，分类陈列不同的商品；店内采用高照度的照明方式把全部商品展示得清新高贵。

设计风格：淡化欧陆风格的典雅古朴，强化新颖、轻快的格调，以表示商品的流行性特点。

2. 具有意大利风格的男装店

参考面积：90平方米。

商品特点：典型的意大利风格男装。

设计方案：店面的入口采用古典式仿石材的圆柱进行装饰，店内则采用现代装饰风格，用不锈钢、黄钢、大理石等高级建材来做展示设计；店内中部右侧前后并立两个大圆柱，展台与圆柱相适合，采用半圆形设计，壁面采用不锈钢的曲面并点缀金黄色的装饰品，表现意大利风格的热烈和浪漫；人体模特在展台上进行展示，其他商品均陈列于展台周围和靠墙的展架上，店内中部左侧设置休息区，便于顾客驻足观看所陈列的商品。

设计风格：圆形柱面、半圆形展台和壁面的曲面设计，与严谨庄重的西装形成对照，既强化了商品特点，又不致使人感到呆板、乏味，装饰材料的色彩、质感设计，使人感受到强烈的意大利风情。

3. 职业女性服饰店

参考面积：110平方米。

商品特点：女套装和女式内衣。

设计方案：店内分成两部分：一部分为半开放的展示厅，使顾客置身其间有宾至如归的感觉，内设展台和模特，商品为女式内衣，用展柜、展架分别陈列；另一部分则为开放式大厅，分别展示和陈列女套装；店内空间采用直线式设计，色彩以灰褐色为基调，再用深咖啡色点缀；利用壁面四周的位置，摆放各种形式的图片进行宣传。

设计风格：个人用品展示空间既营造了一种日常生活情景，又加强了私密性和安全感；直线式设计和色彩方案均体现了职业妇女自主自立的形象和成熟女性的特点，使顾客能与商品产生共鸣。

4. 小型男士服饰店

参考面积：38平方米。

商品特点：各种男装。

设计方案：将整个店面设计成大型的展示橱窗，正面用简洁又有个性的模特来展示服饰；商品选用高品质产品，色彩丰富、雅致；充分利用壁面进行商品陈列，与前面的陈列架相互呼应，使商品得以全面展示；整体色彩以白色和褐色为主，重点处配上蓝色灯光。

设计风格：色彩丰富、格调雅致，壁面和陈列架的有机组合，体现出自然、和谐的层次感。

5. 大型商场内服饰专卖区

参考面积：1 200平方米。

商品特点：不同类型的女时装。

设计方案：将整个卖场划分为3个区间，以20岁以下的青少年（时装）、20～25岁现代派女青年（时装）、26～30岁时尚女性（休闲装）为目标顾客依次排列；设计为开放的销售场，强调简单的造型；以白色为基调，展现轻快、明朗的展示空间，突出商品展示设计的照明效果；利用点缀于商品中的展示台和POP广告，营造活泼和欢快的氛围。

设计风格：利用色彩和照明强化卖场的明快感受；利用装饰和商品的呼应，突出欢乐的气氛；利用独特的商品组合（类型及定位不同，但风格、档次接近）使处于不同年龄层次但具有相近时尚观念的顾客欢聚一堂，形成呼应，创造出良好的购物氛围。

（根据网络资料整理）

学习任务二　连锁门店建筑物外观及周围环境设计

一、连锁门店建筑物外观设计的要求

在不熟悉情况的前提下，消费者常根据门店的外观来判断门店的好坏。具有形式美和艺术美的建筑物不仅能给顾客以美的享受，还能刺激他们的消费欲望。门店建筑物外观设计一般有四个要求。

（一）建筑物的外观设计应体现出与门店经营统一的风格

建筑物的风格会在消费者心目中形成某种独特的心理感受，从而成为重要的促销手段。在设计建筑物的外观时，应充分体现与店铺经营统一的风格。如澳大利亚的一位商人把自己的水果商店设计成菠萝型的楼房，在楼房中出售各种热带水果。由于建筑物外形独特，且符合当地的民族风情，前来购买水果的人络绎不绝。

门店的建筑风格通常有现代风格和传统风格两大类。具有现代风格的建筑给人以时代的气息和现代化的心理感受，符合人们追求时尚的心理。目前，国内大多数新建的百货商场、超市或专题式门店采用的都是现代风格。如许多商家将商场建成一个环形建筑，其总体结构就像一个体育场，中央设为酒吧、茶座和歌舞厅，四周的货柜均围绕中心排列。消费者在这里可以得到商场提供的综合性服务，吸引顾客的再次光临。再如，有的商家将销售旅游鞋、山地鞋的门店设计成山洞形状，将品尝生猛海鲜的餐馆设计成一艘船的形状。这些设计都直接或间接地突出了门店的经营品种或经营特色，能收到很好的经营效果。

具有民族传统风格的建筑给人以古朴殷实、传统丰厚的心理感受，有利于激发消费者的联想

心理。目前，经营我国传统商品的专卖店或作为名胜古迹的旅游点开设的门店多采用这种风格。

（二）建筑物的外观设计要考虑到门店内部的格局安排

在设计建筑物的外形时应充分考虑门店内部的格局安排，诸如通风、采光、照明、布线以及各种管路系统。切忌一味追求新颖、奇特的外观，而忽视了内部安排，导致采光照明不足、通风不便或管线布设不畅等问题，影响顾客消费。

（三）建筑物的外观设计要与周边环境相协调

周边环境包括门店前后左右的建筑、公共设施、街道等，务必使门店的外观风格、形状、设施与周边环境形成一个和谐、统一的整体。不能因为只图标新立异而不惜破坏与周边环境的协调性。如，在仿古式商业一条街，仿明清式风格的门店错落有致地排列着，而夹杂其中的一家门店却设计成欧洲哥特式建筑的风格，虽然醒目、突出，但却和周围环境格格不入，打破了那种和谐的美，不仅不能使人愉悦，反而令人反感。

（四）建筑物的外观设计要体现美观性、实用性与经济性的统一

企业需要的是商品的门店而非供人观瞻的景物，所以光有美丽的外表是远远不够的，还必须实用、经济。而且，现代消费者理智消费的心理日益成熟，他们对社会经济行为的认同趋向于客观、真实，对门店的外观设计、装潢更多追求返璞归真、经济、美观、大方。因此，在设计时要尽量让外观的装饰、设施、点缀物等既美观，又发挥实际功用。同时，在建筑面积、建筑材料、建筑装饰等方面反复思考、比对，尽可能少花钱、多办事、办好事。任何贪图华丽外表，不顾实际用途，铺张浪费的做法都是违背企业初衷的，也是得不偿失的。总之，建筑物的外观设计受到很多因素的制约，设计时应立足现实、因地制宜，力争设计出美观、独特的门店，给消费者留下深刻的第一印象。

二、连锁门店停车场设计

（一）连锁门店停车场设计的重要性

商场的停车场是现代化综合性百货商场、大卖场、仓储商场存在的基本条件之一。从某种意义上说，现代社会是汽车社会。在经济发达国家，小汽车已经成为人们的主要交通工具，逛商店采购商品自然

"智慧"的停车场，全场景消费体验之旅

要依赖它。于是兴建供顾客专用的停车场，成了门店必不可少的设施。根据行业惯例，大型超市营业面积和停车场面积比例基本接近2∶1，百货店营业面积和停车场面积比例基本接近5∶1，批发市场营业面积和停车场面积比例基本接近8∶1（此数据不含物流专用停车场）。

在我国，开车购物也已经成为许多顾客采用的购物方式。停车设施是顾客选择购物场所的重要参考因素，如果开连锁门店，尤其是大型连锁门店，如购物中心、百货店等业态店，必须考虑停车的问题。购物场所一般设有停车场和相对应的停车设施。很多超级市场、仓储式商场由于在规划时停车问题考虑不周，影响了顾客到店的次数。因为没有方便的停车设施，顾客大多过门而去。西方国家城市中心商业之所以萧条，就是由于停车困难，而郊区购物中心得到发展的一个重要原因，则是停车便利。

（二）连锁门店停车场设计的基本要求

目前，城市土地可谓寸土寸金，而在我国的大中城市，私车数量不断增加，原来的门店

门口停车场很小,所以车辆的停放问题相当突出。进行停车场的设计,需要做很多方面的工作。停车场设计的要求主要有以下几点:

1. 停车场的大小要视连锁门店的面积决定

停车场的大小要视连锁门店的面积决定,平常以 15% ~ 30% 为宜。大型购物中心、超级购物中心、仓储会员店可适当增加,如红星美凯龙家居广场、万象城等,其停车面积都在几万平方米以上。

2. 停车费用的问题

企业要对以下内容作出决策:是商业化运作,还是公益化运作,提供免费停车服务?现在的大中城市已经出现了停车经济,停车问题也已经是城市经济和城市经营的重要内容。停车场商业化收费收多少合适?如何划分收费时间段?这些问题还有待解决。在我国大中城市,收费每小时 5 元以上的有不少,也有一小时收 1 元的,还有白天晚间的收费问题。专家认为,解决连锁门店的停车问题要注意以下两种方式:一种方式是纳入法制化轨道,即国家物价部门根据地理位置、商场等级、车位数量等参数制定一个指导价,由企业参照执行;另一种方式就是停车场和门店合作,根据消费者的购物数量决定收费标准。如购物多少元以上免费,多少元以上收基本费用,也就是买的商品越少,停车场给的优惠也越少。

3. 停车数量的问题

停车场全天累计停车数量,一般相当于最大停车能力的 3 ~ 5 倍。如果顾客在连锁门店停留的时间平均为 1 小时左右,停车场累计停车量为最大停车能力的 5 倍;如果顾客滞留的时间为 2 小时,1 天累计停车数量为最大停车能力的 3 倍,如果连锁门店营业时间从上午 9 时至晚上 7 时,全天累计停车数量为 5 000 辆,则停车场的最大停车能力不小于 1 500 辆。

4. 配备与其规模相适应的停车设施

无论大还是小,购物场所都需要有停车设施,但其规模不同,停车设施的内容也各异。小型购物中心有停车场就可以了;中型购物中心除了有停车场外,通常配有洗车设备;大型购物中心需要更加完备的停车设施,应包括汽车维修中心。

5. 对停车场的出入口要进行良好设计

停车场的出入口不要选择在主干道上,而要选择在次干道上离主干道较近的位置。出入口应由专人负责管理和收取费用。

三、连锁门店与周边道路、绿化、相邻建筑协调的设计

(一)连锁门店与周边道路的关系

连锁门店一般设在交通要道处或位于大型社区的中心地带,其和道路的关系主要有以下几点:

(1)连锁门店的车辆不能影响社会公共车辆的运行。

(2)顾客到达连锁门店很方便,国外许多连锁门店设在高速公路的出口处。

(3)停车场出入口不设在主干道上,这是大城市规划的基本要求。

(4)连锁门店前应有较多的车站,以保证有一定的客流。

（二）连锁门店周边绿化的设计

连锁门店周边绿化关系到整个门店的环境。门店周边绿化存在的形式主要是树木、花坛、草坪等。树木包括树种的选择、分布：楼前应为落叶树，如槐树；楼后为常绿针叶林，如松树。花坛、草坪主要包括面积大小、形状、草种类型等，设计得好，可以起到美化连锁门店形象的作用。公共绿化系统一般由点、线、面、环四大类组成。门店周边绿化可借鉴此类布局特点进行设计。

（三）连锁门店与周边建筑的关系布局

在欧美发达国家，许多门店往往由连锁门店经营者自己购地建设，所以如果在郊区建立大型连锁门店，周围建筑少，则可根据自己的特色规划、开工、建设。如果在人口稠密的城区建设连锁门店，则必须考虑与周边建筑形成相得益彰、互相衬托的协调关系。其主要有以下几点要求：

（1）距离道路应远近一致，形成横看一条线的景观。

（2）高度上要相得益彰，太高太低都显得有失协调。

（3）建筑风格应一致，民族特色浓厚的建筑不能和使用现代化建筑外观材料的大厦并肩而立，这样造成的反差太大，使顾客产生不愉快的感觉。

（4）在建筑物外观色彩上要协调，黑白、红绿等颜色的建筑尽量不要搭配在一起，颜色选择上应请专家进行研究。

学习任务三　连锁门店店名、店标、招牌与橱窗设计

一、连锁门店店名设计

（一）店名的作用

好的店名能给人留下生动、清晰的印象，能够增强连锁门店的吸引力，增强目标市场上消费者的口碑传播效应，有利于扩大连锁门店的知名度，增加顾客流量，也能将企业的经营理念传输给顾客。店名要有特色，但不能离题太远，通过店名应能使顾客知道你所经营的商品种类。也就是说，食品店的名称应像食品店，服装店的名称应像服装店。

（二）店名命名的原则

1. 店名易读、易记原则

易读、易记原则是对店名最根本的要求，店名只有易读、易记，才能高效地发挥它的识别功能和传播功能。例如"美宜佳""佳思客"等。如何使店名易读、易记呢？这就要求门店经营者在为门店取名时，要做到以下几点：

"美宜佳"品牌名称

（1）名字简洁明快，名称音节为2～3个音节，如"物美"。

（2）名字独特醒目，名称具有独特的个性，避免雷同，避免与其他店名混淆。

（3）名字新颖别致。店名要有新鲜感，赶上时代潮流，创造新概念。

（4）名字响亮动听，响亮的店名也易于流传，易于扩大其知名度，如物美、华联等。

（5）名字要高气魄、高起点，具备冲击力及浓厚的感情色彩，给人以震撼感。

> **案例**
>
> **美好祝愿命名法**
>
> 有些品牌名本身带有美好祝愿的字眼，让人看后有一种吉祥如意、欢欣喜悦的感觉，这样亲和度更高，更容易拉近与消费者的距离。
>
> 老字号品牌名在这方面尤其注重，"中式老字号命名法"中提到的老字号常用的56字中的瑞、祥、泰、和、美、安、康、福等字，都可以用在品牌名中，如瑞蚨祥、老凤祥、周大福等。
>
> 除了老字号，更具现代感的品牌名也有很多带有美好祝愿的字眼，如下面几种：
> （1）"美的"名称中的"美"；
> （2）"娃哈哈"名称中的"哈哈"；
> （3）"福临门"名称中的"福"；
> （4）"幸福西饼"名称中的"幸福"；
> （5）"吉祥馄饨"名称中的"吉祥"等。
>
> 讨个吉利，是我国的传统习俗，也是大众的普遍心理。不管是出于对美好的向往，还是因为有点迷信，带有美好祝愿和使人产生美好期望的字眼总是受欢迎的，具有正面、积极、乐观的传播效果，是品牌命名的重要方法之一。
>
> （根据网络资料整理）

2. 暗示门店经营属性原则

门店名称应具有暗示门店经营属性的特征，如永辉超市、盒马生鲜。但是店名越是描述某类经营商品的属性，那么这个名称就越难向其他经营范围上延伸。因此门店经营者在为门店命名时，要充分考虑企业未来的经营战略和品牌延伸问题。在店名过分暗示经营商品的种类或属性时要谨慎。

> **案例**
>
> **属性特征命名法**
>
> 品类名是直白地告诉顾客这是哪一类产品，而体现产品属性的品牌名，不一定要带有品类名，只要能体现产品某一方面的特征就可以。如下面几种：
> （1）"宝马"，虽然不带有"车"这一品类，但"马"这一坐骑属性和车是一致的，都是交通工具，而且"宝马"能给消费者一种高贵、高端的感觉；

> (2)"奔驰"和"保时捷"都能体现汽车的属性特征,"奔驰"是汽车快速行驶的状态,"保时"体现了快速,"捷"有"敏捷""快捷"之意;
> (3)"脑白金",一听就知道和健康有关,和其"改善睡眠"的功效吻合;
> (4)"拼多多",不直接说"团购",但"拼"是团购的特征;
> (5)"植护","植"是植物的意思,虽然没有讲产品的具体成分,但属于植物的范畴,就能给消费者以天然安全的感觉。
>
> (根据网络资料整理)

3. 启发门店联想原则

它是指门店名要有一定的寓意,让消费者能从中得到愉快的联想,而不是消极的联想。如"物美"使顾客联想到门店的商品物美价廉;"超市发"让顾客联想到该超市生意兴隆。

案例

> 金利来远东有限公司创办人曾宪梓先生说:"要创名牌,先要选好名称。"金利来原来叫金狮。一天,他送两条金狮领带给他的一个亲戚。亲戚满脸不高兴,说:"我才不要你的领带呢!金输、金输,什么都输掉了。"原来港话"狮"和"输"读音相似。而他的这个亲戚又是一个爱赌马的人,香港赌马的人很多,显然很忌讳"输"字。当天晚上曾宪梓先生一夜未睡,为改金狮这个名字绞尽脑汁。终于将Goldlion(金狮)改为意译和音译相结合的一个名称,即"Gold"意为"金","Lion"音读"利来",戴领带的各阶层生意人多,谁不希望"金利来"?这个名字很快就为大家所接受。
>
> (根据网络资料整理)

4. 支持店标原则

店标是门店经营者命名的重要目标,当店名能够刺激和维持店标的识别功能时,店面识别系统的整体效果就加强了。例如当人们听到"天猫"店名时,立刻就会想起那只黑色的卡通猫,拥有大大的眼睛和可爱的笑容,给人以温馨、亲切和友好的感觉。这种卡通形象具有很强的亲和力,能够迅速吸引消费者的注意力。天猫是英语单词"Tmall"的谐音。

5. 适应市场环境原则

门店命名不仅要考虑经济方面,还要考虑文化地区环境。不同的地区具有不同的文化价值观念。因此门店经营者要想使门店连锁化发展进入新市场,首先必须入乡随俗,有个适应当地市场文化环境并被消费者认可的店名。不同地区,在文化上具有很大的差别。例如,熊猫在我国乃至多数国家和地区均颇受欢迎,是"和平""友谊"的象征,但在伊斯兰国家或信奉伊斯兰教的地区,消费者则非常忌讳熊猫,因为它形似肥猪。仙鹤在我国与日本都被视为长寿的象征，而在法国则被看成是蠢汉和巫妇的代表。菊花在意大利被视为国花，但在拉丁美洲有的国家则视菊花为妖花，只有在送葬时才会用菊花供奉死者；法国人也认为菊花是不吉利的象征。所以门店经营者应本着适应性原则为商店命名，这样才有利于门店连锁化的发展。

6. 受法律保护原则

门店经营者还应该注意，绞尽脑汁得到的店名一定要能够注册，受到法律的保护。现在我国工商局的名称核准就能起到法律保护这一作用。

（三）门店店名字体设计

连锁门店取了店名后，就应该进行标志（标识）字的设计。所以连锁门店店名字体也称为连锁门店的标志字，拉丁语为 logotype，原来是印刷用语，原意是指两个以上的文字，组成一个固定的整体，因此店名字体也称为组合字体。店名字体是其店面识别系统的构成要素之一，有时还是门店标志的一部分，它是将企业经营活动中的规模、价值观念、经营理念通过可读性、说明性、鲜明性、独特性的组合字体，在目标市场上进行传播，以达到识别的目的。与普通字相比，店名字体在书写方面除了造型外观上的差异以外，更在于文字间的配置关系，它强调连锁企业的个性形象与整体风格。

1. 店名字体的特征

连锁门店店名字体具有以下特征：识别性、造型性、易读性、系统性。店名字体作为一种符号，它是连锁门店店面识别系统的组成部分，能表达丰富的内容。设计专家发现："由细线构成的字体"易让人联想到香水、化妆品、纤维制品；"圆滑的字体"易让人联想到香皂、糕饼、糖果；"角形的字体"易让人联想到机械类、工业用品类。由此可见，不同的字体其含义各不相同，连锁门店经营者有必要在店名字体上下一番工夫。例如美特好是"Meet all"的中文音译，它反映了企业愿向社会和顾客提供优质的工作和超期望值服务的真诚意愿，也反映了企业按照国际化要求建设企业的远见卓识。

> **案例**
>
> **美特好 Logo**
>
> 美特好（Meet all）（图4-1）意为"满足所有的"，其标志首位字母"M"加以变形，图案标志造型以两个翘起的大拇指形象地昭示了"让顾客省钱，让厂商赚钱"的经营宗旨，又像一座连接企业与消费者、厂商之间的桥梁，既是企业对顾客、厂商诚挚的邀请和感激，又是顾客和厂商对企业良好的认同和信任。
>
>
>
> 图4-1 美特好 Logo
>
> （根据美特好网站资料整理）

2. 店名字体的几种类型

不论英文店名字体还是汉字店名字体，其字类均可粗分为印刷体、美术体和书写体三类。如果略加细分，可用表4-1来表示。

表4-1 店名字体的类型

字体	汉字	英文
印刷体	宋体、黑体	古罗马、现代罗马体
美术体	象形、立体、彩色、附加装饰	—
书写体	正楷（大、小楷）、隶书、篆书（大、小篆）、碑书、草书（大、小、狂草）	草书体、自由手书体

3. 店名字体的性格属性

俗话说："字如其人。"这里"人"指人的性格、脾气、思想等。说明由人写出来的"字"，包含了人的性格、感情，当然也体现出企业家的理念和精神。所以不同的字体有不同的性格属性，连锁门店店名字体的性格属性一般可分为如下几种：方饰线体、新魏碑等表示粗犷、豪放；古罗马体、卡洛林体、仿宋、黑体等显示庄重、典雅；意大利斜体、行书等显示潇洒、飘逸；结构型、草书体、隶书等显示纤巧、秀丽；正圆形罗马体显示古拙、稚气。

由于不同企业具有不同的经营属性，与不同的店名字体属性相吻合，在实践中就形成了一些约定俗成的法则。诸如经营化妆品的门店，其店名字体多用纤细、秀丽的字体，以显示女性的柔美秀气；经营手工艺品的门店，其店名字体多用不同感觉的书法，以表现手工艺品的艺术风味和情趣；经营儿童食品与玩具的门店，其店名字体多用充满稚气的"童体"，活泼的字形易与童心相通；经营五金工具的门店，其店名字体多用方头、粗健的字体，以表示金属工具的刚劲坚韧。

一般来说，除了传统的经营工艺品、仿古制品、民间艺术品等店名字体用古典体的较多外，其他门店，特别是经营与现代科技、生产和社会生活方式息息相关的汽车、IT产品、钟表、时装、眼镜等商品的门店，其店名字体制作，都是追求时代感的，因此均应采用现代体字形，以与销售产品的内容属性相吻合。如北京雪亮眼镜公司的"雪亮"二字，就显得飘逸、潇洒，很有时代感。

4. 店名字体与色彩

连锁门店的店名字体与店面标志多为几种颜色组合，其色调的设计与应用要注意调和。例如补色调和、明暗调和、纯法调和等。著名色彩设计专家鲁凯茨依照文字与底色的配合，根据明视度的顺序将两者的搭配关系排列如表4-2所示。

表4-2 标志底色与店名字体色的理想搭配

底色·文字色	底色·文字色	底色·文字色	底色·文字色
1. 黄色·黑字 2. 白色·绿字 3. 白色·红字	4. 白色·青字 5. 黑色·黄字 6. 红色·白字	7. 绿色·白字 8. 黑色·白字 9. 黄色·红字	10. 红色·绿字 11. 绿色·红字

北京雪亮眼镜公司店名字体的颜色，在其店名红、白、黑三色的组合内根据底色选取，

它们有的黑底白字,有的白底黑字,"亮"字用红色突出。在众多的店名字体设计中,北京雪亮眼镜公司店名字体的设计是相当突出的。

5. 店名字体设计的具体要求

连锁门店店名字体作为企业店面识别系统的组成部分,应该能够清楚地表达商品名称和门店标识物的内容。为实现这一目的,连锁门店经营者在设计店名字体时,必须注意以下几点:一是字体一定要与门店经营属性相吻合;二是要符合美学要求,使消费者视觉舒适;三是易于阅读,便于识别。

店标是指店面标识系统中可以被识别,但不能用语言表达的部分,是店面标识的图形记号。

二、连锁门店店标设计

(一)店标的作用

门店店标与门店名称都是构成完整的门店标识系统的要素。门店店标自身能够创造门店认知、门店联想和消费者的门店偏好,进而影响门店体现出的质量与顾客的门店忠诚度。门店店标的作用如图4-2所示。

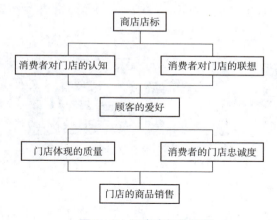

图4-2 门店店标的作用

1. 连锁门店店标是公众识别门店的指示器,体现门店的经营特色

风格独特的店标是帮助消费者记忆的利器。检验店标是否具有独特性的方法是认知测试法。也就是将被测店标与竞争店铺的店标放在一起,让消费者辨认。许多店标放在一块,一般来讲,风格独特的店标会很快被找出来。辨认花费的时间越短,说明标识的独特性越强,反之,则说明越弱。

连锁门店店标是一种"视觉语言"。它通过一定的图案、颜色来向消费者传输商店信息,以达到识别门店、促进销售的目的。公元前79年,在古罗马的庞德镇,人们用色彩在外墙上面画一个壶把,表示是茶馆;画有牛的地方表示牛奶店或牛奶厂;画有常春藤的地方是油坊;画石磨的地方是面包店等。由此可见,店标的标识作用由来已久。连锁门店店标最明显的是几何学图形,具有意义的图形,能够助长记忆。因此在设计店标时,赋予一定的图形特殊意义就显得非常重要了。

2. 连锁门店店标能够引发消费者产生门店联想

连锁门店店标能使消费者产生有关门店经营商品类别或属性的联想。

3. 连锁门店店标能够促使消费者产生喜爱的感觉，引起消费者的兴趣

风格独特的标识能够刺激消费者产生幻想，从而对该门店产生好的印象。老鼠、快乐的绿巨人、康师傅方便面上的胖厨师以及凯勃勒小精灵等，这些标识都是可爱的、易记的，能够引起消费者的兴趣，并使他们对其产生好感。而消费者都倾向于把对店标的感情（喜爱或厌恶）传递到商品上，这非常有利于门店经营者开展市场营销活动。

（二）店标的分类

店标分类有助于人们加强对门店的认识，更有助于设计者根据各地的文化设计符合民族特色或通用特点的标识。店标主要有表音式标识、图画式标识、表形式标识、名称式标识、解释性标识5种。

1. 表音式标识

这是指用语音因素及其拼合的语言的视觉化符号作为门店标识。大小写字母、汉字、阿拉伯数字、标点等我们日常用的文字或语素、音素等都是表音标识，如图4-3所示的Haier。

图4-3 表音式标识

2. 图画式标识

这是直接以图画的形式来表达连锁门店经营特征的标识。早期有些商店以图画来表示，后来日渐简化，逐步向形象标识靠拢，原因是画面复杂，一般不利于传播。如有些企业以人物照片作为标识就是此类，如图4-4所示。

（a）

（b）　　　　　　（c）

图4-4 图画式标识

项目四 连锁门店外部环境设计

3. 表形式标识

这是指通过几何图案或形象图案来表示标识。表形式标识靠形不靠音，因而形象性强，通过适当的设计，能以简洁的线条或图形表示一定的含义，同时利用丰富的图形结构来表示一定的寓意。缺点是没有表音标识，不利于消费者将店标与企业联系起来，因此在使用表形式标识的时候，最好能配以企业名称，如图 4 – 5 所示。

图 4 – 5　表形式标识

4. 名称式标识

这是指门店的店标就是企业的名称，直接把门店名称的文字、数字用独特的字体表现出来。这类门店店标通常将其名称的第一个字母或字艺术化地放大，以使其突出醒目，如图 4 – 6 所示。

图 4 – 6　名称式标识

5. 解释性标识

这是指对门店名称本身所包含的事物、动植物、图形等，用名称、内容本身所包含的图案来作为门店的标识。如图 4 – 7 所示的天猫的猫图案、京东的小狗、苏宁的小狮子。

图 4 – 7　解释性标识

(三)店标的设计原则

1. 简洁鲜明原则

店标不仅是消费者辨认门店的途径,也是提高门店知晓度的一种手段。店标在设计上其图案与名称应简洁醒目,便于认知,易于理解和记忆。同时,要求设计风格特色鲜明、新颖,使标识具有独特的面貌和出奇制胜的视觉效果,产生强烈的感染力,易于捕捉消费者的视觉,以引起注意。在设计时要正确贯彻简洁鲜明的原则,巧妙地使点、线、面、体和色彩结合起来,以达到预期的效果。

2. 独特新颖原则

店标既用来表达企业的独特个性,又以此为独特标记,要让消费者识别出独特的品质、风格和经营理念。因此,在设计上必须突出独特新颖的原则,别出心裁,使标识富有特色,个性明显,使消费者看后能留下耳目一新的感觉。

3. 准确相符原则

准确相符原则指的是店标寓意要准确,门店名称与标识要相符。在设计店标时,要巧妙地赋予寓意,形象地暗示,使之耐人寻味,这样的店标才有利于扩大门店的知名度。

4. 优美精致原则

优美精致原则是指店标设计要符合美学原理,要注意造型的均衡性,使图形给人一种整体优美、强势的感觉,保持视觉上的均衡,并在线、形、大小等方面做造型处理,使图形兼具动感及静态美。

5. 稳定适时原则

店标要为消费者熟知和信任,必须长期使用、长期宣传,在消费者的心目中扎下根。但也要不断改进,以适应市场环境变化的需要,这就是稳定适时原则。有的标识已过太久,已不能与时代的步伐合拍,其发挥的作用也就大打折扣。

例如,Midea品牌标识Logo的旋转圆圈与M相连,旋转的圆圈像太极,指的是宇宙最原始的秩序状态,而后形成万物(宇宙)的本源,体现的是创新与和谐的概念,如图4-8所示。美的积极投入技术研发,为的是创造让消费者更舒适的居家生活,同时与客户、经销伙伴携手共进,缔造完美和谐的生活理念。

图4-8 美的品牌标识

Midea英文意解为My idea,彰显的是品牌态度——我的创意、我的主张,我们不随波逐流,我们引领创造未来。美的在发展过程中对企业Logo做了多次战略调整,现在以一种全新的、更加国际化的形象迎接新形势和新挑战。

三、连锁门店招牌设计

近年来,标志越来越多地被连锁门店采用,并已从平面走向立体,从静态走向动态,活动于门店门前,吸引着过往行人。例如,美国很多速食店为了强调门店的个性,在入口处设置大型人物或动物塑像,并配以轻松、愉快的广告音乐,受到顾客的喜爱。

招牌是门店的重要传播媒体之一,具有很强的指示与引导功能。同时,也是一个门店区别于其他门店的重要工具,是门店的象征。顾客对于一个门店的认识,往往是从接触门店的招牌开始的。它是传播连锁门店形象、扩大连锁门店知名度、美化环境的一种有效手段。它不仅能引起顾客的兴趣,加深顾客的印象,表明门店的经营范围,加强门店口碑的流传,而且能反映门店的经营理念和服务特色。

(一)门店招牌的设计要求

门店招牌在客观上要起到宣传的功效,这就要求它的设计应使消费者对企业的经营内容与特色一目了然。因此,招牌一般应包含如下内容:门店的名称、标志、标准色、营业时间。在具体制作招牌时,有以下几个问题要特别注意:

1. 招牌的色彩

消费者对于招牌的识别往往是先从色彩开始再过渡到内容的,所以招牌的色彩在客观上起着吸引消费者的巨大作用。因此,要求色彩温馨、明亮而且醒目突出,使消费者过目不忘。一般应采用暖色或中色调,如红、黄、橙、绿等色,同时要注意各色彩之间的恰当搭配。

2. 招牌的内容

门店招牌的内容要求在表达上简洁突出,而且字的大小要考虑到中远距离的传播效果,具有良好的可视度及传播效果。

3. 招牌的材质

招牌要使用耐久、耐雨、抗风的坚固材料,如木材、塑料、金属、大理石等,或以灯箱来作招牌。在选择材质时,要注意充分考虑全天候的视觉识别效果,使其作用发挥到最大。

4. 招牌的字体

招牌好坏除了店名因素外,还要考虑字体和完整性。走到街头,我们常常会看到一些很好的店名,却用歪歪扭扭的字体嵌在门前的招牌上,错别字、繁体字屡见不鲜,甚至还用一些生拼硬造出来的文字。

门店的招牌应避免不常用的字。招牌的目的在于使人清楚明白,故弄玄虚只会招致顾客的反感。

(二)门店招牌的种类

门店招牌大致有以下几种类型:

1. 广告牌

在门店建筑顶部竖立广告牌,用来吸引消费者,宣传自己的门店。

2. 横置招牌

横置招牌是装在门店正面的招牌,这是门店的主力招牌,通常对顾客吸引力最强,如果增加各种装饰,如霓虹灯、荧光照射等,会使其效果更加突出。

3. 壁面招牌

这是放置在门店正面两侧的墙壁上,将经营的内容传达给两侧行人的招牌,通常为长条形招牌,或选择灯箱形式加以突出。

4. 立式招牌

这是放置在门店门口的带有店名的招牌,用来增加门店对行人的吸引力。通常可以用灯箱或商品模型、人物造型等来作此招牌。立式招牌可设计成各种形状,有竖立长方形、横列长方形、长圆形、四面体形等。为增加可见度,招牌的正反两面或四面体的四面都应设计店铺名称。这种招牌比贴在门上或门前的招牌更能吸引顾客。

5. 遮幕式招牌

这是在门店遮阳篷上施以文字、图案,使其成为门店招牌,可以同时起到遮蔽日光、风雨及宣传的双重功效。

6. 电子招牌

电子招牌是指利用频闪的小灯泡制成电子显示屏,通过闪亮以显现图形和汉字的招牌。如电子广告、电子信息、电子公告等映射在电子屏上的都是电子招牌。

7. 造型招牌

这里的造型主要指人物或动物的典型造型,以他们为内容而制作的招牌叫造型招牌,这种招牌具有较大的趣味性。店门口竖立人物、动物招牌,活跃了店面气氛,增加了门店的趣味性,如民航售票处的空姐造型等。同时,可在招牌上列出门店的名称与特色。人物和动物的造型要明显地反映门店的经营风格,使人在远处就可以看到前面是什么类型的门店,如肯德基连锁门店的人像。

(三)门店招牌设计的注意事项

门店招牌的功能是"打招呼"和"自我介绍",突出门店名称,便于消费者识别,同时体现出门店的个性特征。设计上要有特色,与邻近门店相区别,和周边环境相适应。另外考虑使用质地优良、经久耐用和便于保养、清洗的招牌。门店招牌设计一般应注意以下几点:

1. 内容准确

门店招牌是向顾客传递信息的一种形式,不仅要追求艺术上的美感,更重要的是内容要准确。门店招牌的内容是设计的核心部分,主要包括店名和店标。无论店名还是店标,都是为了与其他店相区别,避免重复,另外还要注意美感和冲击力。

2. 色彩搭配合理、协调

一般来说,用色要协调,有较强的穿透力。例如,交通指挥灯之所以用红黄绿三色,是因为这三种颜色穿透力最强,从很远的地方就能看到。因此,在门店招牌中使用得也很多。

例如，北京伍福超市的招牌是红绿白三色，明珠商场的招牌是红黄蓝三色，法国家乐福是以红蓝为主色调。当然，在色彩醒目的同时，千万不可忽视了人们的视觉喜好，色彩搭配必须合理，才能产生美感。

3. 选材要得当

门店招牌的选材一定要重点关注，既要考虑其耐久性、耐污染性，又要考虑其质感。各种材料的利弊明显，可根据实际情况选择。底座可供选用的材料有木材、水泥、瓷砖、大理石及金属材料，招牌上的文字、图形可用铜质、瓷质、塑料来制作。

4. 讲究专业化

门店招牌的设计与施工要涉及许多因素。色系的选定和配色问题，普通人做不好，所以，连锁门店经营人员不能凭想象力设计门店招牌，一定要请专业人士设计，要进行充分的沟通，使设计人员明白门店经营人员的理念。门店经营人员可以在设计过程中提出自己的意见和要求。

5. 要与周边环境相协调

在门店招牌的设计中，一定要考虑招牌摆放时的周边环境，要考虑与周围的建筑环境、风格是否匹配，与相邻建筑的招牌是否会发生冲突，能否在门店林立的环境里凸显出来。

除以上五点外，还应考虑一些细节问题，诸如门店招牌的整体格调、造型与字体样式、灯光照明、防风防雨、安全性等。以上任何一项都是门店招牌取得成功不可或缺的要素。因此，在设计时要注意到环环相扣的各个关系，做到充分估量。在使每一个细节都能够配合妥当的基础下，再定案动工，方能设计出真正反映门店风格的招牌。

四、连锁门店橱窗设计

超市布局设计之橱窗

在现代商业活动中，橱窗既是一种重要的广告形式，也是装饰门店的重要手段。一个构思新颖、主题鲜明、风格独特、方法脱俗、装饰美观、色调和谐的门店橱窗与整个门店建筑结构和内外环境构成的立体画面能起到美化门店和市容的作用。人们对客观事物的了解，有70%靠视觉，20%靠听觉。橱窗陈列，能最大限度地调动消费者的视觉神经，达到诱导、引导消费者购买的目的。就像有人说的那样："让顾客的眼睛在门店橱窗多停留5秒钟，你就获得了比竞争对手多一倍的成交机会。"

橱窗设计是一种文化，商家可通过极具个性的橱窗设计吸引顾客，加深消费者对门店的印象，展示企业形象。好的橱窗设计能给观众以强烈的艺术感染力。橱窗设计是在三维空间上利用立体来表现的，讲究商品、道具间的立体组合，做到局部与整体始终保持着对比统一，保持着一种总体的环境和气氛的和谐，使消费者无论从哪个角度看，都感到完美。它的目的在于刺激消费者的感官，促进销售。

（一）橱窗的分类

1. 综合式橱窗

综合式橱窗是指将许多不相关的商品综合陈列在一个橱窗内，以组成一个完整的橱窗广告。这种橱窗由于商品之间差异较大，设计时一定要谨慎，否则，就会给人一种"什锦粥"的感觉。

综合式橱窗主要有横向橱窗（横向分组陈列）、纵向橱窗（纵向分组陈列）、单元橱窗（分格支架陈列）。

2. 系统式橱窗

大中型连锁门店的橱窗面积较大，可以按照商品的类型、性能、材料、用途等因素分别组合陈列在一个橱窗内。这种橱窗可具体分为同质同类商品橱窗（如各种自行车橱窗）、同质不同类商品橱窗（如各类皮具橱窗）、同类不同质商品橱窗（如各种化妆品橱窗）、不同质不同类商品橱窗（如运动器材橱窗）。

3. 主题式橱窗

主题式橱窗是指以一个广告主题为中心，围绕某一特定的事情，组织不同品牌或同一品牌不同类型的商品进行陈列，向媒体受众传递一个诉求主题的橱窗。例如节日橱窗、绿色食品橱窗、丝绸之路橱窗、事件橱窗等。

4. 特写式橱窗

特写式橱窗是指运用不同的艺术形式和处理方法，在一个橱窗内集中介绍某一关键的产品。主要有单一门店商品特写橱窗和商品模型特写橱窗等。这类橱窗适用于新产品、特写商品的广告宣传，如只陈列一台新型电脑或摆上汽车、酒瓶模型。

5. 季节式橱窗

季节式橱窗是指一种根据季节的变化把应季商品集中进行陈列的橱窗。可满足顾客购物的适时性需求，有利于扩大销售。

（二）橱窗设计

1. 基本要求

门店橱窗多采用封闭式，便于充分利用背景装饰，管理陈列商品和方便顾客观赏。橱窗的规格应与门店整体建筑和店面相适应。

橱窗底部的高度一般以离地面80~130厘米，成人的眼睛能看见的高度为好，所以大部分商品可从离地面60厘米的地方进行陈列，小型商品从离地面100厘米以上的高度陈列。电冰箱、洗衣机、自行车等大件商品可陈列在离地面5厘米高的部位。

橱窗陈列要反映出连锁门店的经营特色，使顾客看后就产生兴趣，并想购买陈列的商品。

季节性商品要按目标市场的消费习惯陈列，相关商品要相互协调，通过排列的形状、层次、顺序、底色以及灯光等来表现特定的诉求主题，从而营造一种气氛，使整个陈列成为一幅具有较高艺术品位的立体画。

要有一定的艺术美，橱窗实际上是艺术品陈列室，通过对产品进行合理搭配来展示商品美。它是衡量连锁企业经营者文化品位的一面镜子，是体现连锁企业经营环境文化、经营道德文化的一个窗口。顾客对它的第一印象决定着顾客对商品的态度，进而决定着顾客的进店率。

2. 背景要求

橱窗背景是橱窗广告制作的空间，它类似室内布置的四壁，有较严格的要求。背景颜色的基本要求是突出商品，而不能喧宾夺主。形状上一般要求大而完整、单纯，避免小而复杂的烦琐装饰。颜色上尽量用明度高、纯度低的统一色调。如果广告宣传商品的色彩淡而一致，也可用深颜色作背景。

3. 道具要求

道具包括布置商品的支架等附加物和商品本身。其要求是支架的摆放越隐蔽越好。一定要突出广告商品，占用的位置要比商品少许多。玻璃材料作道具适应面较广，布料道具的颜色一定要和广告商品有一定的差异。如果是陈列服装用的道具模特，其裸露部分如头脸、手臂、腿等部位的颜色和形状，可以是简单的球体、灰白的色彩，或者干脆不用头脸，这样反而比真人的模特更能突出服装本身。商品名称、企业名称或简洁的广告用语的位置要巧妙安排在台架等道具上。例如电冰箱橱窗陈列应以皮、毛类材料作背景，颗粒材料作底面，更能突出电器产品表面的金属质地感。

4. 灯光要求

光和色彩是密不可分的，按舞台灯光设计的方法为橱窗配上适当的顶灯和角灯，不但能起到一定的照明作用，而且能使橱窗原有的色彩产生戏剧性的变化，给人以新鲜感。对灯光的要求是光源隐蔽、色彩柔和，避免使用过于鲜艳、复杂的色光，尽可能在反映商品本来面目的基础上，给人以良好的心理印象。例如食品橱窗广告用橙黄色的暖色光，更能增强人们对所做广告食品的食欲。而家用电器橱窗陈列，则用蓝、白等色光，能给人一种科学性和贵重的心理感觉。另外，现在的橱窗陈列设计，要充分利用滚动、旋转、振动等机械和电子的道具，给静止的橱窗布置增加动感，利用大型彩色胶片制成灯箱，制作一种新颖的具有立体感的画面等。

总之，现代橱窗广告制作不但要随着科学的发展、设计思想的更新，从形式、内容等方面不断充实提高，而且在设计制作上要注意广告宣传的目的，切勿喧宾夺主，否则，橱窗设计仍然不会成功。

（三）橱窗设计的注意事项

（1）考虑防尘、防热、防淋、防晒、防风、防盗等要求。

（2）季节性商品，必须在季节到来的前一个月预先陈列。

（3）容易液化变质的商品，如食品糖果之类以及日光照晒下容易损坏的商品，最好用模型代替或加以适当的包装。

（4）应经常打扫卫生，保持清洁。

（5）橱窗陈列应勤加更换，尤其是有时间性和容易变质的商品，更换最好于晚间进行。

个体工商户名称规范

个体工商户名称不得含有下列内容和文字：

(1) 有损于国家、社会公共利益的；
(2) 违反社会公序良俗，不尊重民族、宗教习俗的；
(3) 可能对公众造成欺骗或者误解的；
(4) 外国国家（地区）名称、国际组织名称；
(5) 政党名称、党政军机关名称、群众组织名称、社团组织名称及其简称、部队番号；
(6) "中国""中华""全国""国家""国际"这些词；
(7) 汉语拼音、字母、外国文字、标点符号；
(8) 不符合国家规范的语言文字；
(9) 法律、法规规定禁止的其他内容和文字。

（源自《个体工商户名称登记管理办法》2009年4月）

项目总结

连锁门店的外部环境设计是对连锁门店外部脸面的设计，对消费者能否进店购物具有重要的影响力，同时是企业进行外部宣传的一张名片。连锁门店外部环境设计包括店面设计、店名设计、店标设计、招牌设计、橱窗设计、建筑物外观及周围环境设计等。由于一旦做出选择，就很难改变，因此门店开发者对于门店外部环境设计应慎之又慎。

知识自测

一、名词解释

1. 店标
2. 招牌
3. 主题式橱窗
4. 综合式橱窗
5. 特写式橱窗

二、选择题

1. 在放置连锁门店招牌时，一般认为，当眼睛与地面的垂直距离为1.5米左右时，应以该视点为中心，上下（　　）的范围为视觉最佳区域。

   A. 30°~40°　　　　　　　　　　B. 25°~30°
   C. 45°~50°　　　　　　　　　　D. 35°~40°

2. 店名简洁明快属于门店命名原则的（　　）。

   A. 暗示属性原则　　　　　　　　B. 启发联想原则
   C. 易读易记原则　　　　　　　　D. 都不对

3. 肯德基门店的人像属于（　　）。

   A. 造型招牌　　　　　　　　　　B. 立式招牌
   C. 广告牌　　　　　　　　　　　D. 壁面招牌

4. 以下适用于新产品广告宣传的是（　　）。

   A. 主题式橱窗　　　　　　　　　B. 季节式橱窗

C. 特写式橱窗　　　　　　　　　　D. 综合式橱窗
5. 苹果电脑那只诱人的苹果，属于（　　）。
A. 表形式标识　　　　　　　　　　B. 图画式标识
C. 寓意式标识　　　　　　　　　　D. 解释性标识

三、简答题

1. 连锁门店店面设计的原则是什么？
2. 连锁门店命名的原则是什么？
3. 设计便于进入的连锁门店，应具备哪些必要条件？
4. 连锁门店建筑物外观设计的基本要求是什么？
5. 连锁门店橱窗设计有哪些要求？

工作任务

连锁门店外部环境设计

【工作任务描述】

自主选择某大型连锁企业，详细调研其门店外部环境，并汇总形成小组报告。

工作任务一　连锁门店外部环境调研

工作任务二　连锁门店外部环境改进

综合案例分析

门店招牌的作用

门店招牌对于门店的重要性不言而喻，它是广告、流量的入口，也是顾客的第一接触点。门店招牌上的每个字都在传递品牌最重要的信息，也在感召来来往往的每一位顾客。好的门店招牌，是 24 小时广告；而不好的门店招牌，可能就直接"拒绝"了客户。不合适的门店招牌往往存在没有品类或品类不清晰的情况，会大大降低顾客首次进店率，无形中成为顾客进店的屏障。

无品类的门店招牌只告诉消费者"我是谁"，但是没有告诉消费者"我是卖什么的"，这种门店招牌基本没有什么辨识度。

品类不清晰的门店招牌往往不是没有品类，而是太笼统。比如，门店招牌上写着传统美食、传统小吃之类的。

那么一个合格或好的门店招牌是什么样的呢？

1. 足够显眼，让顾客发现你

决定一家门店流量大小的因素有两个：附近的客流量和门店是否显眼。好多门店已经开业大半年了，附近的很多常住人口竟然还不知道门店的存在，这可能就是因为门店招牌太不显眼。

2. 定位清晰，让顾客了解你

门店招牌要具有广而告之的作用，告诉人们这里有一家店铺，叫什么名字，卖的是什么？因此，店名和品类名是门店招牌最基本的构成要素。当然，很多耳熟能详的品牌，门店招牌简单到只有店名，没有品类名，例如星巴克、肯德基等，因为这些店名已经被人们熟知，所以自带"品牌效应"。如果你的门店品牌知名度不高，千万不要仿效。

3. 文案输出，增加顾客进店的欲望

门店招牌是全方位展示门店特色的工具，可以灵活组合传递各种有用的信息，向顾客进行品牌宣传，充分发挥门店招牌的引客功能。比如个性化广告，放在门店招牌处再合适不过。它最能体现门店品牌特色、突出产品优点、增强消费者信任感、吸引人们的关注。

（根据网络资料整理）

习题：
1. 对于不知名的新开门店，什么样的门店招牌能够吸引顾客？
2. 你认为好的门店招牌应具有哪些特点？

综合实训

1. 以小组为单位，为某一连锁门店设计店标与招牌。
2. 针对校内生产性实训基地或本地具有代表性的连锁门店外部环境，分析现状、找出问题并提出整改方案。

项目五

连锁门店卖场内部环境设计

项目导入

连锁门店卖场的内部设计就是对卖场的购买环境进行设计，其目的是给顾客营造一个温馨、舒适、适宜的购买场所。卖场的内部设计所要遵循的主要原则就是以顾客的需要为中心，无论是对卖场的通道宽窄、货架高低、地板材质的设计，还是灯光、色彩、气味、温度等的设计，都要遵循这一原则。好的卖场环境能够激发消费者的购物激情。

知识目标

❖ 了解连锁门店卖场整体设计的意义、原则、要求，卖场通道设计的原则，POP广告的含义及作用
❖ 熟悉卖场通道的类型、POP广告的类型及功能、卖场内部环境的主要构成因素
❖ 掌握卖场服务设施的设计，卖场内照明与色彩的设计，卖场内声音、气味和通风设施的设计，卖场POP广告的设计及效果评估
❖ 掌握陈列区域设计、商品陈列的原则和程序

能力目标

❖ 能够分析连锁门店卖场设计的意义和要求
❖ 能够分析连锁门店卖场设计的具体内容
❖ 能够设计小型连锁门店卖场的通道、POP、声音、气味等内容
❖ 能够对连锁门店进行商品陈列区域分配和陈列设计

素质目标

❖ 培养诚实守信、规范经营的职业素养
❖ 培养客户利益至上的职业道德
❖ 培养发现、感知、欣赏、评价美的意识和基本能力

❖ 培养多角度辩证地分析问题、做出选择和决定的能力

 项目框架

项目名称	任务步骤	知识点
连锁门店卖场内部环境设计	连锁门店卖场整体设计	卖场整体设计的意义
		卖场整体设计的原则
		卖场整体设计的要求
	连锁门店卖场通道设计	卖场通道设计的原则
		卖场通道的类型
	连锁门店卖场服务设施设计	卖场收银台设计
		卖场服务台设计
		卖场出入口设计
		卖场其他服务设施设计
	连锁门店卖场氛围设计	卖场照明设计
		卖场色彩设计
		卖场声音设计
		卖场气味设计
		卖场通风设计
		卖场 POP 广告设计
	连锁门店卖场商品陈列设计	卖场商品陈列区域设计与货架分段
		卖场商品陈列的原则
		卖场商品陈列的程序

导入案例

迅速发展的精品超市

精品超市作为一种提供高质量、个性化商品和服务的零售形式，近年来在全球范围内都得到了广泛的发展和欢迎。精品超市的购物环境优雅、舒适，不仅有宽敞明亮的购物空间，还有精致的陈列和艺术化的装饰。这种环境可以让消费者在购物的过程中享受到一种高品质的生活体验，从而增加他们对超市的好感度和忠诚度。

精品超市的营销策略通常都十分精准和到位，精品超市对供应链的管理十分严格，在科技应用方面也十分先进，他们通常会利用智能化的设备和技术来提高运营效率和服务质量。例如，利用智能化的货架和陈列设备提高购物体验，科技应用不仅提高了超市的运营效率和服务质量，而且增加了消费者的购物体验和满意度。

1. 精品超市布局设计

超市入口一般设在顾客流量大、交通方便的一边。通常入口较宽，一般为6~8米，出口通道大于1.5米。根据出入口的位置来设计卖场通道及顾客流向。

2. 手推车、购物篮设置

入口处为顾客配置购物篮和手推车，每个精品超市按3辆（个）/10人的标准配置，购物篮和手推车按1∶3的比例设置，如超市有直通车库出口，应设置收银口，车库入口应设置手推车存放处。

3. 物品存储区

精品超市一般在超市外设置扫码储物柜和冷冻储物柜，有2~3组储物柜和1组冷冻储物柜。

4. 收款台设置

出口处收款台按1台/350平方米设置。一般而言，顾客等待付款结算的时间不能超过8分钟，否则就会产生烦躁情绪。可设置"黄金通道"，专门为不超过3件单品的顾客服务，以加快顾客缴款的速度。

（根据网络资料整理）

【引例分析】

连锁企业总部对各门店的设计应以消费者为中心，所做的一切努力都是为顾客服务，不能脱离顾客大谈软装潢。上述精品超市的设计就是以方便消费者为核心的设计。

知识学习

学习任务一　连锁门店卖场整体设计

卖场整体设计是对卖场的空间及内部设施进行科学、合理、艺术化的设计，形成一种融洽的商业活动氛围，从而使商品销售量达到最大化。

一、卖场整体设计的意义

卖场整体设计直接影响着顾客的购买欲望。一个好的卖场环境能吸引源源不断的顾客，而一个不好的卖场环境直接影响到其是否有好的业绩，甚至是否得以开展正常营业。

连锁门店的卖场环境设计直接影响着顾客的购买行为，影响着连锁门店的销售业绩。好的卖场环境设计不仅体现了一定的艺术美，而且反映了连锁门店独特的经营理念与风格。他们属于连锁门店形象设计中的视觉形象范畴，不仅要求方便顾客购物消费，而且要独特新颖，在众多的竞争者中能够卓然出众，给消费者留下深刻的印象，使他们产生重复购买的行为。

某零售专家就这一问题对一个具有5.2万名顾客的商圈进行了随机调查，并发放了2 000份调查问卷，在回收的1 600份有效问卷中，顾客对超级市场有关项目的关心程度为：商品容易拿到占15%；开放式容易进入占25%；商品丰富占15%；购物环境清洁明亮占

14%；商品标价清楚占13%；服务人员的态度占8%；商品价格便宜占5%。

其中，开放式容易进入占25%、购物环境清洁明亮占14%，而这两项正是超级市场卖场设计的具体内容。

二、卖场整体设计的原则

在进行连锁门店卖场整体设计时，应遵循以下原则：

（一）便利顾客，服务大众

顾客逛商场已经不是一种纯粹性的购买活动，而是一种集购物、休闲、娱乐及社交为一体的综合性活动，这是新型的生活方式。因此，连锁门店既要拥有充足的商品，还要创造出一种适宜的购物环境，使顾客享受到完美的服务。

（二）突出特色，便于经营

连锁门店内部环境设计应依照经营商品的范围和类别以及目标顾客的习惯和特点来确定。以别具一格的经营特色，将目标顾客吸引到连锁门店来。例如，北京老家快餐，其店内设计以红黄颜色为主，风格以稳重、温馨为主，对顾客有极强的吸引力。

（三）提高效率，增长收益

连锁门店内部环境设计科学，能够使进、存、运、销各个环节紧密配合，节约劳动时间、降低劳动成本、提高工作效率，从而增加连锁门店的经济效益和社会效益。

（四）利于选购

丰富的商品会刺激顾客产生购买欲望。但是，如果商品有限，也可以通过一些陈列的技巧使其看起来更多些。例如，如果把可以比较评量的商品放在一起，顾客对于商品的丰富感会倍增。这种可供连续不断进行比较评量的陈列状态，自然能够博得顾客信赖。另外，独特的陈列手法能赋予商品立体感；商品色彩的巧妙配合，同样会增添顾客对于商品的丰富印象，激发消费者对商品的购买欲望。一个卖场布局设计得好坏，直接影响到销售量的高低。营造一个好的卖场，不仅能增强顾客的购买欲望，而且能吸引更多的顾客。

◉ 案例

买礼品的顾客

某女士去一家百货商店为自己六岁的女儿购买生日礼物，当她乘扶梯上儿童部时，看见了一个塑胶模特身上穿着一件别致的风衣，于是下来的时候她仔细试穿了这件风衣，决定买下；转身又见不远处陈列着各款颜色鲜艳的丝巾，于是，她便上前为新买的风衣选择相称的丝巾。走出百货商店时，这位女士不仅购买了计划内的生日礼物，还额外购买了一件风衣、一条丝巾。

（根据网络资料整理）

三、卖场整体设计的要求

卖场整体设计的规划一旦确定下来，就确定了卖场内顾客的流动路线和内部工作人员的活动方式，从而直接关系到卖场工作效率的高低。其中，最关键的是顾客、现场营业人员的活动路线和门店形象塑造两点。顾客、现场营业人员的活动路线，直接关系到能否最大限度地方便顾客发现门店物品品种的安排和结构；能否最大限度地发挥商品的诉求力，影响商品的销售量和利润率。同样，工作人员的活动路线不合理，也会降低劳动效率，导致成本费用上升。

卖场整体设计必须达到以下要求：
（1）便于顾客在短时间内买到其需要的商品。
（2）让顾客能够轻松地购物。
（3）店堂清洁，让顾客有亲切感、新鲜感。
（4）让顾客购物成为兴趣，有快乐感。

案例

如何设计出一个令顾客满意的卖场

1. 向我行我素说"不"

在卖场设计中，无视顾客需求而仅依经营设计者的偏好设置的卖场，难以与顾客建立情感的纽带，使门店对广大消费者吸引力不强而业绩不好。即使因暂时竞争不强而拥有一定量的顾客，日后也容易被竞争对手掘走而陷入困境。

2. 采纳营业员的构想

卖场设计是一件极其复杂和重要的工作，要求经营设计者与商店其他所有员工，特别是营业员，共同商议，拟订计划和方案。

经营设计者平时很少直接接触顾客，不易掌握顾客所喜好的卖场形式。而营业员将商品面对面出售给顾客，每天都与顾客进行广泛而又直接的接触和交流。营业员更容易，也常常能更好、更清楚地了解顾客所要求的卖场设计及他们所关注的方方面面。因此，在卖场设计方面要尊重那些充分了解顾客心意的营业员，让他们踊跃参与讨论分析。

3. 与顾客同行

卖场设计应该始终站在顾客的立场上。为此，设计时要对所服务目标顾客的年龄、收入、性别、职业、消费特点、地理区域、风俗习惯等有清楚的了解，并以此决定卖场的设计风格，将之贯穿于设计中点点滴滴的细节。比如，以年轻女性为目标顾客的卖场，通常要具有现代感，体现个性的同时需洋溢着年轻活泼的气息。

> 尊重顾客的感觉意味着要从顾客的观察角度来设计卖场。众所周知，观察角度不同，会直接影响事物的视觉效果。在设计时，不应仅从店内或营业员的角度来布局，更应从店外及顾客在店内可能的观察角度来追求既方便又美观的造型布局，从而达到能有效触动顾客的最佳设计效果。
>
> 此外，为了更好地了解顾客对卖场的意见，门店可进行有关卖场设计的问卷调查，从而让顾客更积极直接地参与卖场设计。
>
> （根据网络资料整理）

学习任务二 连锁门店卖场通道设计

一、卖场通道设计的原则

一般来讲，卖场上的动线可以分为顾客动线、销售人员动线以及管理动线三类。理想的顾客动线不仅要长，而且要保持一定的流畅性。理想的销售人员动线正好与顾客动线的设计相反，应尽量缩短门店内销售人员移动的距离。管理动线是后勤人员与卖场联系时所需移动的路线，也应尽量缩短。卖场动线的设计应该极力避免顾客动线与门店销售人员动线的交叉。

卖场上顾客使用的通道可分为主通道和副通道。主通道是诱导顾客移动的主要通道，而副通道是顾客在店内移动的支流。卖场内主副通道的设置不是根据顾客的随意走动来设计的，而是根据超市内商品的配置位置与陈列来设计的。良好的通道设置，就是引导顾客按设计的自然走向，走向卖场的每一个角落，接触所有的商品，使卖场空间得到最有效的利用。

（一）足够宽

所谓足够宽，即要保证顾客提着购物筐或推着购物车，能与同样的顾客并肩而行或顺利地擦肩而过。不同规模的超市通道宽度基本设定值如下：

(1) 单层卖场面积 300 平方米：主通道宽度 1.8 米；副通道宽度 1.3 米。
(2) 单层卖场面积 1 000 平方米：主通道宽度 2.1 米；副通道宽度 1.4 米。
(3) 单层卖场面积 1 500 平方米：主通道宽度 2.7 米；副通道宽度 1.5 米。
(4) 单层卖场面积 2 000 平方米：主通道宽度 3.0 米；副通道宽度 1.6 米。

对大型货仓式零售超市来说，为了保证更大的顾客容量的流动，其主通道和副通道的宽度可以基本保持一致。同时，也应适当放宽收银台周围通道的宽度，以保证最易形成顾客排队的收银处的通畅性。

（二）笔直

通道要避免迷宫式通道，要尽可能地进行笔直的单向通道设计。在顾客购物过程中尽可能依货架的排列方式，将商品以不重复、顾客不回头走的设计方式布局。

（三）平坦

通道地面应保持平坦。虽然处于同一层面上，但有些门店由两个建筑物改造连接起来，通道途中要上或下几个楼梯，有"中二层""加三层"之类的情况，令顾客眼花缭乱，不知何去何从，显然不利于门店的商品销售。

（四）少拐角

事实上一侧直线进入，沿同一直线从另一侧出来的门店并不多见。这里的少拐角是指拐角尽可能少，即通道途中可拐弯的地方和拐的方向要少。有时需要借助于连续展开不间断的商品陈列线来调节。如美国在连锁超市经营中，20世纪80年代形成了标准长度为18～24米的商品陈列线，日本超市的商品陈列线相对较短，一般为12～13米。这种陈列线长短的差异，反映了不同规模的超市在布局上的要求。

（五）通道上的照明比卖场明亮

通常通道上的照度起码要达到1 000勒克斯①；尤其是主通道，相对空间比较大，是客流量最大、利用率最高的地方。要充分考虑到顾客走动的舒适性和非拥挤感。

（六）没有障碍物

通道是用来诱导顾客多走、多看、多买商品的。通道应避免死角。在通道内不能陈设、摆放一些与陈列商品或特别促销无关的器具或设备，以免阻断卖场的通道，损害购物环境。

案例

某购物中心的设计以人为本

在某购物中心设计之初，就确定了以"人"为中心的设计思想，明确了卖场明朗通透的风格。为确保这一风格，在寸土寸金的销售黄金区域购物中心，仍坚持通道的宽敞，主通道不低于2.3米，自选区设施间的距离亦在1.3米以上；为形成视野宽敞的商品展示，所有陈列设施高度在1.4米左右；柱面实施简单喷白处理，整个卖场宽阔异常，具有强烈的通透感；该购物中心还采用多层次的立体照明，光线柔和明亮，进一步确保了店堂明亮的格调。

在这种环境下，顾客能从卖场内任一位置纵观卖场的整体布局。宽广的视野令顾客精神振奋、心情愉悦，多了一份自信。顾客在某种理想精神状态的支配引导下，不知不觉就产生了购买行为。

（根据网络资料整理）

二、卖场通道的类型

卖场通道是指顾客在卖场内购物行走的路线。通道设计的好坏直接影响到顾客能否顺利

---

① 勒克斯是照度的单位，1勒克斯大致相当于0.2瓦白炽灯发出的光。

地购物,影响到商品的销售业绩。卖场通道可以分为直线式通道、回形式通道、斜线式通道和自由流动式通道四类。

(一)直线式通道设计

1. 直线式通道的定义

直线式通道也称为单向通道。这种通道的起点是卖场的入口,终点是零售门店的收款台。顾客依照货架排列的方向单向购物,以商品陈列不重复、顾客不回头为设计特点,它使顾客在最短的线路内完成商品购买行为,如图5-1所示。

图5-1 直线式通道

2. 直线式通道的优点

(1)布局规范,易于顾客寻找货位地点。

(2)通道根据顾客流量设计,宽度一致,能够充分利用场地面积。

(3)能够创造一种富有效率的气氛。

(4)易于采用标准化陈列货架。

(5)便于快速结算。

3. 直线式通道的缺点

(1)容易形成一种冷淡的气氛,特别是在营业员犀利目光的观察之下,更加使人手足无措,限制了顾客的自由浏览,使其只想尽快离开门店。

(2)易丢失商品,失窃率较高。

(二)回形式通道设计

回形式通道又称为环形通道,通道布局以流畅的圆形或椭圆形按从右到左的方向环绕零售门店的整个卖场,使顾客依次浏览商品,购买商品。在实际运用过程中,回形式通道又分为大回形和小回形两种线路模型。

1. 大回形通道

这种通道适合于营业面积在1 600平方米以上的零售门店。顾客进入卖场后,从一边沿四周回形浏览后进入中间的货架。它要求卖场内部一侧的货位一通到底,中间没有穿行的路口,如图5-2所示。

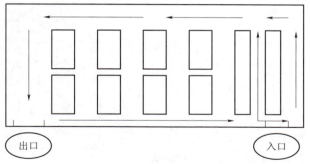

图 5 – 2　大回形通道

2. 小回形通道

它适用于营业面积在 1 600 平方米以下的零售门店。顾客进入零售门店卖场后，沿一侧前行，不必走到头，就可以很容易地进入中间货位，如图 5 – 3 所示。

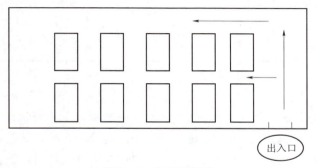

图 5 – 3　小回形通道

（三）斜线式通道设计

1. 斜线式通道的定义

斜线式通道是指货架和通道呈菱形分段布局。富于变化，曲折延伸，纵横交错，给人以灵活和随意的感觉。这种通道中型、大型超市适用，如图 5 – 4 所示。

图 5 – 4　斜线式通道

2. 斜线式通道的优点

（1）能使顾客随意浏览，气氛活跃。

（2）易使顾客看到更多商品，增加购买机会。

3. 斜线式通道的缺点

造成卖场场地面积的浪费。

（四）自由流动式通道

1. 自由流动式通道的定义

自由流动式通道是指卖场通道呈不规则的路线分布，货位布局灵活，如图 5-5 所示。

2. 自由流动式通道的优点

（1）气氛活跃，可增加即兴购买机会。

（2）便于顾客自由浏览，不会产生急躁感。

（3）顾客可以随意穿行各个货架或柜台。

3. 自由流动式通道的缺点

（1）顾客难以寻找出口，易导致顾客在店内停留时间过长，不便分散客流。

（2）浪费场地面积，不便管理。

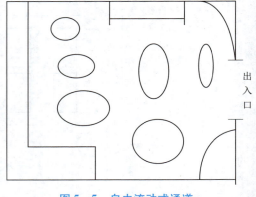

图 5-5 自由流动式通道

案例

超市通道设计

超市通道的设计要科学。顾客在选购结束时一般都用手提购物篮或手推购物车，因此他们到收银机前结算时，总希望通道宽敞明亮，超市通道设计的实例如图 5-6 所示。在国外的超级市场中，蔬菜水果通常陈列在入口的显著位置。因此，在通道设计中，很重要的一点是看蔬菜水果陈列一侧的中间通路是开放的还是关闭的。因为它会影响顾客的流向。一般来说，规模小的门店采用关闭型设计，面积在 1 600 平方米上的门店应采用开放型设计。

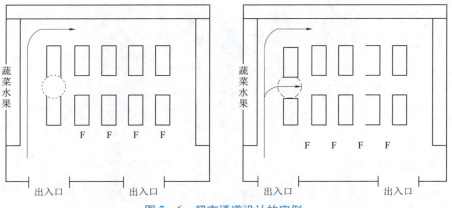

图 5-6 超市通道设计的实例

（根据网络资料整理）

学习任务三　连锁门店卖场服务设施设计

一、卖场收银台设计

收银台的设计

随着市场经济的发展，超市门店数量不断增加。在激烈的市场竞争中，如何提高经营效益、吸引更多的顾客，这是超市经营商最关心的问题。收银台是超市的服务窗口，不仅能够反映超市的形象，更与超市的服务质量和经营效率密切相关。收银台的设计是否符合人机工程学，关系到收银员在工作时操作是否方便，工作强度是否减少，工作效率是否增加，关系到顾客的流通率，关系到超市的投入和空间的利用，也关系到顾客对超市的印象和购买欲。

数字化要真正跑起来，看看这些企业的效果

卖场最理想的布局是当顾客从卖场大门进入后，能够全部浏览卖场，最后到达收银台。因此，应该根据通道路线的设置以及"磁石商品"的陈列位置，将收银台设置在客流的延长线上。理论上，这样可以为收银台找到一个比较合适的位置。但在实际工作中，由于卖场的形状、卖场内的柱子等原因，收银台的位置并不是那么好确定。而且根据收银台数量的不同，设置方法也不尽相同，每天的客流量以及每位顾客购买商品的金额也对设置收银台的位置有所影响。

卖场的收银台通常设在出口处，结账通道（出口通道）及收银机可根据卖场规模的大小设置，在条件许可的情况下，还可以设置一条无购物顾客的专门通道，以免在出口造成拥挤。结账通道的宽度一般设置为1~1.2米，长度一般为6米，即扣除收银台本身约2米的长度之外，收银台与最近的货架之间的距离至少应该有4米以上，以保证有足够的空间让等候的顾客排队。

收银台应依序编号，可根据现场的实际情况采用单线排或双并排的方式。每台收银机每日可处理5万~10万元营业额，卖场经营者应该依照营业计划中的营业预估，事先做好准备。而在开业之初，生意通常是正常状况的3~4倍，所以，应争取得到供应厂商的最大支援，以免让消费者久候不耐。目前，在卖场的收银台处，都配有电子扫描器和电子计算机联网系统。顾客自选商品到收银台付款时，服务人员只要将扫描器对准商品的条形码扫描，计算机就能够显示出商品的数量和金额，使顾客快速完成付款过程。

知识链接

RFID 自助结账

随着移动支付、刷脸支付迅速发展，卖场收银方式也在不停地升级创新，现在某些零售门店正在大规模推广 RFID（射频识别技术）自助收银机。RFID 技术可以让顾客即时扫描所有商品，减少结账时间，让店内体验变得轻松。这种新的结账方式使全球时尚零售商能够为店内顾客提供无缝的商务体验。

与许多超市早已推出的条形码扫描自助买单不一样，通过 RFID 收银，可以实现"3 步迅速买单"：放进商品—扫码付款—自助装袋。

顾客只要将所买商品放进凹槽区域，屏幕即会显示出所买商品明细，挑选付款方式，将手机放在红框提示区域出示二维码，就可以完成支付。免除了顾客对商品逐一扫码的步骤，减少高峰期排队时间，推动行业全新收银方式，人机交互更方便，将零售融进一个新的时代，为顾客带来深度、完整的自助消费体验与购物体验。

（根据网络资料整理）

（一）卖场收银台的数量设计

卖场收银台数量应以满足顾客在购物高峰时能够迅速付款结算为出发点。大量调查表明，顾客等待付款结算的时间不能超过8分钟，否则，就会产生烦躁的情绪。在购物高峰时期，由于顾客流量的增大，卖场内人头攒动，无形中就加大了顾客的心理压力。此时，顾客等待付款结算的时间要更短些，应使顾客快速付款，走出店外以缓解压力。

（二）卖场收银台的功能选择

目前，市场上有多种型号、功能的收银机，在选择收银机时要考虑其基本功能。首先，功能要齐全。不能为节省资金而只选用功能单一的收银机，收银机必须具有小计、现金找零、折扣、挂账、加成、立即改正、退货、作废等功能。其次，收银机可以连接多种外部设备，如扫描器、读卡机等。再次，收银机要保证装纸、换纸方便，收执联自动切纸，打印速度快，字体清晰等。最后，收银机的保密性能要好，要能如实地记录收银员处理的业务，并具有单机工作和单机运行的功能。

宝获利助力自助购区域盗损率下降

（三）卖场收银台的环境设计

卖场收银台不要做过于繁杂的装修，台面上下不要堆放过多东西，但要用灯光效果突出背景板或形象板，这样和卖场形成一个明与暗的对比，烘托卖场的形象，以便于顾客记忆和宣传。如何布置卖场收银台和台面，具体要根据所销售商品的风格和卖场目标顾客的特点来确定。

二、卖场服务台设计

在卖场中，服务台大多位于入口处，通常兼有寄存物品的功能。一般来说，服务台主要具备以下几种功能：受理退货、退款业务；为顾客办理送货服务；替顾客包装商品；投诉、索赔窗口；发行招待券、开发票；进行会员卡管理等。除此之外，还要解答顾客提出的各种疑问。

某商场顾客服务中心的功能

根据经营状态的差别，有的卖场没有设置服务台，而是由收银台代行服务台的部分职能。此时，就需要张贴广告向顾客宣传服务的具体内容。目前，卖场中服务台的作用与地位正在不断提高。服务与卖场商品的销售紧密相连，服务台作为与顾客交流、接触的窗口，其地位变得越来越重要。使自身卖场的服务台具有特色，创造与其他卖场不同的特点，这是满足顾客需求、将顾客固定下来的好办法。像经营家用电器、家具这种需要送货上门以及提供维修服务的卖场，必须通过服务台向顾客明确介绍送货的区域范围、送货时间、维修内容等售后服务的具体事项。因此，服务台是与顾客进行沟通的最佳窗口。另外，对经营礼品的卖场来说，包装服务直接关系到卖场的效益。总而言之，服务台的作用就是向顾客宣传除商品以外本卖场在服务方面的特色。

三、卖场出入口设计

一般情况下,卖场的出口与入口应该尽量分开,入口一般设在顾客客流量大、交通方便的一边,卖场的门面应尽可能宽一些,以宽阔的入口和透视感增加客流。出入口设计应该能推动顾客从入口到出口自然、有序地浏览全场,不留死角。常见卖场出入口设计有下列几种,如图5-7所示。

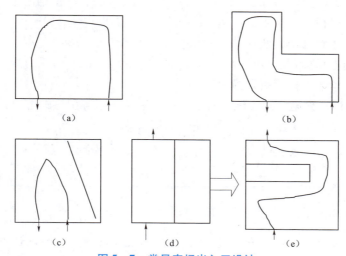

图5-7 常见卖场出入口设计

(a) 合理的出入口①;(b) 合理的出入口②;(c) 不合理的出入口①;
(d) 不合理的出入口②;(e) 合理的设计可使不合理的出入口变为合理的

四、卖场其他服务设施设计

(一) 洗手间

卖场的洗手间是为顾客准备的,它给顾客留下的印象是卖场的一部分,洗手间里微小的瑕疵都特别容易给顾客留下不好的印象,因此,卖场的洗手间必须保持卫生清洁。特别是餐饮卖场中的洗手间,由于顾客使用的频率比较高,因此那里也成为宣传卖场形象的一个重要窗口。对于洗手间,企业经营者应该随时检查其位置是否有明确的标示、是否明亮整洁、卫生纸的补充是否及时、是否为顾客设置了放物品的地方、是否有不干净的地方。

另外,在使用洗手间的时候,不少顾客都会稍作休息,因此,许多卖场会在洗手间中张贴购物指南、宣传单等,向顾客进行宣传,这里张贴的宣传材料往往都有显著的效果。

(二) 标示设施

1. 标示设施的定义

标示(标识)设施是指在卖场内引导顾客行走、购买商品的设施。它们可以是悬挂在高于人头顶位置的纸质牌子,也可以是贴在墙上的箭头符号,还可以是直接放在过道两旁的导购图。总之,形式是多样的,但目的只有一个,那就是方便顾客的购买、消费。良好的标示设施，可指引消费者轻松购物，也可避免卖场死角的产生。

2. 卖场常见的标示设施

（1）入口处的卖场配置图，它可以让消费者在进门前就可以初步了解自己所要的商品的大概位置。

（2）商品的分类标示，目前很多卖场都使用较矮的陈列架，可使商品的确切位置一目了然。

（3）各商品位置的机动性标示，如特价品销售处悬挂的各种促销海报。

（4）店内广告或营造气氛用的设施。

（5）介绍商品或装饰用的照片。

（6）各部门的指示标示。

（7）出入口、紧急出口等引导标示。

不管选用何种标示设施，都应该注意出入口、紧急出口等引导顾客出入的标示要显而易见，各部门的指示标示要明显，广告海报避免陈旧破烂。

案例

购物中心导视设计"以人为本"

一切设计都应强调"以人为本"，并围绕此而展开设计，一切设计都应从人的舒适性、实用性和人性化角度来做。

人性化设计并不等同于个性化设计，其应该以人为中心和尺度，满足人的生理和心理需要、物质和精神需要，营造舒适、高雅的生活空间、活动空间，使人们享受使用空间的趣味和快感，从而使人性得到充分的释放与满足。继而使人的心理更加健康、情感更加丰富、人性更加完美，达到人物和谐。

相信很多人都有过这样的经历，在偌大一个商场里满世界找洗手间或走错洗手间。因此导视设计的合理性非常重要，那么，如何在视觉范围内让大家清晰地知道方向位置，一般人们通过楼层指引、顶面、墙面标识定位快速找到洗手间。

具体的人性化考虑事项如下：

1. 注重转角处标示牌的设置

商业空间往往是不同交通方式互相转换的交接点。交通转换元素的通道、转角、卫生间、扶梯、电梯门口都可看成节点；不同功能区域的交接处也可看成节点。节点的数目不宜多，宜用空间中的图形加强识别性。

2. 注意空间界面处标示牌的设置

由于室内标示牌的主要功能是给人以警示指导，所以任何室内标示牌都应安置于人流较为集中的场所，如出入口处、休憩场所、转弯处等。在对整体空间不造成破坏的前提下，要尽可能地吸引路人更多地注意。

3. 准确、简洁

由于人的视觉心理所惯有的对新形态猎奇的本能和天性，使得有创意的导视设计会给人以新颖、独特且又耐人寻味的审美体验，所以，设计者可在此方面多下功夫，但是也不能过于隐晦和含蓄。

（根据网络资料整理）

（三）休息区

有研究者在一项公共项目的调查中发现，一张椅子可以让顾客行走的距离加倍。在缺少休息区的环境下，顾客会选择离开，自己寻找休息区。多数卖场会设置收费的休息区，如卖一些咖啡、茶点的休息驿站，但是顾客为了休息而付出的代价未免太昂贵了些，大多数人会望而却步。所以，商家必须考虑设立免费休息区，也许免费休息区的座位不能做到如咖啡屋般安静、舒适，但也要相对安静些。只有这样，顾客才能"养精蓄锐"。经营者可以充分利用卖场的布局，给顾客创造一个合适的座位区，如某片空地或某个角落，使它相对脱离于售卖区之外。如果休息区不能设置在顾客容易发现的地方，那就应该把它的位置标示清楚，以便为有需要的顾客提供服务。

案例

西单购物中心以献"四心"，"把一颗热心、耐心、诚心、爱心奉献给您"作为商魂，并贯穿整个中心的设计。

当旭日东升、朝霞洒落大地的时候，两行着装整齐的值班经理齐刷刷立于购物中心门前两侧，迎接第一批顾客的光临，广播里传来的是动听悦耳的音乐和迎宾词；当夜幕降临、繁星满天的时候，这两行微笑的使者再一次出现，在悠悠惜别的送客词中欢送最后一批顾客。

购物中心优美的环境无不使人倍感温馨：高矗的玻璃大厦、银白的不锈钢柱，爽洁气派；厅内四季翠柏郁郁葱葱，白色的泰山石铺秀出一份典雅，棕榈鲜花悦目可人，一片生机勃勃的自然景观；轻松舒缓的轻音乐令人神清气爽，无比惬意；整个货位布局与艺术观赏性融为一体，美在其中。

为使顾客体会到融融的爱心，购物中心将一些宽敞的地区留给顾客，把部分有效的空间作为顾客休闲场所，并千方百计为顾客提供服务设施。比如，在寸土寸金的卖场设置了边沿休息椅，在贵重金银首饰柜台设置了试金椅，并为顾客提供放大镜、鉴定仪，服务台备有安康小药箱，等等。

（根据网络资料整理）

学习任务四　连锁门店卖场氛围设计

一、卖场照明设计

连锁门店照明的目的就是正确地传达商品信息、展现商品的魅力、吸引顾客进入门店，达到促销的目的。连锁门店的照明有基本照明、重点照明和装饰照明三种。

（一）基本照明

基本照明是为了确保整个连锁门店的卖场获得一定的能见度而进行的照明。在连锁门店里，基本照明主要用来均匀地照亮整个卖场。

例如，天花板上的荧光灯、吊灯、吸顶灯就是基本照明。基本照明用来营造一个整洁宁静、光线适宜的购物环境。一般来讲，自然光是最好的基本照明，它对人眼没有任何刺激，又可以展现商品的本色和原貌。

（二）重点照明

重点照明称为商品照明，是为了突出商品优异的品质、增强商品的吸引力而设置的照明。常见的重点照明有聚光照明、陈列器具内照明以及悬挂的白炽灯照明。在设计重点照明时，要将灯光集中在商品上，使商品看起来有一定的视觉效果。

素养园地

"生鲜灯"禁用

从 2023 年 12 月 1 日起，"生鲜灯"（图 5-8）禁止使用。那么，什么是"生鲜灯"？

"生鲜灯"常见于市场、超市、生鲜店，通过让灯光颜色或色温更偏向某种特定食材需要的颜色来吸引顾客，给食材做"美颜"。

红色灯让鲜肉看起来红润多汁；绿色灯给人以充满活力之感，多用于蔬果；蓝色灯多用于海鲜类商品销售；这些"生鲜灯"虽然让食品更诱人，却容易让消费者受迷惑，因为购买时的"美丽外表"一拿回家就变了样！

所以，从 2023 年 12 月 1 日起，更新后的《食用农产品市场销售质量安全监督管理办法》（以下简称《办法》）中关于禁用"生鲜灯"的规定开始实施，《办法》第 7 条第 2 款规定："……销售生鲜食用农产品，不得使用对食用农产品的真实色泽等感官性状造成明显改变的照明等设施，误导消费者对商品的感官认知……"如有违反且拒不改正者，将处"5 000 元以上 3 万元以下罚款"（《办法》第 38 条）。

图 5-8　生鲜灯

（根据网络资料整理）

（三）装饰照明

装饰照明是连锁门店为求得装饰效果或强调重点销售区域而设置的照明。常见的装饰照明有霓虹灯、弧形灯、吊灯以及连续性的闪烁灯等。

在设计连锁门店的照明时，并不是越明亮越好。在连锁门店的不同区域，如橱窗、重点商品排列区、通道、一般展示区等，其照明光的强度（即光度）是不同的，设计要求也不一样。具体要求如下：不同的门店有不同的设计，服务店的照明要忠于商品本色；钟表店的灯光要表现出豪华的气派，就应该以大型吊灯和冕形灯为主；家具店多以日光灯照亮全店。

门店的灯光设计主要是人工光源。人工光源主要有三个基本要求：一是直接用于门店的外部照明，是为了照亮门店的门面和店前环境而设立安装的，以使用为基本要求；二是为了渲染门店气氛、烘托环境而设立的各种装饰灯，目的是增加店面美感，其中以霓虹灯和橱灯为主；三是门店内部的各种顶灯和柜台灯，主要用于商品的基本照明和重点照明。

门店使用的光源一般分为两种：一是单色光源，主要以店内为主；二是多色光源，主要用于装饰，是外部装饰的主要光源。

由于人对多色光的视觉反应不同，所以，玫瑰色光源给人以华贵、幽婉、高雅的感觉。淡绿色光源给人以柔和、明快的感觉；红色刺激性更强，会使人的心理活动趋向活跃、兴奋、激昂，使人焦躁不安。蓝靛色刺激较弱，会使人的心理活动趋向平衡，控制情感发展，但也容易使人产生沉闷或压抑的感觉。因此，门店内外灯光的运用应考虑各种颜色的光源对顾客心理产生的不同影响。

🎬 案例

> 某公司在欧洲和中国香港、台湾地区以及日本、韩国，分别开展了一个非常有趣的女性消费情况研究。研究发现：在粉色环境中，100名女性有60人消费，消费金额占总金额的55%；大红环境中有35人消费，消费金额占总金额的42%；紫色和绿色环境中各有39人消费，消费金额各占总金额的49%；白色环境中有42人消费，消费金额占总金额的50%；蓝色和黄色环境中分别有35人消费，消费金额各占总金额的36%和32%；咖啡色环境中最少，有18人消费，消费金额占总金额的19%；在多彩的环境中，出乎意料的有78人消费，成交金额更是高达总金额的80%。
>
> 上述实验表明，卖场色彩对消费者的购买心理是有影响的。因为事物的存在总是与其环境相依附，卖场环境的布置不仅会影响人们的心情，而且会影响商品的情态，人们在感受空间环境的时候，首先是注意色彩，然后才会注意物体的形状及其他因素。色彩在营造商品环境氛围、促进销售方面起着极其重要的作用。巧妙利用色彩，可以刺激视觉，提升店面层次。所以，为了塑造一种良好的购物环境，需要综合运用色彩、照明等道具，在顾客短暂的停留时间内，以正确的沟通方式激起购买欲望，达成销售。
>
> （根据网络资料整理）

二、卖场色彩设计

色彩可以对消费者的心情产生影响和冲击。从视觉上讲，彩色比黑白色更能刺激视觉神经，因而更能引起消费者的注意。彩色能把商品的色彩、质感、量感等表现得极尽真实，因而也就增强了顾客对销售商品的信任感。麦当劳快餐厅的内部环境设计就是以暖色为主，它能创造出温暖、活跃、热烈的心理感受，这主要是基于吸引快餐店的主要顾客——儿童、少年而考虑的。不同的颜色会给人不同的感觉，因为颜色本身具有感觉色彩，会给人不同的感觉。在开始装门店时，就要懂得利用各种色彩的组合搭配，给顾客一种焕然一新的感觉。

（一）色彩冷暖与语言

对于红色、黄色、橙色，专业人士认为是"暖色"，这是在希望有温暖、热情、亲近这种感觉时使用的色彩。门店应该合理运用这些色彩，以便对顾客的心情产生影响，使他们感到温暖、亲切。蓝色、绿色和紫罗兰色被认为是"冷色"，通常用来创造雅致、洁净的气氛。在门店中希望使人感到比较舒畅、比较明亮的地方，或光线比较暗淡的走廊、休息室应用这些色彩，效果最好。棕色和金黄色被认为是泥土类色调，可以与任何色彩配合。这些色彩也可以给周围的环境营造温暖、热情的气氛。白色使人想到冰天雪地，给人以清冷的感觉；黑色是吸光的，能给人温和的感觉。

不同的连锁门店、不同商品各自的色彩语言，对顾客心理产生的影响也不同，这种作用在连锁门店里特别明显。在商品陈列过程中，暖色系的货架上，放的是食品；冷色系的货架上，放的是清洁剂；色调高雅、素净的货架上，放的是化妆用品等。商品的色彩是做给消费者看的，消费者也有自己的色彩审美、色彩心理、色彩感觉、色彩情感，两者的统一将大大提高连锁门店的销售额。

（二）商品形象色

不同的商品有着不同的色彩形象，在设计连锁门店卖场时，一定要正确处理一些大类商品的特点和习惯色调同连锁门店的关系。例如，服装讲求用色得体与合适。男性服装，取明快的色调，以显示其活力和气魄，粗犷有力；女性服装，则取和谐、柔和的色调，烘衬其温柔的女性美；食品要求安全与营养，多采用暖色系列。化妆品、护肤品等美容产品，多用中性色调和素雅色调，如淡淡的桃红色，给人以健康、优雅与清香感；工矿机电产品，讲求科学、实用与效益，多用稳重、沉静、朴实的色调，稍加有活力的纯色，如用红、黑、蓝色，给人以坚定、耐用的感觉。

玩具和儿童文具，讲求兴趣与活泼感，多用鲜艳活泼的对比色调。药品讲求安全与健康，多采取中性色彩系列。偏冷色调给人以安宁不躁之感。

1. 红色

红色热情、大胆、泼辣，是进取心和积极的颜色，给人以高级的印象。中国人认为红色代表喜庆和吉祥，通常在节日和喜庆的日子里人们都爱用红色。红色、金红色给人以元气、阳气、健康与活力的感觉。

2. 橙色

橙色给人活泼、年轻的感觉。

3. 黄色

黄色明亮、年轻,有爱情的要求。在门店内使用,由于有刺激视觉的作用,会使顾客感到疲劳,应少量使用,不要用于主色。

4. 褐色

褐色保守、消极,容易被信赖。其中,茶色、咖啡色、巧克力色给人以强烈的活动感。总的来说,素净的严肃颜色用于古玩、书画、瓷器店比较理想。

5. 绿色

绿色新鲜、年轻,是疲劳时希望看见的颜色;同时使人放松、协调、健全、温和,具有家庭气息。

6. 蓝色、银色

蓝色、银色给人以安全感。

7. 青色

青色理智、安静、清洁,也称为"服从色"。

8. 紫色

紫色优雅、高贵、稳重,有神秘色彩。

9. 粉红色

粉红色华丽、年轻、明朗,也称为"愿望色"。

10. 灰色

灰色沉静,是一种谦虚、稳重的颜色。

11. 黑色

黑色严肃、坚强、认真、稳健。

12. 白色

白色纯洁、纯真、朴素、神圣。

不同的色彩代表不同的含义,只要懂得其中的奥妙,就能为顾客绘出一片独特的色彩之地。

案例

颜色与口味

某咖啡生产公司的色彩设计师曾为此做过一个有趣的试验,他们将同一壶煮好的咖啡，倒入绿、黄、红三种颜色的咖啡罐中，让十几个人品尝比较。

结果，品尝者一致认为：

绿色罐中的咖啡味道偏酸。

黄色罐中的咖啡味道偏淡。

红色罐中的咖啡味道极好。

由此，该公司决定用红色罐包装咖啡，果然赢得消费者的一致认同。可见，产品、品牌的颜色，能给消费者留下鲜明、快速、深刻和非同寻常的印象，从而提升消费者对产品、品牌的认知，促使其购买。

（根据网络资料整理）

（三）色彩的运用

根据色彩给人的不同心理反应，可以利用色彩营造卖场良好的购物环境。在卖场里，不同的商品区可以利用不同的色彩衬托商品。例如，在海鲜区，柜台可以设计成淡蓝色或绿色，使消费者有身临其境的感觉；在粮油区，可以将货架设计成土黄色或橘黄色，给消费者以丰盛、充实的感觉；在电器区，背景墙可设计成粉白或粉蓝色，可以使消费者静心挑选，特别在空调区，可设计成绿色、蓝色或白色，使消费者感到爽快、安静；另外，在暖色系的货架上可摆放食品；在冷色系的货架上可摆放清洁剂；在色调高雅、肃静的货架上可摆放化妆品。

在色彩的运用中要注意对比度的协调，特别在陈列的商品与背景色之间，以及陈列的商品之间的颜色应该是对比较强的颜色。例如，背景为黄色的墙壁，若陈列同色系的黄色商品，不但看起来奇怪，而且容易令人反感。如果陈列的商品与背景色成相反色系的对比色，如黑白、红白、红绿等，商品会更加鲜明，从而吸引消费者的视线。例如，肉食货柜的背景色偏红时，肉色给人的感觉就不太新鲜，如改成淡蓝色或草绿色，肉就显得新鲜红润。在陈列的商品之间运用对比色强的颜色，会令商品醒目，使消费者感到商品琳琅满目。例如，在西红柿旁边陈列黄瓜、梨的旁边陈列香蕉等。

总之，在色彩的运用上要注重色彩的协调性，对比度要适中，在突出商品特性之外，还要给消费者一种舒适、愉快的感觉。

 知识链接

卖场色彩设计

卖场色彩在设计时应从以下几个方面入手：

1. 卖场的色调设计

色调如同一首歌曲的旋律，它是卖场色彩设计的脊梁。其设计必须与人群相结合，以人的心理为依据，调配多样统一的色彩环境，营造富有情感的气氛空间。

大的门店适合选用较明亮、温和、淡雅的色调，有利于塑造安详、舒适的购物空间，与

顾客放松惬意的购物目的一致，也为顾客注意各家门店的独特性提供很好的保证。而小门店的色调则可以多样化，选择较为强烈的色彩，刺激顾客的视觉，特别是具有行业特征的门店，更需要个性鲜明的色彩加以强调，对顾客而言，选择符合自身心理的产品是购物的首选目标。

2. 指示牌颜色的选择

指示牌最主要最原始的作用就是指示作用，它是用来指示各个区域的。其色彩要比较鲜明，要与在区域的产品相关联，以方便顾客识别。如蔬果区可用绿色，给人以新鲜的感觉，鲜肉区使用红色，水产区使用蓝色，百货区用黄色制造积极的氛围，收银台用金色来象征荣华富贵。

3. 要突出色彩的作用

依照表现的生动性和形象度，首选颜色，再是图形，最后才是文字。因为色彩在视觉中所起的作用最为突出，最有可能带来眼球经济。当然，文字与图形的选择也是很关键的，因此要处理好三者之间的关系。

4. 色彩选择的季节性

（1）卖场的广告、图片、海报、文字的颜色应该与季节和具体时期相符。春季应突出生机勃勃的气氛，夏季应给人制造清凉的效果，秋季应突出成熟的氛围，冬季应营造温暖以及享乐的氛围。在这点上，北京某大型商场的卖场设计就做得很到位。以2007年冬季二楼的卖场来说，其在每个角处都放置了象征春天的景物，如鸟巢、盛开的桃树以及花团等，甚至还有大幅的春天图景，让人在寒风凛冽的严冬以外享受到丝丝暖意。

（2）可以在不同季节分别装饰符合人们对不同季节感觉的主色调，给店面赋予生命，如春节时选用大红色作为主色调，传达喜气洋洋的感觉。

（根据网络资料整理）

三、卖场声音设计

现在，人们常常用音乐来舒缓情绪、治疗疾病、消除不安和恐惧感。在商业领域里，利用声音来刺激消费者的购买欲望就更加普遍了。

声音是门店气氛的重要组成部分。合理的声音种类和密度可对零售门店的气氛造成积极影响，但门店内的各种声响一旦超过一定限度，就会使顾客心情烦乱、注意力分散，令顾客反感。所以，门店要善于区分音乐和噪声。在整个门店的购物环境中，音乐能起到积极的作用，而噪声却起到消极的作用。门店要努力运用声音的积极一面，同时也要克服消极的一面。

（一）积极的音响效果

据一家著名的媒体所做的一项调查表明，在零售门店里播放柔和且节拍慢的音乐，会使销售额增加40%。快节奏的音乐会使顾客在门店里流连的时间缩短而导致购买的商品减少，这个秘诀早已被经营者熟知。所以，每天快打烊时，零售店就会播放快节奏的摇滚乐，迫使顾客快点离开。为了改善和活跃门店内部的听觉环境，门店要控制噪声并多使用乐曲。

1. 利用音响，提示顾客

在门店中，广播提示是十分必要的音响利用手段。这一方法尤其适用于门店促销活动期间，可以提醒顾客正在促销热卖的商品，通过广播告知顾客促销的地点、促销的商品和促销的办法。因为，大门店里销售的商品品种多、场地大，顾客很难全面地获得所有商品的信息，这时广播是一种好的方式。

2. 利用音响，吸引顾客的注意

实践证明，在商品的各相关购物场所中，钟鸣声、电视机的播放声，都能吸引顾客的注意力，从而产生使顾客和商家都满意的效果。

3. 播放背景音乐，营造购物气氛

音乐不仅是塑造店内气氛的重要手段，而且是最简易的方式。音乐非常有益于促销，如果一家门店在入口处经常播放悦耳的音乐，会吸引门外的顾客进入店内。一些轻松柔和、优美动听的乐曲不仅能抑制噪声，还能产生欢愉、轻松、悠闲的浪漫气氛，使店内顾客有一种舒适的心情，且放慢节奏，甚至流连忘返。

4. 通过隔音设备和消音设备控制噪声

来自门店外部的声音干扰，对门店来说是一种噪声。那些来自繁华商业区的车辆声、行人的喧闹声，对店内顾客会产生不同程度的影响，是应该消除的噪声。

5. 店内或柜台上产生的声音处理

有些声音从局部来看是有益的，如顾客与营业员的交谈声、挑选时在试听试用试戴时产生的声音。但各种声音的相互交织易变成噪声，形成对其他顾客的干扰，使顾客形成对该店购物环境的不好印象。

对于这类声音的利用与消除，一般通过合理布局商品的方式解决。如需要一个安静的购物环境的商品，应集中摆放或布局在高层或深层，以使顾客有一个相对安静的购物空间。

（二）运用中的技巧

1. 选择背景音乐

零售门店背景音乐的选择一定要结合零售门店的特点和顾客的特征，以形成一定的店内风格。

2. 应注意音量高低的控制

应注意音量高低的控制，既不能影响顾客用普通声音说话，又不能被店内外的声音淹没。

3. 音乐的播放也要适时有度

如果音乐给顾客的印象过于嘈杂，使顾客产生不适感或注意力被分散，甚至厌烦，那么不仅达不到预期的效果，反而会适得其反。

4. 乐曲的选择必须适应顾客一定时期的心态

在炎炎夏日，门店中播放涓涓流水和莽莽草原的悠扬乐曲，能使顾客在炎热中感觉到清

新和舒适。门店在大拍卖时，就可以播放一些节奏比较快的、旋律比较强劲的乐曲，使顾客产生不抢购不罢休的心理冲动。

5. 背景音乐的强度（响度）对连锁门店来说主要是强调节奏的快慢

对连锁门店来说，虽然雇员们愿意在即将结束时，听一听 E. 波尔·比格斯演奏的"触枝曲"（一种形式自由、速度甚快的对位式风琴曲或古琴曲）和"遁走曲"（在一个乐曲中，有一个或一个以上的主题或旋律在不同部分重复演奏），但顾客对此乐曲连 5 分钟都不能忍受。所以，连锁门店卖场的声音设计要以轻音乐为主。音乐既可能使顾客心情畅快，也可能使顾客感到心浮气躁，只要使用得当，一切都能恰到好处。

案例

背景音乐对饭店顾客惠顾行为的影响

国外一些学者对背景音乐对饭店顾客惠顾行为的影响进行了研究，得出的结论如表 5－1 所示。

表 5－1　背景音乐对饭店顾客惠顾行为的影响

背景音乐	慢节奏音乐	快节奏音乐
服务时间/分钟	29	27
顾客在餐桌停留时间/分钟	56	45
进入饭店的顾客离去率/%	10.5	12
食品购买金额/美元	55.81	55.12
饮料及酒类购买金额/美元	30.47	21.62
毛利/美元	55.82	48.62

从上述研究资料我们可以看出，在饭店中，背景音乐会对顾客的消费行为产生很大的影响。在快节奏的背景音乐中，顾客会相应缩短就餐时间，其消费金额也会相应下降。例如，音乐节奏不同时，毛利的差距竟然达到了 7.2 美元，这是一个相当惊人的数字。

（根据网络资料整理）

四、卖场气味设计

嗅觉环境是消费者对卖场评价的重要因素，但却往往被忽视。气味直接影响着消费者的情绪，并通过情绪来控制其行为。卖场的气味对创造卖场氛围及获取最大限度的销售额来说，是至关重要的。卖场内飘散着的沁人心脾的香气，可以有效地舒缓人们的心情，诱发人们的购物冲动。相反，一些令人不愉快的气味会将顾客赶跑，如地毯的霉味、洗手间的气味等。因此，卖场可对正常的气味适当地加大密度，对不良气味应尽可能地降低密度。

(一) 气味对消费者的影响过程

消费者的很多购买决策过程是建立在情感的基础上的。对人的感觉而言，气味是最能影响情感和行为的因素。气味比起其他感觉更直接，使消费者情感联想更丰富。特定的气味能给消费者带来一定的心情，如快乐、兴奋、饥饿等，也可能让他们在店里停留的时间更长一些。

(二) 利用气味营造气氛

不同的人对不同的气味会产生不同的感觉。在卖场中会存在一些不良的气味，如装饰材料的气味、消毒液的气味、水产品的腥味、鲜肉的血腥味、洗手间的气味……这些气味都会给超市带来不利的影响，使消费者产生不愉快的感觉。为此，卖场可采用一些具体的措施。例如，在生鲜区放一些切开的柠檬片；在生鲜食品柜特别是鱼、肉柜台附近要定时喷洒空气清新剂，以免异味引起消费者嗅觉上的反感。一般来说，使用茉莉花、葡萄柚、柠檬、薄荷等带有激励、振奋、刺激的香味可以使人消除疲劳、恢复精神、思路清晰且敏捷、增强注意力、强化体力，使人感到清爽、舒服、协调、喜悦、愉快、兴奋。而这些感觉都有利于消费者挑选与采购，特别能促使冲动型消费者消费。而使用香味比较经济的方法就是把带有芳香混合物的小球放在灯具里，让灯泡的热量把香味散发出来。

(三) 卖场气味设计技巧

1. 卖场内气味与所售商品相协调

人们的味蕾会对某些气味做出反应，以至仅凭嗅觉就可知道某些商品的滋味，如巧克力、新鲜面包、橘子、玉米花和咖啡等。再比如，花店中花卉的气味，化妆品柜台的香味，面包店的饼干、糖果味，蜜饯店的奶香味，礼品部散发香气的蜡烛，皮革制品部的皮革味，烟草部的烟草味，均是与这些商品相协调的，都对增进人们的愉快心情有着很大的帮助。

根据这种气味的要求，我们可以采用一些高品质的人工合成的香料放置于有定时器的存储设备中，根据卖场人潮的变化，自动打开挥发装置，让气味吸引顾客的注意力。

2. 控制不愉快的气味

不愉快的气味包括有霉味的地毯，香烟的烟味，强烈的染料味，啮齿类动物和昆虫的气味，残留的尚未完全熄灭的燃烧物的气味，汽油、油漆和保管不善的清洁用品的气味，洗手间的气味等。正如有令人不愉快的声音一样，这种气味会把顾客赶走。

针对这一问题，卖场需要做的就是通过日常的检查，寻找卫生死角，定期对重点区域进行清扫和清洁，包括仓库、设备控制室、楼道拐角、空调通风道以及空调换气口，等等。应严格控制室内的装修等级，严格控制室内的喷漆作业以及电焊作业，避免不愉快的气味通过空调系统带入整个卖场。同时在洗手间里，要在营业期间不间断地换气并燃优质熏香，提前在洗手间的便池冲水器中添加适当的洁厕灵或在小便池添加洁厕球等。

3. 控制气味的强度

如果卖场内出现不好的气味，应当用空气过滤设备力求降低它的密度（强度）。对正常的气味，密度不妨大一些，以便促进顾客的购买欲，但也要适当控制，使它不致扰乱顾客的心情，甚至使顾客厌恶。例如，在化妆品柜台周围，香水的香味会促进顾客对香水或其他化妆品的消费需要，但是如果香水的香味过于浓烈，也会使人厌恶，甚至引起反感，这样反而会把顾客赶走。这就要求我们严格把控好度，合理使用通风换气设备，加大通风换气的频率，让顾客感受到舒适。同时，卖场要重视室内植物（常青藤、铁树、菊花、金橘、半支莲、月季花、山茶、石榴、米兰、雏菊、蜡梅、万寿菊、丁香、茉莉、玫瑰、紫罗兰、田菊、薄荷等）的保有量，形成内部自有的一个小型生态植物园区，它们能有效清除空气中的有害物质，特别是在对付甲醛等装饰有害气体上颇有功效，并能产生沁人心脾的新鲜空气，给顾客营造一种惬意的氛围。

（四）卖场气味设计的误区

1. 滥用空气清新剂

很多人将空气清新剂作为消除家里或卖场异味或者清新空气的主要帮手，尤其是在很多家庭的卫生间里，空气清新剂、芳香剂等更是成了"常住居民"。但在空气清新剂的使用上，可能很多人都有个错觉，觉得只要一用空气清新剂，空气就干净了，其实不然。我国室内装饰协会室内环境监测中心有关人士提醒，空气清新剂大多是化学合成制剂，并不能净化空气，它只是通过散发香气混淆人的嗅觉来"淡化"异味，并不能清除有异味的气体。还有一些空气清新剂，因为产品质量的低劣，本身还会成为空气污染源。所以，卖场不能滥用空气清新剂。

2. 随意换气

很多人认为卖场的换气时间可以随意设定，只要打开换气扇就可以了，但殊不知，特定的时段是不适合换气的，比如，阴天雾天、早晨8点之前、中午上下班机动车高峰期。不当时机的换气不但无法起到新风置换的作用，还可能换进质量更差的空气，造成气味的污染。

卖场的气味设计是一项系统工程，我们应该努力从硬件和软件两方面着手，努力为顾客和员工提供一个舒心的购物环境。

案例

"气味营销"

比起其他营销手段的大排场、大动作，香味更能对消费者产生潜移默化的影响。你或许以为只是香薰品牌会采用这样的方式招徕客人，在店里喷满香水。但事实上，"气味营销"早已经渗透到餐饮行业。

比如，还未走进喜茶的门店，你就会闻到一股清新的茶香扑面而来，茶香除了来自店内正在制作的奶茶外，很大程度上是香薰贡献的。喜茶店员称，门店内使用了一款叫作"茉莉花茶"的香薰，会放在柜台附近相对隐秘的位置，而且需要配合扩香机使用。

霸王茶姬也有意扩大茶香的弥漫。虽然目前店内没有使用任何精油类香氛，但会在门店休息区放置一个烘茶器，起到扩散茶香的作用，以使消费者获得更充分的体验。

大多数茶饮门店内，在制作过程中，奶和茶的味道充足，但是它们不易挥发到店外，这是天然茶香的短板。同时，茶饮门店大多又是开放式门店，位于购物中心或者沿

> 街开出。如果要更快抓住消费者，从气味入手不失为一个好办法，而增加一个茶味清新的香薰，可以让气味飘出店外，成为嗅觉广告，与门店招牌等视觉广告相配合。茶饮门店内一般都会使用纯茶精油香薰，而不会采用奶香等浓烈的香型。"清新不腻、宜人的香气，能让消费者在相对拥挤或混杂的环境中一下子就被迷住。"
>
> 还有一些面包店，为了让面包香气持续充盈诱惑消费者进店，往往会在店内放置面包精油香薰。而在火锅店、烤肉店等，也不难找到类似的气味营销。商家往往将味道浓郁、能吸引人食欲的产品放在餐厅一进门明显的位置，同时不加盖，方便消费者路过门店时就能闻到香味。
>
> （根据网络资料整理）

五、卖场通风设计

卖场内顾客流量大，空气极易污浊，为了保证卖场内空气清新、通畅，冷暖适宜，应采用空气净化措施，加强通风系统的建设。

（一）通风分类

通风来源可以分为自然通风和机械通风。采用自然通风可以节约能源，保证卖场内适宜的空气，一般小型零售门店多采用这种通风方式。而有条件的现代化大中型零售门店，在建造之初就普遍采取紫外线灯光杀菌设施和空气调节设备，用来改善零售门店内部的环境质量，为顾客提供舒适、清洁的购物环境。

（二）通风设备配置原则

零售门店的空调应遵循舒适性原则，冬季应达到温暖而不燥热，夏季应达到凉爽而不骤冷。否则，会对顾客和职员产生不利的影响。如冬季暖气开得很足，顾客从外面进入零售门店时都穿着厚厚的棉毛衣，在店内待不了几分钟都会感到燥热无比，来不及仔细浏览就匆匆离开零售门店，这无疑会影响零售门店的销售额。夏季冷气太足，顾客从炎热的外部世界进入零售门店，会有骤冷不适应感，抵抗力弱的顾客难免出现伤风感冒的症状。因此，在使用空调时，维持舒适的温度和湿度是至关重要的。

（三）空调机组的选择

零售门店在选择空调机组的类型时，应注意以下要求：

（1）根据零售门店的规模大小来选择。大型零售门店应采取中央空调系统，中、小型零售门店可以设分立式空调，特别要注意解决一次性投资的规模和长期运行的费用承受能力。

（2）零售门店空调系统热源选择既要有投资经济效益分析，更应注意结合当时的热能来源，如果有可能采取集中供热，最好充分予以运用。零售门店空调系统冷源选择要慎重，是风冷还是水冷，是离心式还是螺旋式制冷，都要进行经济论证，特别注意制冷剂使用对大气污染的影响。在选择空调系统类别时，必须考虑电力供应的程度，详细了解电力部门允许使用空调系统电源的要求，避免出现设备闲置的状况。

(3) 零售门店的空气湿度一般参数保持在 40%～50%，更适宜的保持在 50%～60%，该湿度范围使人感觉比较舒适。但对经营特殊商品的营业场所和库房，则应严格控制环境湿度，严防腐坏情况的发生。

(4) 连锁门店的温度应适宜。根据国家有关规定，北方地区冬季不低于 16 ℃，夏季在 25 ℃左右。

 案例

门店空调设置多少度，顾客最有购物欲

从全球的调查数据来看，26 ℃是人体可以感知的最佳舒适温度！所以，我们的门店不管是在冬天还是在夏天，都应该以这个温度为参照来设定门店内的温度。但是，这个温度也不是绝对的！还要根据品牌的定位和顾客群体来适当调整。

1. 一般越是高端的门店，空调温度打得就会越低

在高端的门店，顾客重视的是体验，要有舒适的休息区给顾客坐下来，端上各种符合顾客口味的茶水饮料，让顾客听听高雅的音乐，甚至还要有定制的品牌香氛，这时候门店的空调温度就要打得稍微低一点，让顾客放松下来，慢慢听导购对产品的讲解，从而产生更多的大单。而在讲究性价比的门店，最根本的要求是让顾客不感觉到热就行。

2. 主力客群是青年人的门店，空调温度就会偏低一些，而面向老年群体的门店，温度就不能太低

就像年轻人喜欢冷饮，老年人喜欢热饮一样，要为老年人的身体健康考虑。如果室内外温差过大，人进出时忽冷忽热，容易生病。

3. 还要考虑到地域温度问题

比如，在香港、广州等南方城市，夏季空调温度一般设置在 22 ℃，有的商场温度低到 20 ℃甚至 16 ℃。

总之，在夏季，各种门店的空调温度都是处于 16～26 ℃，大多数是选择控制在 20～22 ℃。

（根据网络资料整理）

六、卖场 POP 广告设计

无论是店头促销，还是现场促销、展示促销，都少不了 POP 广告的大力支持。POP 广告（Point of Purchase Advertising）是指卖场中能促进销售的广告，也称作售点广告，可以说凡是在店内提供商品与服务信息的广告、指示牌、引导等标志，都可以称为 POP 广告。

POP 广告的任务是简洁地介绍商品，如商品的特色、价格、用途与价值等。它可以抓住

顾客心理上的弱点，利用精美的文案向顾客强调产品具有的特征和优点。POP广告被人们喻为"第二推销员"。

（一）POP广告的促销意义

对消费者来说，POP广告可以告知新产品上市的消息，传达商品内容，使店内的顾客认知产品并记住其品牌、特性；告知顾客商品的使用方法；消费者在对商品已有所了解的情况下，POP广告可以加强其购买动机，促使消费者下定决心购买；帮助消费者选择商品等。

对零售商来说，POP广告可以促使消费者产生购买冲动，提高零售门店的销售额；制造出轻松愉快的销售气氛；代替店员说明商品的特性、使用方法等。

对厂家而言，POP广告可以告知顾客新产品上市的消息，诉求新产品的性能、价格，唤起消费者的潜在购买欲；吸引消费者的注意力；使经销商产生兴趣；强调产品优点，特别是在开展赠品活动时，可以充分利用POP广告的媒体特性。

（二）POP广告对促销的作用

1. 传达门店的商品信息

传达门店的商品信息主要表现在：吸引路人进入卖场，告知顾客卖场内在销售什么，告知商品的位置、配置，简洁告知商品的特性，告知顾客最新的商品供应信息，告知商品的价格，告知特价商品，刺激顾客的购买欲望，促进商品的销售。比如，"太太"口服液，让女人更出色。

2. 创造门店的购物气氛

随着消费者收入水平的提高，不仅其购买行为的冲动性增强，而且消费需求的层次也在不断提高。消费者在购买过程中，不仅要求能购买到称心如意的商品，而且要求购物环境舒适。POP广告既能为购物现场的消费者提供信息、介绍商品，又能美化环境、营造购物气氛，在满足消费者精神需要、刺激其采取购买行动方面有独特的功效。

3. 促进连锁企业与供应商之间的互惠互利

通过促销活动，可以扩大卖场及其经营商品的供应商的知名度，增强其影响力，从而促进卖场与供应商之间的互惠互利。

> **案例**
>
> 某企业曾组织150家零售门店开展售点广告布置比赛活动。实施办法是企业派人员指导零售商搭制售点广告，然后由摄影人员拍照，经过评比，选出特等奖及一、二、三等奖。过去特等奖总是赠送电视机，这次改为赠送小型运送机动车，受到零售商的欢迎。企业还把获奖者的彩色照片分送给各零售商，供他们参考。这种比赛名为"比赛"，其实是对零售终端进行激励和培养终端支持的一种形式。
>
> （根据网络资料整理）

4. 突出门店的形象，吸引更多的消费者来店购买

案例

> 有一家饮食门店，它在自家门店前摆了一个大酒桶，颜色很醒目，装饰也非常漂亮。来来往往的街边行人都被吸引住了。然而这家饮食门店老板却让伙计在大酒桶上面挂了一个牌子，上面大书："不准偷看！"这种禁止，反倒更加激起了人们的好奇心。许多行人都停下脚步，想从桶边的小洞去看个究竟。一看之下，不觉令人捧腹大笑。原来桶内放着一张漂亮的女子画像，旁边写着："我店与众不同，清醇芳香的生啤酒，一杯5元，请享用。"人们佩服这家饮食门店真是与众不同，心想生啤酒也许别有风味，于是抱着这种好奇心理进店试喝一杯，结果小店生意十分兴隆。
>
> （根据网络资料整理）

（三）POP广告的类型及功能

1. 连锁企业普遍使用的POP广告种类

1）招牌POP广告

它包括店面、布幕、旗子、横（直）幅、电动字幕，其功能是向顾客传达企业的识别标志，传达企业的销售活动信息，并渲染这种活动的气氛。

2）货架POP广告

货架POP广告是一种直接推销商品的广告。

3）招贴POP广告

它类似于传递商品信息的海报，招贴POP广告要注意区别主次信息，严格控制信息量，建立起视觉上的秩序。

4）悬挂POP广告

它包括悬挂在超级市场卖场中的气球、吊牌、吊旗、包装空盒、装饰物，其主要功能是创造卖场活泼、热烈的气氛。

5）标志POP广告

它其实就是商品位置指示牌，它的功能主要是向顾客传达购物方向、流程和位置的信息。

6）包装POP广告

它是指商品的包装具有促销和宣传企业形象的功能。例如，附赠品包装、礼品包装、若干小单元的整体包装。

7）灯箱POP广告

卖场中的灯箱POP广告大多稳定在陈列架的端侧或壁式陈列架的上面，它主要起到指

定商品的陈列位置和品牌专卖柜的作用。

2. 卖场销售型POP广告与装饰型POP广告

1）销售型POP广告

这是指顾客可以通过其了解商品的有关资料，从而进行购买决策的广告。

2）装饰型POP广告

这是用来提升卖场的形象，进行门店气氛烘托的POP广告类型。

这两种POP广告各自的功能及有关情况如表5-2所示。

表5-2 销售型POP广告和装饰型POP广告的功能及有关情况

名称	功能	种类	使用期限
销售型POP广告	代替店员出售商品，帮助顾客选购商品和促进顾客的购买欲	手制价目卡、拍卖POP广告、商品展示卡	拍卖期、特价期，多为短期使用
装饰型POP广告	制造店内的气氛	形象POP广告、消费POP广告张贴画、悬挂小旗	较为长期性，而且有季节性

3. 外置POP广告、店内POP广告及陈列现场POP广告

1）外置POP广告

这是将卖场的存货以及所经销的商品告知顾客，并将顾客引入店内的广告。

2）店内POP广告

这是将卖场的商品情况、店内气氛、特价品的种类以及商品的配置场所等经营要素告知消费者的广告。

3）陈列现场POP广告

这是指商品附近的展示卡、价目卡及分类广告，它们帮助顾客做出相应的购买决策。

这三种广告各自的功能及有关情况如表5-3所示。

表5-3 外置POP广告、店内POP广告、陈列现场POP广告的功能及有关情况

种类	具体类型	功能
外置POP广告	招牌、旗子、布帘	告诉顾客这里有家卖场及其所售商品的种类，通知顾客正在特卖或制造气氛
店内POP广告	卖场引导POP广告、特价POP广告、气氛POP广告、厂商通报、广告板	告诉进店的顾客，某种商品好在什么地方；告诉消费者正在实施特价展卖以及卖场的内容，制造店内气氛；传达商品情报以及厂商情报
陈列现场POP广告	展示卡、分类广告、价目卡	告诉顾客商品的品质、使用方法及厂商名称等特征，帮助顾客选择商品；告诉顾客广告品或推荐品的位置、尺寸及价格；告诉顾客商品的名称、数量、价格，以便消费者做出购买决定

（四）POP 广告的制作要点

POP 广告首先必须具备以下三个基本点，即醒目、简洁、易懂。

1. 醒目

为了让 POP 广告醒目，应该从用纸的大小和颜色上想办法。在卖场中都会陈列着各种大小不同、颜色各异的商品。在这个五光十色的环境中，如果将全部的 POP 广告都统一使用白纸制作，那当然不会引起顾客的特别注意。请尝试使用不同颜色的纸制作 POP 广告，一定会收到不同的效果。

顾客对不同颜色有不同的感觉，黄色给顾客一种价格便宜的感觉，淡粉色和橘黄色的效果不错。与冷色系相比，顾客大多更喜欢暖色系。

另外，POP 广告的面积还应该根据商品的大小、书写的内容而发生变化。对于成堆摆放的特价商品，应该采用大型的 POP 广告，而对于货架摆放的小型商品，在制作 POP 广告时则要注意用纸的大小，不要将商品全部挡住为好。不同大小的 POP 广告都要准备。

2. 简洁

POP 广告不可能无限放大。此时，如何将想要宣传的内容全部准确地表达出来就是个问题。虽然传达给顾客的信息越详细越好，但是如果将很多的内容用很小的字写在 POP 广告上，如果顾客看不清，就根本不去看。出于这样的考虑，应该尽量将商品的特点总结成条目，并且至多三条。POP 广告是吸引顾客注意商品的手段，将商品的特点总结成条目，不仅便于顾客阅读，也便于顾客了解商品。

书写 POP 广告用的笔，应该控制在三种颜色以内。如果字体的颜色太多，反而会令顾客眼花缭乱，不容易看清。

3. 易懂

介绍商品的语言要让顾客一目了然，不能含糊晦涩。

POP 广告是在一般广告形式的基础上发展起来的一种新型的商业广告形式。与一般的广告相比，其特点主要体现在广告展示和陈列的方式、地点和时间三个方面。这一点从 POP 广告的概念即可看出。

案例

某商品 POP 广告的布设

（1）制作 1 米 ×0.5 米导购牌（展板），设计制作要求是：品牌突出、诉求重点突出、图文并茂、制作牢固，摆放于门店门口两侧或店内合适位置。

（2）张贴画要选择店外两侧 1.4～1.8 米的光洁墙面、店堂玻璃门或店内 1.4～1.8 米的光洁墙面上，粘贴牢固，排列张贴，视觉及宣传效果更佳。

（3）台牌卡放置柜台，靠近产品摆放处，内装折页或小手册，便于目标购买者详细了解产品。

> （4）吊旗并排悬挂于进店 2.5 米高、正面柜台上方。
>
> （5）户内灯箱也要选择在临近产品的上方摆放。（由企划中心发放彩喷稿，依要求制作，必须做到统一性。）
>
> （6）店招牌造价低，档次较高，耐久性较强。（企划中心出彩喷稿，由当地广告公司制作。）
>
> （7）产品模型分户内和户外两种，户内"金字塔式"拼摆，用透明胶固定，户外应注意避免碰损。
>
> （8）巨幅：6 米×20 米，视觉效果极佳、大气，但要注意防风设施。（悬挂于大型商场、超市正面或面对人流量较大的墙面上。）
>
> （9）户外广告牌：大型户外广告牌靠近卖场（售点），置于 5 层楼顶或楼群间（在市场成长—成熟期考虑操作。）
>
> （10）车体（车贴）广告：前期买断主要线路公交车的车后贴或车前贴，产品成长期可根据条件考虑整车车体广告。
>
> （根据网络资料整理）

（五）POP 广告的效果评估

1. 店内 POP 广告效果的衡量标准

1）传递信息是否准确、有力度

其主要包括店内 POP 广告是否很快吸引了顾客的注意力、是否有可能吸引顾客进一步细读、是否明确地表明了主题、是否准确地突出商品的特点、是否能激起顾客的购买行为。

2）对销售业绩是否有帮助

这是 POP 广告的最终目的。因为销售量的多少受多种因素影响，如价格制定得是否适当，需求是否旺盛，竞争对手有无推出更好的产品而占据优势。将这些因素剥离得越彻底，越便于分析和评价店内广告招牌的效果。现在应用较多的一种方法是历史分析法，即运用统计技术将过去的销售和过去的某种广告支出联系起来，衡量 POP 广告对销售业绩是否有帮助。

2. 门店 POP 广告使用的检查要点

（1）POP 广告的高度是否恰当。

（2）是否依照商品的陈列来决定 POP 广告的大小尺寸。

（3）广告上是否有商品使用方法的说明。

（4）有没有脏乱和过期的 POP 广告。

（5）广告中关于商品的内容是否介绍清楚。

（6）顾客是否看得清、看得懂 POP 广告的字体，是否有错别字。

（7）是否由于 POP 广告过多而使通道视线不明。

（8）POP 广告是否有因湿水而引起的卷边或破损。

（9）特价商品的 POP 广告是否强调了与原价的跌幅和销售时限。

学习任务五　连锁门店卖场商品陈列设计

一、卖场商品陈列区域设计与货架分段

（一）卖场商品陈列区域设计

在连锁门店的卖场里，商品陈列的主要区域有货位区、走道区、中性区和端架区。

1. 货位区

货位区主要包括卖场周边货位和中央陈列区货架。连锁门店中大多数商品都陈列在正常的货位区，摆放在货架上供顾客选购。

2. 走道区

在连锁门店卖场的大通道中央摆放一些平台和筐篮，陈列一些价格优惠或促销的商品，被称为堆头。目的是吸引顾客注意，突出商品的独特个性以及售点促销的效果。

3. 中性区

中性区位于连锁门店卖场过道与货位的临界区，一般进行突出性商品陈列。如在收款台附近陈列一些小商品或自有品牌商品，有的在楼梯处、出口处。这种商品的摆放形式也叫堆头。

4. 端架区

端架区即整排货架的最前端与最后端，即顾客流动线转弯处所设置的货架，常被称作最佳陈列点。端架区所处位置优越，人们一抬头就能看到，因此极易引起顾客的注意，常陈列一些季节性商品、包装精美的商品、促销商品或新上市商品。

（二）商品陈列货架的上、中、下分段

一般都将货架依据重要性不同分为上、中、下三段。货架上好的陈列位置称为"上段"，是指与顾客的视线高度相平的位置，高度一般在130~145厘米；其次是"中段"，是指与普通消费者腰的高度齐平的地方，高度一般在80~90厘米；最不好的位置称为"下段"，是指货架上最底层到80厘米的位置。这三段与商品销售有密切关系。

国外曾对某些商品进行测试，将商品在货架陈列中的纵向位置进行上、中、下三个段的调换，结果显示，从上往下调整时，销售额减少，从下往上调整时，销售额增多。可见，商品在货架位置上的变化，会引起销售额的变化。

目前，在我国大陆地区以及我国台湾、香港地区普遍使用一种高170厘米、长100厘米的货架，这种货架非常适应东亚人的体型，货架高度比欧美的货架低15~20厘米。在这种货架上，最佳的陈列位置是处于中段和上段之间的段位，即80~130厘米的位置，这一位置被称为货架陈列的黄金段。以高度为170厘米的货架为例，将商品的陈列位置细分为上段、黄金段、中段、下段。

1. 上段

货架最上层,高度一般为130~170厘米,主要陈列推荐商品和自有品牌商品或促销商品。

上段——零售商自有品牌

2. 黄金段

货架第二层,高度为80~130厘米,主要陈列高利润商品、优质品牌商品、独家代理或经销的商品、其他重要商品。

3. 中段

货架第三层,高度为50~80厘米,主要陈列低利润产品或满足顾客需要不得不经营的补缺商品,目的是顾客在购买此位置商品时购买"黄金段"的商品。

4. 下段

货架的最底层,高度为10~50厘米,主要陈列体积大、质量较重、毛利低、易破碎但周转较快的商品。如果某商品的顾客忠诚度较高,商品单价较低,无论陈列在什么位置,顾客也一定要买,那这类商品也可以陈列在下段。

当然货架的高度还与连锁门店业态、建筑层高和货物储存成本有关,也同商品大小有关。若是购物中心、仓储超市,货架要高一些;若商品较大,必然要求较大的货架陈列。

◉ 案例

超市商品陈列生动化

1. 商品陈列生动化

商品陈列生动化就是在销售现场,通过陈列和展示,将厂家生产出来的"产品"生动地展现在消费者眼前,使之转化为具有附加价值及魅力的"商品",从而更好地传递产品的利益、价值和品质等相关的信息,使顾客对商品产生可亲、可近、可爱之感,以达到满足购物愉悦、刺激商品销售的目的。

2. 商品陈列生动化的目的

商品陈列生动化的目的就是实现商品销售,快速、大量地把产品卖掉,强有力地促进销售,提升销售量。在固定的陈列空间里,运用多种手段将货架上的商品予以美化,对商品的外在美予以强化,借此激发顾客的购买欲,使本企业的产品能获得最大的销量,这是产品陈列工作的最终目的。

3. 商品陈列生动化的任务

(1) 让顾客容易看到。
(2) 让顾客容易挑选。
(3) 让顾客容易拿取。

总之，商品陈列生动化就是为了方便顾客购买，刺激顾客的购买欲望，从而制造更多的销售机会。商品陈列之要件为：易看、易摸、易了解、易拿、易整理及丰富感。

4. 商品陈列生动化的两个重点

（1）商品陈列展示化。

在销售现场，将商品尽量多地陈列出来展示，最大限度地吸引顾客的注意力，而商品被陈列展示的机会越多，消费者与商品接触的次数也就越多，那么实现购买的机会就越多。

（2）陈列展示生动化。

商品的陈列展示要生动，要富有美感，要能增添"诱人魅力"，运用多种手段将货架上的商品予以美化，对商品的外在美予以强化，使顾客有一种新奇而又富有吸引力的感觉，从而达到满足顾客购物愉悦、刺激商品销售的目的。

在商品陈列上要尽可能充分地展示出商品的美，商品陈列展示的效果好坏取决于陈列展示的生动化程度。

（根据网络资料整理）

二、卖场商品陈列的原则

商品陈列是指企业为了最大限度地便利顾客购买，利用有限的资源规划和实施店内总体布局、货架摆放顺序、商品码放方式、店内广告设计，以及合理运用照明、音响、通风等设施，创造理想购物空间的活动过程。商品陈列的目的是把商品或品牌所有物质和精神方面的属性，通过艺术手段和设计技巧等形象化的语言完整地呈现在顾客面前，帮助顾客形成对一个商品或品牌的整体印象，使顾客对商品或品牌产生兴趣、信任和偏爱，从而引起顾客的购买欲望和动机。科学合理的商品陈列可以起到刺激销售、方便购买、节约人力、利用空间、美化环境等作用。

某东来的人性化
陈列设计

商品陈列的基本要求是将顾客需求的商品正确无误地摆放在适当的位置。因此，陈列的关键在于"商品的正确配置"。商品陈列必须满足五个要素：一要看得清；二要摸得到；三要容易选、方便买；四要品种全、个性强；五要分类型、分规格、分颜色、分大小、分价格。因此，连锁门店商品陈列应遵循以下原则。

（一）分区定位原则

连锁门店经营的商品少则上千种，多则上万种或几十万种，如何让顾客很容易地判断什么商品在什么区位，是商品陈列时首先要解决的问题。分区定位就是要求每一类、每一项商品都必须有一个相对固定的陈列位置，商品一经配置后，商品陈列的位置和陈列面就很少变动，除非因某种营销目的而修正商品配置图表。这样既使商品陈列标准化，也便于顾客选购商品。因此，在卖场应设立货位布置图，并按商品大类或商品群设置

某家5.0店型的
空间布置

商品标示牌,如有多层卖场,还应设立各楼层商品指示牌。一般来说,商品的货位布置图设置在卖场主要入口处的显要位置,而每一楼层的商品指示牌多设在每一楼层的楼梯处或自动扶梯入口处,这样可使顾客在一进门或一进新楼层口处就能初步了解自己所要买的商品的大概位置。指示牌设置要美观、简洁、易懂。

在对商品进行分区定位时要注意相关商品的货位要布置在邻近或对面区域,以便于顾客相互比较;有不利影响的商品货位要适当隔开;同类商品要纵向陈列,即从上而下垂直陈列,既符合顾客视线移动习惯,使商品产生丰富丰满的表现力,也使同类商品平均享受到货架上各段位的销售利益;单品以横向陈列,以价格带区分,任何小分类的单品,原则上应由价格最便宜到最贵,从货架的最底层到最高层陈列。还应注意分区定位不是一成不变的,要根据时间、流行周期的变化等因素经常性地调整商品货位。调整货位时调整幅度不宜过大,除了根据季节以及重大的促销活动而进行整体商品布局的调整外,大多数情况下不宜做大的变动,以便老顾客凭印象就可找到所需商品的位置。

(二)易见、易取原则

1. 易见

易见就是要使商品陈列容易让顾客看见,使顾客对商品产生良好的视觉效果。一般以水平视线下方20°点为中心的上10°、下20°范围为容易看见部分。人们通常无意识的观望高度为0.70~1.70米,上下幅度为1米。但应注意,有些商品在仰视角度下更能吸引人,如时装、工艺品等商品的陈列位置高一些,更能引人注意;有些商品在俯视角度下更能吸引人,如化妆品、金银珠宝等;儿童玩具的陈列位置要低一些,没有遮挡物,使孩子一览无余,才能引起儿童的兴趣。易见还包括应将商品的正面朝前,品名、商标明显,将商品的特性、功能充分展现,商品的价格醒目、正确。

2. 易取

易取是指在顾客对商品产生了良好的视觉效果后就会产生触觉的要求,顾客会驻足停立,拿起商品观察,对商品作出进一步的了解,最后作出购买与否的决定。因此,商品陈列应能使顾客摸得到、够得着,甚至能拿在手上较长时间,这是刺激顾客购买的重要环节。易取还包含对某些商品需提供拿取的工具,如散装冷冻饺子、冻虾等需提供铲子;易取也包含某些商品不仅使顾客容易拿在手上,也容易、方便地放回原处。

(三)清洁、整齐、丰满、有序原则

清洁、整齐的原则是商品陈列的基本工作要求。货架要整洁、陈列的商品要干净、完整、摆放整齐,要及时撤下有破损污物、外观上不合要求的商品。

丰满、有序是指商品陈列应显示出丰富性和规则性,通过丰富、有序的商品陈列可以增强商品自身的表现力,使顾客感到可选择的余地很大,提高顾客对商场的信任度;可以有效利用陈列空间,提高货架的销售和储存功能,减少仓库库存的压力,提高商品的周转率;可以提高所有连锁门店商品周转的物流效益,使连锁企业达到最好的销售效果。美国的一项调查显示,陈列丰满的超市与陈列不丰满的超市相比较,不同种类商品的销售量可分别提高14%~39%,平均可提高24%。

当商品被销售出去时，要及时进行商品补充陈列，补充陈列商品依照先进先出的原则进行，即货架前层的商品被买走后，凹到货架里层的商品要往外移，这是保持商品品质和提高商品周转率的重要手段。先进先出法就是指商品的补充陈列是从后面开始的，而不是从前面开始的。因为顾客总是购买靠近自己的前排商品，陈列在后排的商品会不容易卖出去。一般商品尤其是食品都有保质期限，因此消费者会很重视商品出厂的日期。用先进先出法来进行商品的补充陈列，则较早陈列的商品会较早地卖出，使货架上没有陈列时间太久的商品，这样可以在一定程度上保证顾客买到新鲜的商品，这是先进先出法保护消费者利益的一个重要的方面。另一方面由于商品前后周转，既容易保持商品的清洁，也容易减少损失和管理费用，进而提高商品周转率。

使商品陈列丰满、充裕、有序，并不是将所有商品毫无章法地一股脑儿都摆放在货架、柜台上，而是在设计商品陈列时应有秩序、有规律地摆放。一般来说，陈列架摆满商品有两个规定：

（1）每一个单品在货架上的最高陈列量可以通过排列面设计数来确定，如果长 1 米的陈列货架，每一格一般至少陈列 3 个品种。

（2）按各类不同业态模式的连锁企业的具体要求，按一定的营业面积陈列商品品种数，每平方米卖场营业面积，商品品种的陈列量要达到 11～12 个品种。商品之间可留有适当的空当间隔，也可在摆放商品时组合成一定的图案或图形。

三、卖场商品陈列的程序

（一）陈列调查

陈列调查是为了商品竞争目的而进行的信息收集与处理工作，为陈列规划提供必要的素材。调查的对象主要是不能人为操作的环境因素，包括外部环境因素和内部环境因素。

外部环境因素指以下几个方面：地区性大型活动，如当地有无传统的庆典节日，这些活动的举行时间、规模、方式等；节日性特别促销活动，如妇女节、儿童节、元旦、春节等；气候变化规律，如当地换季的时间、变化幅度、适宜的商品等；市场上新产品的潮流、时尚的变化；竞争对手的情况。

内部环境因素是指连锁门店总部的商品规划要求和门店自身面临的具体需求特点。

综合考虑上述两方面环境因素后，就可以根据地区特点从总部推荐的品种中选定适宜的经营商品结构。商品结构确定后，根据各类商品的销售特点、顾客购买习惯和连锁企业的销售方针确定基本的陈列布局和陈列方式以及相应的促销活动。在此基础上，进一步确定每一种商品摆放的位置、陈列方式、占用空间、陈列天数等。做完上述内容，就可以拿出一个商品陈列规划了。

（二）陈列规划

陈列规划是指把商品陈列运作的一切前后顺序和相关内容以文字的形式用书面表达出来，写成一个比较完备的计划。陈列规划包括的内容有：商品陈列的外部环境因素；商品陈列的内部环境因素；商品陈列的时间（开始、调整、转换、终止时间等）；商品陈列的标准；商品陈列的确认及检查和评价；商品陈列的具体负责部门及职责；商品陈列的准备及协调安排；商品陈列的效果分析；店内招牌广告的应用；出现问题的处理办法等。

（三）陈列准备

陈列准备是指商品上架前的准备工作，包括连锁门店的订货、收验货、分类标价、编码等。

1. 订货

订货指连锁店在陈列商品不足时，提出送货要求。订货的依据是日常销售规律。订货的批量和批次取决于销售量和信息处理、物流配送的技术水平。国外发达国家的发展趋势是不同的商品按温度带多频度、小批量送货，同时送货直接上架，店铺无库存经营。

2. 收验货

对尚无完善商品供应计划体系的连锁企业来说，各连锁门店对从各配送中心分批分类送来的商品，必须按规定的质量标准和验收项目验收，确保没有假冒伪劣、超过保质期的商品或不符合要求的商品，保证售出商品的品质和数量。在相关商品开发、供货系统构建和管理技术水平方面达到一定程度的企业，可逐步免除验货环节，提高配送效率。

3. 分类标价、编码

验货后，对商品分类标价并整理上架。如商品无标准条形码，要按公司规定的标准统一编码；输入电脑编码后，才可以上架出售。

（四）上架陈列

商品摆放应遵循从左到右、从上到下的次序，标示牌应固定在第一件商品处，作为该类商品位置的起点和标记，同时是与邻近品种的分界线。小分类商品必须集中陈列，并以直线形式摆放。因为根据医学报告显示，消费者的视野宽度可达120°左右，但看得最清楚的地方却在60°左右。销量越大的商品所占陈列位置应越大，并可适当向货架的较低层延伸；反之，销售量小的商品所占空间位置亦应小些，并可摆在货架的中层，便于被顾客发现。商品摆放要做到整齐不串位，货架和商品不能有积尘，包装不能有破损。冷柜商品要统一标价，清楚醒目，没有遗漏。新商品上架应本着先进先出的原则，将旧商品适当向外移，并检查保质期及商品有无变质、破损。最大限度做到不缺货，即做到有牌有货。如果出现缺货，要有缺货标记，货到后再将标记取下。季节性销售或门店宣传推销品，最好选择专用的宣传推销位置。遇有大的节日，如春节年货陈列期间，门店可以适当调整货架位置，但节后应迅速还原。

在商品陈列的同时，要适当布置相应的店内广告招牌，起到提示顾客购买、宣传介绍商品、渲染店铺气氛、美化店铺环境的作用。

（五）陈列检查

商品陈列确认与检查是连锁门店日常管理中的一个重要方面，它能确保在此环节之前所做的各项工作以最佳状态呈现在顾客面前，树立企业良好的形象。商品陈列确认与检查主要包括以下几个方面：

（1）商品是否易于选购；

（2）商品是否易于拿取；

(3) 商品数量是否充足；
(4) 商品种类是否齐备；
(5) 商品色彩搭配是否协调、照明是否良好；
(6) 商品是否得到妥善管理；
(7) 商品摆放是否有助于销售；
(8) 商品广告运用是否恰当等。

这几个方面是商品陈列的基本要求，也是关键要求。

（六）陈列信息的收集与分析

陈列调查、陈列规划、陈列准备、上架陈列、陈列检查以及商品在实际销售中会产生大量的经营数据信息，应留意记录、积累，并进行研究。可利用 POS 系统，把由人做的定性分析和计算机做的定量分析结合起来，研究商品销售变化及陈列效果，进一步改进和调整商品陈列。较小的连锁门店如没有现代化工具手段，则可以根据销售报表和营业人员的直接观察来了解顾客对经营品种的满意度，分析影响顾客满意程度的因素，改善经营商品结构，并结合货架位置、陈列方法、销售期限、店内广告宣传、服务状况等因素研究和改进商品陈列，不断提高商品陈列水平。

案例

超市腊八节营销怎么做，这几点让顾客暖心

俗话说得好："过了腊八就是年。"腊八节是春节前较为重要的传统节日之一，超市也要借腊八节之名做好营销工作，为春节的促销活动预热，做好年货等商品的销售开端。

腊八节，俗称"腊八"，就是农历十二月初八，古人有祭祀祖先和神灵、祈求丰收吉祥的传统，一些地区有喝腊八粥的习俗。所以超市的营销重心可以以腊八粥为核心做一些活动。

超市可以把关于腊八的一切集中陈列，并把商品与节日融合延伸，为顾客提供十多种口味的腊八粥食材和辅料，还有罐装八宝粥、八宝饭等速食商品，让爱在味道里团圆。

1. 腊八主题

传统的腊八习俗包括喝腊八粥、泡制腊八蒜等，所以超市要做好营销，必须从这些方面入手。

2. 腊八粥系列

虽然说喝腊八粥的习俗在不少地方都有，但是根据地区的不同，制作腊八粥选用的食材可能会有所区别。所以腊八节应以腊八粥相关食材为主题，集中陈列八宝米、东北长粒香米、长糯米、花生、大红豆等。并提前做好试吃和推广工作，提供八宝粥的制作食谱。有能力的门店还可提供加工服务，按份售卖熟制腊八粥。

3. 腊八蒜系列

当然，腊八节可不只有腊八粥，还有腊八蒜，因为腊八蒜是以醋泡制而成的，所以大蒜、米醋或陈醋和密封罐可集中起来售卖，营造节日氛围，进而促进更多的销售，具体还要按照当地习惯为准。

超市也可以线下让顾客亲手为亲人制作一份腊八粥，不仅参与感十足，还能刻画品牌人性、温情的形象，顺带还能带动销售。

（根据网络资料整理）

项目总结

连锁门店卖场内部环境设计包含多个方面的内容：卖场整体设计、卖场通道设计、卖场服务设施设计；连锁门店卖场内部环境设计的好坏直接影响顾客在门店内部的购买情绪。如果卖场设计得体，顾客就可能增加其购买额，提高其购买的满意度水平，反之，则会抑制其购买，进而影响其满意度水平。

知识自测

一、名词解释

1. 卖场整体设计
2. 通道
3. 重点照明
4. 色相
5. POP 广告

二、选择题

1. 单层卖场面积 1 500 平方米，主通道和副通道的宽度可建议设置为（   ）。
   A. 1.8 米，1.3 米 B. 2.7 米，1.5 米
   C. 2.1 米，1.4 米 D. 3.0 米，1.6 米
2. 失窃率较高的通道类型是（   ）。
   A. 直线式通道 B. 回形式通道
   C. 斜线式通道 D. 自由式通道
3. （   ）不属于标示设施。
   A. 商品的分类标识 B. 卖场配置图
   C. 各部门的指示标示 D. 休息区
4. 商品形象色中给人以安全感的是（   ）。
   A. 紫色 B. 蓝色 C. 灰色 D. 绿色
5. 卖场中的气球属于（   ）。
   A. 招贴 POP B. 悬挂 POP C. 包装 POP D. 招牌 POP

三、填空题

1. 卖场通道可以分为_____、_____、_____、_____四种类型。
2. 回形式通道又称_____，这种通道布局以流畅的圆形或椭圆形按从右到左的方向环绕整个卖场。
3. _____通常呈现出不规则的线路分布，优点在于卖场货位布局灵活，方便顾客在卖场中随意穿行、自由浏览。
4. 卖场的收银台通常设在_____。
5. 卖场照明分为_____、_____和_____三种
6. 色彩具有三种属性，即_____、_____和_____。
7. 门店大拍卖时就可以播放一些节奏_____的、旋律比较_____的乐曲，使顾客产生不抢够不罢休的心理活动。
8. 卖场通风来源可以分为_____和_____。

四、简答题

1. 连锁门店卖场设计的原则是什么？
2. 连锁门店卖场通道设计的要求有哪些？
3. 连锁门店卖场出入口设计有何技巧？
4. 连锁门店卖场POP广告的类型及制作要求是什么？
5. 如何解决收银排队的难题？

工作任务

连锁门店卖场内部环境调研和设计

【工作任务描述】

自主选择某连锁超市门店（营业面积2 000平方米以上），详细调研其卖场内部环境的各个方面，分析其存在的问题，并提出改进方案。

工作任务一　连锁超市门店卖场
内部环境调研

工作任务二　连锁超市门店卖场
内部环境改进方案设计

综合案例分析

济南全福店大润发的"变"与"不变"

大润发（图5-9）济南全福店面积有2万平方米、商品3万个，停车位1 800个，通过数据可看出这家大润发超级大。这是大润发华北最大的门店。在大卖场集体表现吃力的时候，大润发此次开店面临较大挑战。现在，"小"字当先，"小"有便利灵活的优势，而

"大"虽然气势磅礴,但在新零售背景下开出的全福店,像大润发也不像大润发,可见,大润发在"变"与"不变"之间找到了一种平衡,变化的同时,大润发抓住牢固的根基,毅然不动。

图5-9 大润发

一、大润发的"变"

(一)变好看了

一进入全福店,豁然发现大润发的颜值提高了许多,处处是悦目的陈列、精美的装饰、精简的宣传,整个卖场脱胎换骨,展现出了全新的面貌。

大润发的门店环境一直中规中矩,像是四平八稳的中年人,没有出格的地方,也没有特别出彩的地方。全福店却一改往日的沉闷,变得清新悦目起来。

扶梯两旁的墙体,上面分别悬挂了门店宣传和品牌宣传的牌匾,两种牌匾制作精美、相互交错,牌匾的安放精简美观,注意留白,观感极佳。

店内的各种标识,大都是浅底黑字,这显然是经过了整体考量和设计,如封包处的指引标识,店内各种宣传标语及标示,都设计得赏心悦目,有时不禁让人恍惚,这还是那个熟悉的大润发吗?简单粗犷的大润发似乎正变得柔情细腻。

商品的陈列与展示方式也变化多样,促销品不再用简单的堆码陈列,而是结合产品特性,使用多种道具,尽可能展示出商品的样貌。端架都做了小型场景展示,放置了各种道具,把商品陈列得生动有趣。原来的大润发只考虑如何把商品摆满货架,而现在他们也花了一些心思考虑如何把商品摆得更美观更活泼。大润发的审美在全福店跃升了一个层次。

(二)变年轻了

首先是顾客年轻了,大润发一直是中老年人的最爱,现在有越来越多的年轻顾客光顾大润发,他们也挤在人群里挑选喜欢的商品。一手抓住主流顾客,另一手也拓展新的目标顾客,这让大润发拥有了更大的顾客边界。虽然一家零售商不可能把所有顾客都纳入囊中,但如果能吸引较多年龄层的顾客,这无疑能带来更多客流。顾客趋于年轻化,最主要的原因来自商品,这是吸引年轻顾客的关键。在全福店,有许多受年轻顾客欢迎的商品,比如,制作蛋挞和比萨的半成品、榴莲千层和爆浆麻薯等网红糕点,这些商品让年轻顾客在语境和喜好上找到了共识。现在自热商品很是风行,因食用方便口感较好,所以更受年轻消费者喜爱,这次全福店把所有自热食品都集中陈列在一起,摆满了整排货架,并在货架上方做了清晰的标示,消费者能轻松地找到这类商品。如果不是集中陈列,都没想到自热食品竟有这么多品种,从面食到菜品再到火锅,完全能应付一个小型聚餐。

全福店还为进口食品设立了专区,不管是陈列形式还是陈列道具,或者是空间的整体设计,都突显出这个区域的与众不同,全福店为这个区域命名为"环球食品"。最为醒目的品类是进口啤酒,有四节货架之多,为了突出效果,货架的层板上方加了光源,在灯光的照射下,这四节货架闪闪发光。有许多顾客驻足这里,有的是挑选商品,有的则是饶有趣味地察看啤酒种类。大润发也为天猫超市设立了主题陈列区域。天猫超市的商品以休闲食品为主,显然这也是为了迎合年轻消费者。

(三) 变好玩了

全福店在入口处设立了智能存包柜,占用了三面墙体,考虑到顾客存放物品的体积不同,存包柜有大小两种方式,可基本满足顾客的存包需求。存包柜存取方便,存取流程一看即懂,这不仅能提升存包效率,还能减少顾客的麻烦。存包柜简洁美观,颇具颜值。

卖场入口的地方,围了许多人,以孩子居多,这里是一处景观鱼的陈列。全福店别出心裁地把景观鱼放到超市售卖,景观鱼放置在透明的玻璃柜里,同货架一体,各种颜色的小鱼在里面畅游,趣味横生,引来许多孩子和家长围观。

紧邻景观鱼的是园艺用品,园艺用品本是一个很小的类别,但这次大润发放大了这个品类,展示的品种多且全。这类商品有竞争小、利润高的优势,是差异化经营的最佳品类之一。景观鱼和园艺用品虽然在超市偶有涉及,但都作为补充和边缘品类经营,大都是点到为止,而这次全福店深耕这两个类别,做得深且细,品种多,花样多,还有趣,购买的顾客也很多。

作为新零售门店,到家服务自然必不可少。全福店在卖场上空规划了拣货的缆道,在多处地方摆了拣货用的手提袋。

全福店同当下许多新开门店一样,设置了较多冷藏柜。全福店的冷藏柜有三排之多,陈列品项有冰激凌、速冻水饺、包子、手抓饼、鸡柳等。这些商品要么可以立即食用,要么只需简单加工就能食用,与消费者对方便和快速的要求相吻合。

二、大润发的"不变"

尽管大润发做了许多改变,但大润发仍在坚守立身之本。这种坚持让大润发在零售门店林立的城市,保有一以贯之的特色,仍然占有重要地位,依然受消费者欢迎。

(一) 大卖场基本布局没有变

每家大润发的入口处都有一堵促销墙,摆放应季的促销品,这些促销品大多是精选出来的。全福店也是如此,高大、丰满的促销展示堆如鹤立鸡群,高耸在入口处。商品以酒和饮料为主,如此庞大的促销堆,如果没有销量做后盾,恐怕很快就变成积压库存。

一些快消品的促销堆码仍然是硕大的,货量如山,但非快消品的促销堆明显小了许多,通过垫填充物等方式看起来丰满,但减少了存货量。全福店的通道是宽敞的,可供多人推车并行。

(二) 价格策略没有变

这么多年,大润发坚持低价策略,一直以低价吸引顾客。但现在能感觉到大润发略有调整,原来大润发的低价,一直把价格放在首位,而现在在低价的同时兼顾了质量和品牌,这提升了大润发的低性价比,也因此吸引了一些中高端消费者。

大润发仍推出了低价"爆品",在卖场可看到,最吸引人的"爆品"是现场烤制的烤鸭,11.9元一只。烤鸭还未出炉,等待的人就排了七八米的长队。店内的海鲜柜台也围满了人,柜台被围得密不透风。许多人都在挑选一款鲍鱼,标价是1.98元一只,价格惊艳。

(三)会员卡的核心功能没有变

当初大润发进入济南市场,最让人津津乐道的是会员卡,当时许多零售商都设立了会员卡的办卡门槛,只有大润发是免费办卡。消费者对大润发的会员卡也极感兴趣,原因之一是凭借大润发的会员卡能买到限购的印花商品。直到现在,20多年过去了,大润发的会员卡仍保留了限量购买的功能。虽然大润发的会员管理也在发生变化,比如他们正在发展电子会员,在扩展会员卡的功能,但凭会员卡购买印花商品的核心功能一直没有变,这不仅提升了老顾客的忠实度,还能吸引新会员。

(四)成为生鲜食品领域专家的策略没有变

早在2019年财报上,大润发对自己的定位就是成为生鲜食品领域的专家。从全福店看,大润发在这方面确实做了许多努力。全福店弱化了非食品,不管从面积还是从经营品项上看,都进行了压缩,并把专业品类外包,如家电全部由苏宁易购经营。这一调整可让大润发集中精力做好生鲜食品的经营,还能提高资金效率。在全福店,现场的许多加工食品,都是大润发的自营产品。这种自营能力,既可以保证连锁门店的统一性,又是差异化经营的核心。生鲜日配品类做得浩大精深,几乎能买到任何想买的商品。这种充足性成为全福店的重要优势,这让他们与其他零售商有了明显的区分。

(根据网络资料整理)

问题:
1. 大润发济南全福店在卖场内部环境方面的"变"与"不变"分别体现在哪些方面?
2. 分析大润发济南全福店"以消费者为中心"的理念体现在哪些方面?

综合实训

1. 立足实际,分析具有竞争关系的两家门店在通道、服务设施、照明、色彩、声音、气味、通风等方面的设计有何不同。

2. 参观有代表性的连锁门店卖场,画出基本的卖场布局图,并分析其利弊,提出合理化建议。

项目六

连锁门店商品组合设计

项目导入

在零售业极度变革之下,为改善商品管理方法,将商品分门别类地予以归纳,在计算机系统里利用编号原则,有秩序、有系统地加以整理组合,以利于各种销售数据资料的分析与决策,这便是商品组合分类的真正用意。商品组合分类是针对公司的营业方针所采取的商品策略。根据此策略,再依据商品群的固有特性组合分类。依据分类的销售资料,分析解读公司的营运状况,以达到管理的目的。

知识目标

- ❖ 了解连锁门店商品结构的含义与分类、连锁门店商品组合的目的
- ❖ 熟悉连锁门店商品组合的类型、连锁门店商品价格标识、连锁门店货源组织形式
- ❖ 掌握连锁门店商品组合优化的方法、连锁门店商品配置策略、连锁门店组织货源的方法

能力目标

- ❖ 能够分析连锁门店商品结构
- ❖ 能够分析连锁门店商品组合类型、理解商品货源、设计商品价格标识
- ❖ 能够对连锁门店商品组合优化提出可行性方案

素质目标

- ❖ 培养学生爱岗敬业的工作作风,强化社会责任感
- ❖ 培养学生诚实守信、规范经营的职业素养
- ❖ 培养学生精益求精的工匠精神和团结协作的精神

项目框架

项目名称	任务步骤	知识点
连锁门店商品组合设计	连锁门店商品组合设计概述	商品组合的概念
		商品组合的类型
		商品组合优化的原则
		商品组合优化的方法
	连锁门店商品配置策略	连锁门店商品配置的影响因素
		连锁门店商品配置的重要理论
		连锁门店商品配置的方法
	连锁门店商品货源组织设计	向物流配送中心订货
		连锁门店自行采购
	连锁门店商品价格设计	影响商品价格的因素
		商品定价的方法
		商品调价策略
		商品价格标识

导入案例

便利店巨头如何做好下沉市场

2022年9月5日,罗森便利店首次进驻河北衡水市,这被人们认为是罗森走下沉市场的进一步动作。在我国市场,有三大日系便利店品牌:罗森、7-11、全家。罗森在日本的门店数量不及7-11,但是在我国却发展得最好,根据中国连锁经营协会《2023中国便利店TOP100》显示,截至2023年12月,罗森在我国大陆的门店数已经有6 330家,而7-11是3 906家,全家是2 707家。它们的门店还大多集中在一、二线城市,只有罗森最早也最坚定地开拓下沉市场,已经把门店开到了县级市。

疫情以来,便利店行业受严重冲击,不少巨头都在大规模关店。而罗森继续保持了增长势头,主要就是靠下沉市场发力。不仅如此,罗森还主动走出华东区大本营,着力开拓北方的三、四线城市。比如在河北,除了衡水,唐山、廊坊、沧州等地都有罗森门店。

据业内人士经验:人均GDP达到3 000美元时,便利店就开始出现;人均GDP达到6 000美元时,便利店进入成长期;人均GDP达到1万美元时,会出现7—11这种以供应鲜食为主的便利店;人均GDP达到2万美元时,便利店会趋于饱和,竞争加剧。如今,一、二线城市的便利店已经出现饱和,7-11、全家,以及本土的美宜佳、便利蜂等,都在跟随罗森的战略,"集体下乡",到更广阔的市场去找机会。

横扫一、二线城市的便利店巨头跑到小城市去开店,看起来这是一场降维打击,更有可能是"强龙不压地头蛇"。巨头们想在下沉市场站稳脚跟,得反过来学习它们的经验。

一、在商品品类方面

便利店巨头在一、二线城市的经营结构中，鲜食占了大头，日系三巨头的鲜食销售占比在40%~60%，毛利率可达50%以上，鲜食是连锁便利店的主要盈利来源。不过，在一、二线城市卖得很好的关东煮、三明治、饭团，在下沉市场未必受欢迎，消费者的口味会更加本地化。还有，一、二线城市的白领一般中午不回家，到便利店拿个便当做午餐很正常；而小城市青年往往溜达着就能回家吃午饭，对午餐鲜食的需求没有那么大。

所以在下沉市场的本地便利店中，零食的比重要大于鲜食。在湖南，香烟酒水等商品的销售，会占到便利店营业额的60%~70%。便利店巨头要下沉，需要更本地化的零食选品。在鲜食方面，便利店巨头也不能再靠关东煮打天下了，需要向本地便利店学习，开发更本地化的菜品。比如在南昌干得风生水起的本地品牌乐豆家，就是个好手。南昌人最爱吃米粉，整个城市一天就要吃掉600多吨米粉，乐豆家就花大力气研发了独家爆款拌米粉，成为明星产品。当地人爱吃卤味，它就推出了卤味串串"热卤卤"等。完全本地化的鲜食开发，让乐豆家在与便利店巨头的竞争中不落下风。

二、在吸引客流方面

一、二线城市人口稠密，便利店巨头依靠选址带来的自然流量就足够，不用担心客流问题。而下沉市场人口密度没那么大，如何增加附近居民的到店频率，就成了一个必须考虑的问题。罗森便利店里提供了燃气充值、购买彩票等便民服务，不过这些还不够。在很多本地便利店，收快递、卖彩票是起步款，另外还提供打印传真、洗衣服、代遛狗等多项服务。

河南成立了一家本土便利店品牌，叫"代号7天"。它的基本定位是快递驿站，它既是周围居民收发快递的站点，又是生鲜物流的前置仓，同时也是社区团购的自提点。走进"代号7天"的门店，最明显的特征就是冷链设备很多，一家店至少有两台风幕机、一台双门或三门冰柜、两台卧式冻柜加雪糕柜。以"驿站"为基础，再加上前面提到的打印、洗衣、遛狗等各种便民服务，"代号7天"就成为小区内的综合服务站点，甚至是"第二物业"，只要你在这个小区生活，就离不开它。

三、在供应链方面

便利店巨头在一、二线城市的做法是密集开店，因为只有集中开店，才能够实现物流集中配送，凸显供应链优势。但是，下沉市场的繁华地段就那么多，就算密集开店，总的门店数量也有限。为有限的门店数量去专门建中央厨房、供应链体系，规模优势就发挥不出来。如果为了追求规模效应而去边缘地带开店，客流上不来，大概率是赔本赚吆喝。怎么解决这个问题？

南昌连锁便利店乐豆家兵分两路，在繁华地段用乐豆家的品牌自己开店；同时，新成立一个连锁品牌"马刻"，在城市边缘地带收编已有的夫妻店，提供优惠条件让他们加盟。马刻与乐豆家共用一套供应链，两者的SKU有80%是重合的，包括前面提到的特色鲜食。

对乐豆家来说，两套系统提高了供应链的利用效率，实现了规模效应；对加盟的夫妻店来说，这套供应链系统，特别是特色鲜食配送服务，增加了他们的竞争力。据说，原来日营业额2 000元左右的夫妻店，加盟后迅速提高至4 000~5 000元，盈利能力也大大提升。在这个模式下，本土连锁便利店品牌携手夫妻店，实现双赢。

（本案例根据《得到头条》资料整理）

【引例分析】

本案例介绍了零售巨头占领下沉市场的具体做法，通过抬起头看机会，俯下身做服务抓住市场机会。同时反映出连锁企业开设门店想要取得成功，需要从优化商品组合、提高服务质量、保障商品供应及降低成本等几个方面入手，提升企业的竞争力。

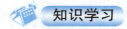

学习任务一　连锁门店商品组合设计概述

随着市场竞争的加剧，价格大战也已经由生产领域扩展到了零售领域。我国大型零售企业正在低利润水平的条件下运行。大型零售企业的利润率已由原来的10%以上降为5%以下，甚至不足3%。在这种市场环境条件下，零售企业都在寻找提高经济效益的有效办法。其中，增加新的经营品种、开拓新的经营领域就是很多企业普遍采用的一项措施。但是，在不断增加商品品种的同时，企业更要重视对所经营商品结构的优化。

一、商品组合的概念

（一）商品组合的定义

打造便利店商品力：
鲜食品类经营实践

活力老人，为商业创造
价值增长点

所谓商品组合，又称商品结构，是指一个商场经营的全部商品的结构，即各种商品线、商品项目和库存量的有机组成方式。简言之，企业经营的商品的集合，即商品组合。商品组合一般由若干个商品系列组成。

商品结构决定着在经营范围内，各类商品应当确定什么样的比例关系；主力商品有哪些，辅助商品和一般商品有哪些，它们之间应保持怎样的比例关系。与之相对的是项目组合，项目组合则要决定在各类商品中，品种的构成又应保持何种比例关系以及主要经营哪些档次、等级、花色、规格的商品。

案例

商品组合的两个策略

1. 同一性与差异性策略

连锁经营的核心是规模效益，通过大规模进货和销售实现经营的规模化。要达到规模化，就要在连锁企业系统实行商品结构的同一性和标准化，要求同类门店不仅商品类别一致，而且商品品种、档次、品牌等也要一致，从而有利于实行统一进货、统一配送，同时更有利于通道利润的增加。另外，在强调同一性的同时，由于各门店商圈的不同，各门店在具体商品品种上也不可避免地存在着一定程度的差异性，这种差异性是必要的，它有利于各门店更好地适合商圈顾客的消费需求，使各种商品之间起到良好的带动作用。

2. 宽度与深度策略

宽度与深度策略是指商品配置的宽度与深度。商品配置是所经营的商品种类及各类商品的品牌、规格、质量、等级、价格等不同特征的组合。商品种类的多少就是商品的宽度，规格、等级、品种的多少就是商品的深度。

通常商品宽度与深度的结合有四种形式：加宽加深、减宽减深、减宽加深、加宽减深。

这四种形式总的来讲适合于不同的业态及时机，从广义上说，加宽加深适合于大型综合超市，减宽减深适合于便利店，减宽加深适合于食品超市中的食品类，加宽减深适合于食品超市中的非食品类。但这四种组合方式在具体运用到每个类时，在不同的时机、不同的季节也会有阶段性变化。

例如，在春节搞一个厨房用品特卖周活动（葡萄酒特卖周、百货特卖周、调味品特卖周等），就要改变日常对厨房用品加宽减深的商品组合方式，而要用加宽加深的商品组合方式，但在搞完活动后，必须将厨房用品的组合进行调整，再调整到加宽减深的组合模式，这在一定程度上也体现了商品组合的灵活性，并不是一个教条式的组合。

1) 加宽加深的组合策略

特点：种类多品种多，适用于综合型的大型百货商店（目标是多重的，需提供一揽子购物）。

优势：市场大，吸引力大，满足一次购足，培养顾客忠诚感。

劣势：投资大，平均周转慢，占用空间和设备多，形象一般化，管理困难。

近年受到特定商品范围商店的挑战。

2) 减宽减深的组合策略

特点：种类少，品种少。

优势：存货投资小，方便顾客。

劣势：商店形象差，顾客的一些需求不能满足，顾客少。

只适用于售货机出售商品和人员登门销售。

3) 减宽加深的组合策略

特点：种类少品种多，体现专业化经营。吸引有偏好选择的消费群体，满足特定要求的顾客需求，区别于其他店。

优势：销售效率高，容易选择，增加重复购买的可能性，商店形象鲜明，采购、销售和管理专业化，可以取得规模经济效益。

劣势：不能满足顾客的多种需要，市场有限，风险大。

适用于个性消费群体。

4）加宽减深的组合策略

特点：种类多，品种少，对每类商品品牌、规格、花色、式样给予限制（廉价商店、折扣店、杂货店）。

优势：市场大，满足有效商品内的需要，促进一次购足，可控制资金占用。

劣势：缺乏品种选择机会，影响销售或流失顾客，商店形象弱，顾客忠诚度低。

适合非个性化的消费群体。

（根据网络资料整理）

【案例分析】

商品组合就是门店提供的全部商品的范围和结构，以及如何实现组合范围内有效的商品销售，合理的商品组合能够极大地提高门店的销售。

（二）商品结构的分类

零售门店经营的商品结构，按照不同标志可分为不同类型。按经营商品的作用划分，可分为主力商品、辅助商品、附属品和刺激性商品。

1. 主力商品

主力商品是指所完成销售量或销售金额在商场销售业绩中占举足轻重地位的商品。百货商店主力商品的增加或减少，经营业绩的好坏直接影响商店经济效益的高低，决定着门店的命运。它的选择体现了商场在市场中的定位以及整个商场在人们心目中的定位。

2. 辅助商品

它是与主力商品具有相关性的商品，其特点是销售力方面比较好，其重点为以下几种：

1）价廉物美的商品

在商品的设计上，格调上虽不需太重视，但对顾客而言，却在价格上较为便宜，而且实用性高。

2）常备的商品

对于季节性方面可能不太敏感，但不论在功能还是在品种上，必须是与主力商品具有关联性而且容易被顾客接受的商品。

3）日用品

即不需要特地到各处去挑选，而是随处可以买到的一般目的性商品。

3. 附属品

它是辅助商品的一部分，对顾客而言，也是易于购买的目的性商品。其重点为以下几种：

1）易接受的商品

即展示在卖场中，只要顾客看到，就很容易接受而且立即想买的商品。

2）安定性商品

安定性商品具有实用性，但在设计、格调、流行性上无直接关系的商品，即使卖不出去，也不会成为不良的滞销品。

3）常用的商品

即日常所使用的商品，在顾客需要时可以立即指名购买的商品。

4. 刺激性商品

为了刺激顾客的购买欲望，可以针对上述三类商品群，选出重点商品，必要时挑出某些单品来，以主题系列的方式，在卖场显眼的地方大量地陈列出来，借以带动整体销售效果的商品。其重点为以下几种：

1）战略性商品

即配合战略需要，用来吸引顾客，在短期间内以一定的目标数量来销售的商品。

2）开发的商品

为了考虑今后的大量销售，门店积极地加以开发，并与厂商配合所选出的重点商品。

3）特选的商品

利用陈列的表现加以特别组合，是有强诉求力且顾客易于冲动购买的商品。

二、商品组合的类型

（一）按消费季节的组合法

如在夏季，可组合灭蚊蝇的商品群，开辟出一个区域设立专柜销售；在冬季，可组合滋补品商品群、火锅料商品群；在旅游季节，可推出旅游食品和用品的商品群等。

（二）按节庆日的组合法

如在中秋节，组合各式月饼系列的商品群；在老人节，推出老年人补品和用品的商品群，也可以根据每个节庆日的特点，组合适用于送礼的礼品商品群等。

（三）按消费的便利性的组合法

根据城市居民生活节奏加快、追求便利性的特点，可推出微波炉食品系列、组合菜系列、熟肉制品系列等商品群，并可设立专柜供应。

（四）按商品的用途的组合法

在家庭生活中，许多用品在超市中可能分属于不同的部门和类别，但在使用中往往就没有这种区分，如厨房系列用品、卫生间系列用品等，都可以用新的组合方法推出新的商品群。

三、商品组合优化的原则

商品组合时应遵循的原则：正确的产品、正确的数量、正确的时间、正确的质量、正确的状态以及正确的价格。

卖场一站式解决方案，锚定"健康"赛道

（一）正确的产品

正确的产品，首先是指在整个计划中商品组合是否合理，产品的广度和深度的结合是否可以完全满足顾客的需求；其次是指选择的产品是否在国家法律法规所允许销售的商品范围内；最后是指这些商品是否符合本企业的价值观、企业形象及企业政策，这点对于企业品牌会有很大的影响，所以一般著名的企业都会把不符合企业政策的产品置之门外，即使那是一个畅销商品。

（二）正确的数量

正确的数量是指所提供的商品数量是否合理，商品的广度和深度的结合是否平衡，在满足顾客对选择性需求的同时，又不会造成品种过多和重复。首先，对顾客来说，品种过多或重复都会使顾客无法有效地进行购买决策，或花费太多时间做决策而没有足够的时间购买其他商品，两者都使企业损失销售。其次，门店的销售空间和人力资源是有限的，过多或重复SKU（提供给用户的代销商品）会造成资源浪费和增加运营费用。最后，SKU过多或重复的结果是某些商品滞销，造成库存过多。所以，商品的数量一定要根据顾客的实际需要及门店的实际面积结合决定，并分解到具体的小分类中，保证整体的数量及各小分类的数量分配都是最优化和平衡的。

（三）正确的时间

商品组合计划必须正确掌握时间性，符合四个方面的要求：首先是季节性，整个商品组合必须有明确的季节性，商品本身向顾客传递着强烈的季节性信息。例如，在夏天来临的时候，是否有充足的沙滩用品和消暑产品，这种季节性的气氛能有效地引起顾客的购买冲动。其次是对市场趋势和市场变化的捕捉，商品组合是否符合市场的潮流趋势、顾客的喜好变化等，并且对一些特发事件是否有及时和积极的应对。例如，在SARS（传染性非典型肺炎）爆发的时候，是不是第一时间增加口罩、消毒水等相关产品。其次是对一些特别的事件有充分的准备，例如，在奥运会前，配合奥运主题的商品是不是都已全部准备好。最后是要在合适的产品生命周期引进新商品。不是任何新产品都适合马上引进的，而是要视零售企业的目标顾客对新产品的认知及接受程度决定，否则，会由于没有有效的需求而造成新产品滞销、库存积压。例如，对于一些技术含量较高的电器产品，在刚投入市场的时候，大型超市就不适合马上引进。由于此时只有少量非常关注新技术、追求新体验的消费者会购买这类新商品，而通常大型超市的目标顾客并不是这类消费者，而且大型超市在人员及环境两方面可能都不具备进行介绍和推广这类新产品的条件，所以，大型超市应在产品的成长期引进，此时产品已被普遍认知，目标顾客开始产生需求并且不需要太多的介绍即可进行选择和决策。

（四）正确的质量

这里所说的质量包括了产品的安全性、可靠性及质量等级三个方面。首先，零售企业销售的任何商品都必须保证对消费者的生命和财产不存在安全隐患，所以在选择商品的时候必须对产品的安全性进行评估，要求供应商提供相关的证明文件、安全认证等。例如，电器产品就必须有国家的3C认证，有时企业还可以对产品安全提出更高的要

数字化：撬动连锁企业
食品安全管理提质增效

求,以保障顾客及企业的利益。随着食品安全事件的不断发生,消费者对食品卫生关注程度越来越高,零售企业在选择食品的时候更应该保持严格的标准,避免出现类似的事件发生,这对顾客和企业本身都是一种负责任的做法。其次,产品使用功能及可靠性也需要进行评估,如果产品本身存在缺陷,无法在合理的时间内提供其所宣称的功能,作为负责任的零售商,是不应该让这类商品流入自己的门店,损害消费者的利益和企业的形象。最后,对于产品的质量等级的选择,采购方经常会陷入一种误区,认为质量越高越好,其实选择什么质量,还应考虑产品的性价比以及消费者的需求。沃尔玛在刚进入大连市场的时候,采购方认为,袋装酱油虽然符合产品的质量要求,但认为相对级别太低,顾客不会购买,所以没有把袋装酱油引进店内,但是顾客实际是接受和需要这种品质的产品的。最后在顾客的强烈要求下,他们还是引进了这个产品,结果却发现这个产品不但满足顾客的需求,而且也有不错的销售表现。所以,对产品等级的选择必须针对目标消费者的需求,而非采购方单方面的意愿。

(五) 正确的状态

这里的状态是指产品的自然状态或物理状态。很多产品由于其本身的特点,对贮存和售卖环境、销售人员有特殊的要求,那么采购方在选择商品的时候需考虑门店的环境、设备、人员、安全、陈列、空间等各方面是否有能力销售该商品。例如,店内是否有足够的冷藏柜存放冷冻的食品;产品的包装是否适合店内的陈列要求,是否有效地预防偷盗的发生,是否会影响门店的营运效率增加费用等。另外,产品的包装及标签等都应该符合相关的法规,并且能够保证产品质量在正常情况下保持稳定。

(六) 正确的价格

整个商品组合的定价应该要从顾客、竞争对手、供应商价格政策以及企业自身的定价策略四个方面考虑。相信每个人都很清楚商品定价的一些基本原则,这里就不再长篇赘述了。只是有两点要特别注意:

(1) 定价的时候要考虑顾客对该商品的价格敏感度以及该商品的需求价格弹性 (价格变化对销售的影响程度)。

(2) 不但要考虑单个商品,而且要考虑整个类别的整体价格形象和综合利润率,对不同角色的商品应有不同的定价机制,在保证良好价格形象的同时保持合理的利润水平。

以上六个正确是相互结合、缺一不可的,是商品管理人员在做商品组合计划及日常管理过程中都应该遵循的基本原则。而顾客需求是这些原则产生的基础,所以采购人员无论任何时候都要保持顾客导向的大原则。

◉ 案例

> **C 超市调整商品结构**
>
> C 超市某门店 (6 000 平方米) 位于高校区附近,其 5~10 千米内的潜在商圈客层构成如下:居民占 70%、高校学生占 30%;然而根据调查和店长现场观察,在该超市卖场消费购物的顾客中学生占 60% 以上,居民不足 40%。这数据表明什么?

其实目前该门店遇到了一个典型的商品构成问题：商品结构到底应如何倾斜？应该选择哪类客层为主流目标顾客？

（1）如果还是选择居民作为主流目标客层，则其在市场调查的基础上，必须对商品构成重新进行检讨，为什么居民不喜欢该店的商品；

（2）如果该店在检讨自己在商圈内竞争力的情况下，发现既然在争取居民顾客方面争不过竞争店，还不如做好自己的既有客层——高校学生。

则其可采取的对策如下：

1. 重新评估超市卖场经营面积

因为占商圈潜在客层30%的高校学生可能根本支撑不了这么一个大店，要考虑缩小卖场面积，或采取外租、联营方式引入新的经营项目（如游戏机、快餐店等）。

2. 重新定位超市卖场商品构成

全部商品构成以学生为核心，缩小以家庭主妇为对象的商品构成，扩大学生消费品。例如，缩小生鲜区中的初级生鲜品（如肉类、水产、蔬菜经营面积），增大生鲜区中的现场加工品、熟食、主食厨房等即食性商品。

（根据网络资料整理）

思考：C超市为什么要调整商品结构？

四、商品组合优化的方法

对于经营商品项目众多的零售门店，最佳商品组合决策是一个十分复杂的问题。许多零售门店在实践中创造了不少有效方法。目前，由于系统分析方法和电子计算机的应用，更为解决商品组合优化问题提供了良好的前景。下面介绍几种经过实践证明是行之有效的方法。

（一）商品环境分析法

商品环境分析法是把零售门店的商品分为六个层次，然后分析研究每一种商品在未来的市场环境中它们的销售潜力和发展前景，具体内容有以下几个方面。

（1）目前零售门店的主要商品，根据市场环境的分析，是否能继续发展。

（2）零售门店未来的主要商品，一般是指新商品投入市场后能打开市场销路的商品。

（3）在市场竞争中，能使零售门店获得较大利润的商品。

（4）过去是主要商品，而现在销路已日趋萎缩的商品，零售门店应决定采取改进，还是缩小或淘汰的决策。

（5）对于尚未完全失去销路的商品，零售门店可以采取维持或保留的商品决策。

（6）对于完全失去销路的商品，或者经营失败的新商品，一般应进行淘汰或转产。

（二）商品系列平衡法

商品系列平衡法是国外比较流行的一种商品组合优化的方法。它是把零售门店的经营活动作为一个整体，围绕实现零售门店目标，从零售门店实力（竞争性）和市场引力（发展性）两个方面，对零售门店的商品进行综合平衡，从而做出最佳的商品决策。

商品系列平衡法可分四个步骤进行：

（1）评定商品的市场引力（包括市场容量、利润率、增长率等）。

（2）评定零售门店的实力（包括综合生产能力、技术能力、销售能力、市场占有率等）。

（3）做商品系列平衡象限图。

（4）分析与决策。

（三）四象限评价法（波士顿矩阵法）

该方法是美国波士顿咨询公司在咨询一家造纸企业时提出的一种投资组合分析方法，它应用的市场增长率/占有率矩阵，把企业生产的全部产品和业务作为一个整体进行分析，可用于企业产品组合分析。该矩阵的纵坐标为销售增长率，是指企业某产品线或产品项目的前后两年市场销售额增长的百分比。它表示产品线或产品项目所在市场的吸引力。在分析中，通常以销售增长率10%为高、低的界限，10%以上为高增长率，10%以下为低增长率。横坐标为相对市场占有率，即本企业的市场占有率与同行业最大竞争对手的产品的市场占有率之比。相对市场占有率以1为界限，1以上为高市场占有率，1以下为低市场占有率，某项产品线或产品项目的相对市场占有率越多，表示企业的竞争地位越强，在市场中处于领先地位；反之，则竞争地位弱，在市场中处于从属地位。这样就形成了4种组合、4个象限、4类产品。

第1类商品，是市场占有率高、销售增长率高的商品。很有发展前途，一般处于生命周期的成长期，它是零售门店的名牌或明星商品。对这类商品，零售门店要在人、物、财诸方面给予支持和巩固，保证其现有的地位及将来的发展。

第2类商品，是市场占有率高、销售增长率低的商品，能带来很大的利润，是零售店目前的主要收入来源；一般处在生命周期的成熟期，它是零售门店的厚利商品。对这类商品，应采取努力改造、维持现状和提高盈利的对策。

第3类商品，是市场占有率低、销售增长率高的商品。这类商品在市场中处在成长期，很有发展前途，但零售门店尚未形成优势，带有一定的经营风险，因此叫风险或疑问商品。对这类商品，应该集中力量，消除问题，扩大优势，创立名牌。

第4类商品，它的市场占有率和销售增长率都低，说明商品无利或微利，处于衰退期了，是零售门店的衰退或失败商品，应果断地有计划地淘汰，并作战略上的转移。

（四）资金利润率法

这是以商品的资金利润率为标准对商品进行评价的一种方法。

资金利润率是一个表示商品经济效益的综合性指标；它既是一个表示盈利能力的指标，又是一个表示投资回收能力的指标，它把生产一个商品的劳动耗费、劳动占用和零售门店的经营管理成果结合在一起，是零售门店生产和经营两个方面经济效益的综合反映。

应用这种方法，把商品资金利润率分别与银行贷款利率、行业的资金利润率水平、同行业先进零售门店商品的资金利润率，或零售门店的经营目标及利润目标相对比，达不到目标水平的，说明盈利能力不高。

还可以把零售门店各种商品（或系列商品）的资金利润率资料按零售门店经营目标及标准进行分类，结合商品的市场发展情况，预测资金利润率的发展趋势，从而作出商品决策。

案例

D超市面积约4 000平方米，分上下两层。总体印象比较杂乱，问题也很多。从商品结构角度来看，有以下几个方面：

在百货区，衣架这一品类中没有木制衣架，裙裤架也只有一种单品。品类缺失，品种不够丰富，供顾客选择的余地不多。

在食品区，酱油的排面达到10节货架，醋的排面达到3节货架。以D超市的营业面积估算，酱油的货架空间分配应在5节为宜，醋的空间分配应在1节为合理。显然，D超市的货架已经严重浪费。

在进入排面单品观察时，发现这两个小类的品牌非常杂。除了味事达、李锦记、金冠园、厨邦等知名品牌外，还有其他不知名的品牌，合计不下10种，排面琳琅满目，同价位的单品已经丰富到让人眼花缭乱的程度。可见，D超市面临的是商品结构臃肿的问题。不用去看商品滞销排行榜，就知道D超市已经很久没做过商品淘汰了，或者从未做过。

这种商品结构对超市造成的不良影响主要体现在两方面：一是造成货架浪费，压缩了其他品类的陈列空间；二是使这一类别商品的所有供应商的业绩都做不起来，久而久之，超市就失去了与供应商议价的优势。更严重的是，使合作伙伴慢慢失去信心，对各项资源和费用减少投入或不再投入。

另外，该超市的商品价格带不够宽。这是该超市所有品类中普遍存在的问题，高价位的几乎没有。

以小类中的炒锅为例。D超市的商品构成是这样的：30元以下有9支单品；30～100元有15支单品；100元以上有1支单品。

一般商品构成是这样的：零售价在30元以下的有5支单品；30～100元的有10支单品；100元以上的有10支单品。

那么你是否要全盘照搬这一方式呢？倒也未必。你要根据什么来调整你的商品结构呢？

通常，要结合门店本身的经营定位来决定商品结构如何调整。如果门店经营定位是走中、高端路线（以官员、企业主、白领等为主要目标群体），那么商品结构完全可以调整为：30元以下1支单品；30～100元9支单品；100元以上15支单品。反之亦然。

（根据网络资料整理）

学习任务二　连锁门店商品配置策略

一、连锁门店商品配置的影响因素

连锁门店的商品布局与连锁企业所经营的商品品种、经营方式、经营场地等密切相关，良好的商品布局是经营者经营思想的体现。

（一）主力商品或主力品种

主力商品是指连锁门店销售的商品中顾客购买频率最高、购买量最大、购买力最强的商品。根据"二八原则"，占总商品20%的主力商品，销售额占到总销售额的80%，顾客在连锁门店购物时，在门店入口附近不可能找到所有想要购买的商品。将一个门店的主力商品或品种安排在店内若干重要的位置，而且尽量往深处放，从而诱导和吸引顾客进店寻找，让顾客在不知不觉中不断深入，走遍店内各条通道，这是门店重要的销售法宝。

（二）出入口的多少

出入口是驱动顾客的流动力泵，具有驱动作用。好的出入口设计能够自然而然地推动顾客流从入口到出口，按顺序浏览全店而不留死角。在选择出入口时应根据连锁门店前行人的流动路线。只有先引导顾客进入门店，才能促成生意，所以在布局时应以入口为先。入口不仅能吸引顾客，方便消费者进入，还有分流顾客的作用。分流的方法之一，就是对入口数量加以限制。入口的数量应因地制宜，合理设置。在面积较小的门店中，一般只有一个入口；面积较大的门店，一般设有两个或两个以上的入口。若有两个入口，则客流立即分流。但入口不宜太多，否则，会给主力品种布局、优势货架安排带来难题。要根据店内面积大小、商品品种多少、客流量大小来安排。

（三）货架的开闭

货架的开闭是指在某些通道前面是放置较长、阻挡通道的封闭式货架还是放置断开的、允许客流通过的开放式货架。封闭式货架使客流不至于在通道前面被大量分流，从而使大部分顾客能够在主通道行进较长的距离。开放式货架使客流中途大量分流进入中央陈列区，顾客在主通道上面对主力商品的时间有限。这两种货架摆放模式还会使中央陈列区货架的重要性发生一些变化。开放式货架使得靠近收银台的货架位置较好，封闭式货架使得靠近主通道的货架位置较好。

（四）端架

端架是指位于货架两端、距离通道最近、顾客首先看到的陈列位置，是顾客在卖场逛游经过频率最高的地方，也是相对诉求性最强、销售力最高的陈列位置。端架可用来销售大批量的、热销的、特价的产品，是POP的重要陈列位置，可以吸引顾客驻足挑选，使顾客从主通道或其他区域进入端架区并进入中央陈列区域，从而减缓顾客的流动速度，使顾客多头流动。

（五）堆头

堆头即促销区，通常用栈板、铁筐或周转箱堆积而成，是陈列于门店入口处、主通道、开阔空间上顾客最容易看到、最佳的商品布局位置；是诉求力最强、销售力最高的地区之一。堆头随时都会吸引顾客的注意，减缓顾客流动速度，并分流顾客。

二、连锁门店商品配置的重要理论

（一）顾客流动规律

从一般意义上讲，顾客流动主要表现有八种情况，从中反映出顾客流动所遵循的一定规律。

（1）顾客进入连锁门店后，先围绕主通道浏览一周，然后进入卖场的中间陈列区，选购自己需要的商品。

（2）顾客在沿着主通道浏览的途中进入卖场中间陈列区，选购好商品再回到主通道，最后到收银台结算付款。

（3）顾客只在主通道选购商品，然后直接到收银台付款。

（4）顾客在主通道的选购途中，没走完主通道就进入卖场中间陈列区购买商品，然后直接到收银台付款。

（5）顾客没有走完主通道，中途穿过中间陈列区，直接到收银台付款（在主通道已购完商品）。

（6）顾客走完主通道的大部分，在主通道往回返，再进入中间陈列区选购商品，然后到收银台付款。

（7）顾客进入主通道没多远，就突然进入中间陈列区选购商品，然后到收银台付款。

（8）顾客进入店铺以后，直奔要购买商品的货架，然后购货付款离去。

从以上八种情况可以看出，顾客在大多数情况下是按下列顺序在店内流动的：先进入主通道，然后进入中间陈列区，再回到主通道，最后到收银台付款。因此，在进行商品布局时，主力商品或主力品种应放置在主通道，次要商品、关联商品应放置在中间陈列区；畅销商品要在通道上均匀布置，力求使顾客走完全部主通道，然后进入中间陈列区。

（二）商品重要性递减规律

商品重要性递减规律即消费者购物顺序排列问题。连锁门店面对的主要消费对象是居民个人。不同商品在居民生活中的地位和重要性不同，具有一定规律。其中，食品和副食品在居民生活中的重要性最强，日常生活用品在居民生活中的重要性次之，厨房用品在居民生活中的重要性最弱。顾客对食品的购买顺序是生鲜食品—半生鲜食品—冷冻食品—调味品—一般食品—膨化食品—日用食品，顾客对食品的购买顺序显示了不同食品在居民生活中的重要程度不同。而顾客对生鲜食品的购买顺序是蔬菜—水果—鱼类—加工肉类—加工半成品等，反映了不同生鲜食品在居民生活中的重要程度不同。对消费者的购物顺序进行排列，就要做到按消费者的实际购物顺序确定第一磁石商品到一般商品，确定大分类到中分类、小分类，从而进行商品布局。

（三）"磁石"理论

"磁石"理论的关键在于"磁石"商品。所谓"磁石"商品，就是商品对顾客的吸引力的一种形象化说法。虽然连锁门店经营的品种以大众日常生活必需品为目标，但其中不同的商品类型、品种由于种种原因构成对顾客不同程度的吸引力。根据这种吸引力的不同，可以分为不同的系列，相应地给予不同的位置安排，这就是磁石理论。第一磁石商品到第五磁石商品的类型和布局特点如下：

1. **第一磁石商品（沿着主通道）**

第一磁石商品的类型包括以下几种：
（1）消费量大的商品；
（3）消费频率高的商品；
（3）主力商品；
（4）进货能力强的商品。

在几种类型的磁石商品中，最重要的是第一磁石商品。该类商品陈列在主通道两侧，是消费量最大、消费频率最高的日常生活必需品，所以安排在主通道两侧才有吸引力。为了买到每日生活必需的这些商品，顾客自然而然会走过主通道全程。

2. **第二磁石商品（主通道沿线穿插）**

第二磁石商品都应具备第一磁石商品的特征，第二磁石商品的类型包括以下几种：
（1）前沿品种；
（2）引人注目的品种；
（3）季节性品种（时令性品种）。

第二磁石商品是穿插在第一磁石商品中间，一段一段地引导顾客向前走的品种。第二磁石商品需要超乎一般的照度和陈列装饰，以最显眼的方式突出表现，让顾客一眼就能看出其与众不同的特点。第二磁石商品需要隔一定时间就进行更新，保持其基本特征。

3. **第三磁石商品（端架）**

第三磁石商品部分具备第一磁石商品特征，包括以下几种：
（1）特价品；
（2）即将大众化的厂家、商店商标品种；
（3）季节性商品；
（4）时令性品种；
（5）厂商促销品种（新产品）。

第三磁石商品是端架商品，是陈列在出口对面或通道旁端架上的品种。面向墙壁一面端架的商品要具备第一磁石商品的特征，第三磁石商品通常都具有价格优势，目的在于吸引主通道上的顾客注意旁边配置在副通道两侧货架上的部分主力商品和辅助商品。

4. **第四磁石商品（每一陈列架上一到两种）**

第四磁石商品的类型包括以下几种：
（1）贴有醒目提示（对顾客非常有利）的商品；
（2）廉价品；
（3）有意识大量陈列的品种；
（4）新闻媒介广告宣传品。

第四磁石商品是那些散布在中央货架各处的，意在吸引顾客走进该货架的品种。其显著特点是价格低廉，是为了形成对顾客非常强的吸引力。在陈列上，一是大量陈列，以显示丰富与量大；二是贴有特别提示标志，如"特价""广告品""推荐品"，等等。

5. 第五磁石商品

第五磁石商品的类型包括以下两种：

（1）低价展销品种；

（2）非主流品种。

第五磁石商品是集中陈列在显眼、必经之地的展示商品，是门店有意识选择的用来做主题的展销商品。这类商品往往采取单独一处、多品种大量陈列的方式，造成一定程度的顾客集中，烘托店内气氛。展销性商品的位置要避免接近第一磁石商品，要有一定程度的面积，辅之以一定的广告宣传。

> **案例**
>
> **商品关联性陈列**
>
> 一家便利店老板，进了一批酒瓶起子。虽然这种商品利润相对较高，但他原本并不想卖这个产品，可总是有人到店里来问，不能没有呀！开始他将这些酒瓶起子放在一个角落里，有人问了，就指给别人看，卖得十分缓慢，他也不大在意。
>
> 后来，酒瓶起子的业务员巡视终端，看见了该老板的陈列，给他出了个主意："你把酒瓶起子放在你出售的酒旁边试试，我敢保证，你的酒瓶起子的销售量肯定会是以前的几倍，而且根本就不会占多少地方。"
>
> 该老板不信，但又觉得企业的业务员说得有些道理，就试试。结果，正如企业业务员的预料，酒瓶起子的销售量成倍上升。他纳闷的是：有人购买酒瓶起子甚至一次买好几个。他问这些消费者，消费者的回答很简单：做得这么漂亮，款式又多的酒瓶起子，可以挂在冰箱上当装饰品呀！
>
> （根据网络资料整理）

三、连锁门店商品配置的方法

连锁门店商品布局应考虑的是各类商品配置的面积分配、顺序以及区域。如果商品布局不当，就会造成顾客寻找商品的困难，从而减少营业额的实现。

（一）商品配置的面积分配

各类商品配置的面积分配可以采用两种方法：一种是陈列需要法，也就是连锁门店卖场根据某类商品所必需的面积来定，服装类和鞋类商品布局上的面积分配采用此法较为适宜；二是利润率法，也就是连锁门店卖场根据顾客的购买比例以及某类商品的单位面积的利润率来定。

假如本地区日常消费中食品发生的比率是65%，按照这种支出比率，连锁门店卖场各类商品的面积分配比例可大致如下：水果蔬菜的面积比例为10%～15%；肉食品的面积比例为15%～20%；日配品（主要指面包、乳制品、豆制品、果汁饮料、冷饮等。这些商品是消费者每日生活的必需品，每天都应该进行配送，以确保其新鲜度）的面积比例为15%；一般食品的面积比例为10%；调味品、南北干货的面积比例为15%；小百货与洗涤用品的面积比例为15%；其他用品的面积比例为10%。

这种面积分配不是绝对的，各地区的消费水平、消费习惯不尽相同，应根据本门店所处区域的特点及其竞争状况选择各类商品面积分配的恰当比例。

（二）商品位置的配置

连锁门店卖场中商品种类繁多，商品位置的配置习惯应按顾客的购买习惯进行确定，并且相对固定下来，以方便顾客寻找。多层建筑的连锁门店的商品位置的配置包括确定各楼面经营内容和进行每一楼层的布局，而单层门店仅需考虑后者。

1. 各楼层经营内容的安排

各楼层经营内容的安排应遵循自下而上客流量依次减少的原则。一般大型的连锁百货商店都是大致按这样一个原则安排的，这样的安排可以依次分散客流量，减少不必要的拥挤。如一层适宜配置购买频率高、选择商品时间相对较短的商品，经营的商品主要有化妆品、灯具等类别；二、三层适宜配置选择时间较长、价格稍高一些的商品，经营的商品主要有服装、鞋帽、纺织品、眼镜、钟表等类别；四、五层适宜运用综合配套陈列的方法来布置多种专业性的柜台，经营的商品主要有床上用品、照相器材、家具、餐具等类别；六层及以上适宜配置购买频率相对较低、存放体积较大的商品，经营的商品主要有电视、组合音响、电脑、运动器材等类别。

2. 门店每一层商品位置的配置

一般来说，长期的行为习惯使顾客在逛门店时不自觉地沿着逆时针的方向行走，因此在一个有许多支线的卖场里，根据一般日用品挑选性不强和男性购买商品求速求便、不愿花较多时间比较的心理特点，日用品和一些男性用品通常应摆放在各个逆时针方向的入口处；而根据一些商品挑选性强和女性购买商品比较挑剔、一般花时间较多的特点，这类商品和女性用品通常应摆放在距离逆时针入口处较远的地方；玩具商品摆放在儿童易见易动的地方为好；畅销或有特色的商品摆放在显眼的地方；为加速资金周转、获得更多的利润，需要把那些价格高、利润高的商品摆放在最显眼的地方。

卖场商品布局位置的配置应按顾客每天所需商品的顺序做出动线的规划，即按照顾客的购物习惯分配各种商品在连锁门店卖场中的位置。一般来说，每个人一天的消费总是从"食"开始，因此连锁门店卖场中可以菜篮子为中心设计商品布局位置的配置。通常消费者到超市购物的顺序为：蔬菜水果—日配品—畜产类、水产类—冷冻食品类—调味品类—饮料—速食品—糖果饼干—日用杂品。

3. 出入口处商品的布置

出入口处是顾客最先和最后接触的部位，主要布置色彩造型鲜艳美观的商品、挑选性不强的商品、购买频度大的商品、特色商品、即兴购买商品、儿童商品等，如化妆品、日用品、速食品、儿童膨化食品、饮料等。

4. 按顾客需求程度和选择要求布置

最畅销、最有利可图的商品摆放在最好的位置；利润少、销量小的商品摆放在较差的位置。如销量大的商品摆放在中央位置或主通道上。多层楼房时，一、二层摆放销量大的商品，三、四层摆放较贵的、单价高的商品；日常用品摆放在低层，耐用品摆放在较高的楼层。

5. 按商品价值的高低、技术构造的繁简布置

商品价值昂贵、技术构造复杂的商品以及交易次数少、选择性强的商品适宜摆放在多层建筑的高层和单层建筑的深处。

6. 连带性的商品要邻近布置，便于选购，促进连带购买

如洗涤用品邻近布料、服装布置，海鲜、肉类一块摆放，鞋、帽、服装邻近摆放等。

7. 干扰性商品的布局

根据商品的性能和特点，选择适当位置，合理设计布局形式。如互有影响的商品要分开摆放，以免互相串味或让顾客产生不好的联想，如海鲜与烟酒不能一块摆放。

8. 根据购买动机，合理选择商品布局

如将冲动性顾客购买的商品摆在明显的位置以吸引顾客。

9. 按顾客流量分布规律和走向规律安排商品布局

顾客流量大的通道要摆放销量大、生活必需的商品。

10. 考虑是否方便搬运卸货

体积笨重、销量大、需要频繁上货的商品要尽量设置在储存场所附近，既便于搬运、续货，也有利于安全和卫生。

学习任务三 连锁门店商品货源组织设计

为了实现销售业绩的最大化，门店应掌握和控制好商品流，从订货、采购、配送等环节入手，确保商品的畅销和快速周转，降低商品损耗，从而提高门店的整体盈利水平。

一、向物流配送中心订货

（一）连锁门店物流配送中心的类型

物流配送中心是指从供应者手中接受大量的货物，进行分拣、保管、流通、加工、包装和信息处理等作业，然后按照众多门店的订货要求备齐货物，以令人满意的服务水平进行配送的服务设施。其类型

药店经营七统一政策

罗森自产商品的AI推荐订货系统

可以按不同标准分为多种形式。

1. 按照物流配送中心的内部结构形式划分

1）自建型物流配送中心

自建型物流配送中心是指由连锁企业独资建立、独立经营，为整个连锁网络提供货物的物流配送中心。这种物流配送中心的主要职能是负责连锁企业若干分店的商品采购、库存分配、流通加工、运输和信息沟通，根据需要在指定时间内把定量的商品送达各分店。选择自建型物流配送中心的连锁企业通常是规模较大、资金雄厚、有长远战略的企业。

2）联合型物流配送中心

联合型物流配送中心是指由一家或多家连锁企业与物流企业联合，分别承担不同功能，共同实现物流配送中心任务，为连锁企业或其他企业配货的物流配送中心。

3）代理型物流配送中心

代理型物流配送中心是指连锁企业本身并不经营配送业务，而是把配送业务交给某供应商或企业外的物流配送中心完成。它的一般程序是：总部与某一代理（物资流通）机构或个人（物流配送中心或供应商）签订合约，通过双方权利或义务的规定，使其承担本连锁企业的配送任务。这种代理型物流配送中心适用于那些规模小、实力较弱、企业内部经营管理能力较差的连锁企业。

4）改造型物流配送中心

某些批发企业或商业储运企业在长期运营过程中购置了较为完备的设施，形成了系统的管理经验，具有较强的集散能力和较高的物流管理能力，连锁企业只需投入部分资金进行技术改造、管理创新，即可使之成为给本企业提供服务的物流配送中心。

2. 根据物流配送中心的功能划分

作为物流配送中心，其主要功能有周转、分拣、保管、在库管理和流通加工等，根据其侧重点的不同，可分为不同类型的物流配送中心。具体有以下几种：

1）分销型物流配送中心

分销型物流配送中心是指拥有商品保管、在库管理等功能，又能进行商品周转、分拣的物流配送中心。

2）周转型物流配送中心

周转型物流配送中心是指单纯从事商品周转、分拣的物流配送中心。

3）保管型物流配送中心

保管型物流配送中心是指单纯从事商品保管的物流配送中心。

4）加工型物流配送中心

加工型物流配送中心是指单纯从事商品流通加工的物流配送中心。

由于批发商或零售商主导的物流系统占主导地位，所以保管型物流配送中心几乎不存在。目前在发达国家中，分销型物流配送中心的比例一般要占到所有物流配送中心的70%以上，加工型物流配送中心的发展也非常迅速。

3. 按照流通的不同阶段划分

商品的流通是指从生产地经流通渠道到达消费地的过程。根据物流配送中心在流通渠道中的位置，可以分为属于制造商的物流配送中心、属于批发商的物流配送中心和属于零售商的物流配送中心。

（二）连锁门店物流配送中心的作业流程

连锁门店物流配送中心的作业流程如图 6-1 所示。

图 6-1　连锁门店物流配送中心的作业流程

（三）向物流配送中心订货的物流系统运作程序

1. 连锁门店环节

（1）通过 POS（销售终端）收集销售信息，例如，哪些商品在什么时候被哪些顾客（性别、年龄、职业等）购买、购买了多少、货架上还剩多少等信息。

（2）预测订货数量，即根据商品销售情况、商品库存信息及消费需求信息等资料及时、准确地预测订货数量。

（3）通过 EOS（电子订货系统）或传真向总部订货。EOS 是利用店内手持订货终端或电脑网络终端，经由电话线或光缆宽带将信息传送至总部订货。采用 EOS 有助于实现多品种、多频率、少批量的商品配送，降低分店库存压力，减少缺货率等。连锁门店通过 EOS 向总部订货，原则上有固定的时间，例如，每天下午 5 点前填写所有电子订货单，向总部发送订货信息。

2. 连锁总部环节

连锁总部设有信息中心，和门店一起进行 POS 信息的管理，同时起指挥、协调的作用，从整体上把握连锁门店的经营管理。连锁总部在收到各连锁门店发来的电子订货单后，也以 EOS 的形式通过 VAN（增值网络系统）传至连锁集团的情报信息中心（有的连锁企业没有这一机构）。

3. 情报信息中心环节

根据总部发来的电子订单，情报信息中心通过计算机联网批示物流配送中心出货，同时通过电子数据交换系统与厂商的信息中心保持密切联系，有时可直接将信息发给厂商进行订货。

4. 厂商环节

在规定的时间内，各厂商根据不同的电子订货单据进行汇总，然后开始调度库存，并做好出货准备，往物流配送中心送货。

5. 物流配送中心环节

物流配送中心将各地厂商运来的整货验收入库，并根据连锁门店的订货要求，通过自动化机械进行自动分货、拣货、包装，再将各连锁门店的货物都集中起来，安排配送。

物流配送中心还会调查各连锁门店的到货情况以及运输车辆的有效利用情况。例如，调查门店是否准确、及时地接到商品；运输路线是否合理等。例如，日本大型连锁零售集团伊藤洋华堂，它们对配送商品的交、接货实行高效率的管理方式。具体的手段是设立定时配送、划卡制度，即每一辆配送车到店时要划卡，离店时也要划卡，到店至离店的时间为卸货和验货的时间。物流配送中心根据POS获取的信息、配送车辆到店和离店的划卡时间，来分析交、接货的作业效率。如果发现配送车辆比规定的时间早到或晚到店15分钟以上（早到无人接货，晚到会造成缺货现象），总部的职能部门就要按照合同规定，对当事人处以罚款。另外，对配送车辆每到一店都实行同样的划卡制度，这样，物流配送中心就能掌握车辆在途时间，从而规划较为合理的配送路线，以确保物流的通畅，确保各连锁门店的正常运营。

二、连锁门店自行采购

（一）采购方式分类

1. 按采购价格确定方式分类

1）招标采购

门店将商品采购的所有条件（比如，商品名称、规格、品质、数量、交货期、付款条件、投标押金、投标资格等）详细列明刊登公告。投标供应商按照公告的条件，在规定时间内，缴纳投标押金，参加投标。在招标采购方式中，按规定至少要有三家以上供应商从事报价，投标方可在公证人的主持下当众开标、评标，以全面符合条件者为中标人，最后双方签订供货合同。

2）询价采购

这是对三家以上供应商提供的报价进行比较，根据符合采购需求、质量和服务的要求且报价最低的原则确定成交供应商的采购方式。一般适用于商品规格、标准统一，现货货源充足且价格变化幅度小的采购项目。价格是确定双方能否成交的最重要因素，询价要求供应商一次性报出不得更改的价格。

3）议价采购

这是在现有商品供货价的基础上对所选商品进价再次谈判。在议价过程中，应始终维护本公司利益，为公司争取更大的利润空间，包括随时与供应商讨论促销商品的价格。

4）公开市场采购

门店采购人员在公开市场交易或拍卖时随时采购，一些大宗商品或价格变动频繁的商品常以此法进行采购。

2. 按与供应商交易的方式分类

1）购销方式

购销是指商业上的买进与销售，也称为"经销"或"买断"，即在门店计算机系统中详细记录供应商及商品信息，结账时，在双方认可的购销合同上规定的账期（付款天数）到期后的付款日，准时按当初双方进货时所认可的商品进价及收货数量进行交易。基本上零售门店的绝大部分商品均以购销方式进货。例如,华联的大部分商品是以购销形式进货的,库存损耗由华联全额负担,但在某些情况下,可要求供应商补偿一些损耗,或做一些退换货的安排,以降低风险。另外,华联的购销实销月结,即由华联正式下订单采购,但采取按月的实际销售成本的10%的误差,抽取订货单结算。华联的库存风险较少,退换货容易,适用于经营销量小、周转慢、风险较大或采购人员较难把握的商品。

2)代销方式

有些门店会以代销方式进货,即在门店计算机系统中详细记录供应商及商品信息,在每月的付款日准时按当期的销售数及当初双方进货时所认可的商品进价付款给供应商,没有卖完的商品可以退货给供应商。代销商品的库存盘点差异通常是由供应商来承担的。

3)联营方式

有少部分商品(如散装糖果、衣帽服饰、炒货等)门店会以联营的方式进货,即在计算机系统中详细记录供应商的信息,但不记录商品的进货信息。在结账时,门店财务部在每月的付款日(或在双方认可的购销合同上规定的付款日)用当期商品销售总金额扣除当初双方认可的提成比例金额后,准时付款给供应商,此外,联营商品的退换货及库存清点差异都是由供应商来承担的。

(二)采购流程

商品采购流程一般为:收集信息,选择商品;与供应商进行询价、比价、议价,洽谈采购条件;进货验收;整理付款等。相关的单据有:请购单、采购单、询价单、进货单等。

1. 选择商品

采购人员应根据门店的采购计划,按照一定的标准选择商品。比如,考虑商品的质地、质量、等级;考虑商品的特色、畅销程度;考虑厂商的生产能力、配送及时性及厂商的信誉等。

采购人员应通过调查,了解一定范围内或一些具有代表性的商场、超市、专业批发市场的商品,了解商品的品种、规格、样式、功能、厂家联系电话等信息。在进行市场调查时,选择自己的一些竞争对手作为调查对象,调查内容包括其销售哪些商品、销售价格如何、商品摆放在什么位置、摆放了多少、怎样摆放的、对供应商有何种要求、是通过什么渠道进入其卖场的,等等。对其情况掌握得越细越好。

2. 选择供应商

通常一种商品的采购往往会有许多供应商,这时就需要选择供应商。那么,怎样寻找优秀的供应商呢?可以利用现有的资料采用公开征求的方式,通过同业介绍、阅读专业刊物、协会或采购专业顾问公司、参加产品展示会等渠道来选择供应商。

选择供应商时应考虑的因素有:供应商的可靠性、产品的价格和质量、订单的处理时间、服务水平以及商品的成本、质量、等级等。

3. 洽谈交易条件

手头上有了很多原始资料后,采购人员应对资料进行分析、对比,找出其优劣势,找出哪些是可以为我所用的商品,对其市场行情、交易前景、报价是否含有水分等资料进行估计，再做针对性的调查。要使调查内容更详细、更深入，还应包括其他商家的进价、某一时期的真正销量，同时分析这一时期的供需因素、季节因素、当地的消费习惯及习俗的影响。根据洽谈的内容结合第一次调查的情况，并根据盈利多少、风险程度、资金占用情况、采购费用、贮存方式、畅销度、厂家与我方合作的态度、市场营销措施及力度，确定采购量、进价、销价、付款方式、是否送货等因素，确定一个可用的意向供应商资料库。

采购人员与供应商进行询价、比价、议价，洽谈采购条件，其主要内容有：商品的质量、重量、成本、包装、价格以及订货量、折扣、交货期、送货条件、售后服务保证、退换货条件、促销支持、广告赞助等。

4. 签订采购合同

在所有交易条件都谈妥后，采购人员需报采购部门批准，待采购经理签字确认后，就可以签订采购合同，其合同条款主要包括：采购商品的品名、质量、规格、价格及折扣优惠、包装、保质期等；采购总量、批量等；交货时间、地点、频率、验货标准等；退换货条件、时间、地点、方式及费用分摊等；促销产品支持；促销费用承担等；付款期限、方式等；售后服务保证等；违约责任、合同变更与解除的条件及其他必备内容等。

5. 处理商品

在这个阶段，涉及的作业包括商品验收、入库、打贴价格标签、存货登记管理、上架陈列、商品盘点、完成顾客交易、监视偷窃及商品交易过程中的控制、处理坏品、退货等。

（三）采购的职责

为确保门店货源的稳定性，并在费用、成本、质量条件、售后服务等方面获得最大效益，采购人员需担负一般性的工作职责。

1. 选定供应商

采购最怕的是选错供应商，因此，采购的职责之一就是慎重地选择合适的供应商，以建立平等互惠的买卖关系并保持长期合作。总之，选择一支信誉良好、送货及时的供应商队伍是非常关键的。

2. 确保质量

一般而言，品质以适合可用为原则，因为品质太好，不但购入成本会偏高，甚至容易造成使用上的浪费。反之，品质太差，将无法达到使用目的，增加使用上的困难与损失。例如，生鲜超市中生鲜品的品质极为关键，损耗也大，采购人员除定期或不定期到门店或供应商处检查商品品质外，更应指导卖场人员了解商品知识，共同做好商品管理工作，确保商品质量。

3. 确保适当价格

采购的商品价格应以公平合理为原则，避免购入的成本太高或太低。如果采购成本过高，将会丧失门店的价格竞争能力。反之，如果采购价格过低，由于"一分价钱一分货"的利益驱动，供应商将被迫偷工减料，会造成商品的廉价、质次，从而影响门店销售。另外，如果供应商无利可图，其交易意愿就会降低，门店可能会减少一个供货来源。

4. 选择恰当的采购时间

选择恰当的采购时间是采购人员非常重要的一项技能，采购时间不宜太早也不宜太晚。太早会造成商品积压，占用资金和存储面积，增加门店的经营风险。反之，时间太晚容易导致商品脱销，造成顾客流失，浪费销售机会，从而影响门店形象。另外，在商品"零库存"思想的指导下，适时采购、及时交货是最理想的采购模式。

5. 选择恰当的采购数量

采购的数量不宜太多或太少，应避免"过犹不及"。采购数量太多，一旦商品需求降低，将造成商品积压，占用流动资金，增加门店风险，从而降低门店的盈利水平。反过来说，采购数量过少，则易造成缺货、断货现象，浪费销售机会，还会增加作业次数和采购成本，不利于供应商整合资源、及时送货等。

（四）商品的验收

门店应安排指定区域卸货，卸货验收区域应在收货区或卖场外，到货商品应与库存商品明确区分。

1. 商品验收项目

1) 检查进货车辆的卫生与温度

这一点对于冷冻或冷藏食品尤为重要。首先，要注意软化、解冻的食品，因为此现象表明温度管理不正常、有变质的可能。其次，包装内不得有结霜、结块的情形，因为这也有可能是由温度管理不佳造成的。

2) 依商品标示规定检查商标

《中华人民共和国食品卫生法》第21条规定，定型包装食品和食品添加剂，必须在包装标识或者产品说明书上根据不同产品分别按照规定标出品名、产地、厂名、生产日期、批号或者代号、规格、配方或者主要成分、保质期限、食用或者使用方法等。食品、食品添加剂的产品说明书，不得有夸大或者虚假的宣传内容。食品包装标识必须清楚，容易辨识。在国内市场销售的食品，必须有中文标识。

3) 外箱验收

检查外箱是否破损、严重变形或有污点、霉斑。出现该情形而无内包装的商品（如家电），不必开箱，可即行退回；其他商品中，直配商品可直接退回，调拨商品应对全部外箱有问题的商品开箱检查单品质量，单品质量不符的亦应退货。

4) 检查条码

除散装商品、生鲜称重商品外，所有商品均必须有标准原印条码或粘贴本公司的内码；无条码、有条码无法扫读或扫读后商品品名、规格等与订单、调拨单不一致的，应予拒收。

5) 检查包装规格

部分商品会有不同组合式量贩包装，交货商品包装数量规格应与订单或调拨单上一致，否则，应予拒收。

6）检查保质期

商品若有保质期限，则须在允收期内交货，否则拒收。允收期是指商品允许收货的期限，即商品自生产制造日起至收货日止的期间，未超过此期限，方可收货。

例如，××时代超市有限公司保质期与允收期之对应表如表6-1所示。

表6-1　××时代超市有限公司保质期与允收期之对应表

国产商品		进口商品	
保质期	允收期（距生产日）	保质期	允收期（距生产日）
10天以下	2天（含）以下	3个月	1个月（含）以下
15天	3天（含）以下	6个月	2个月（含）以下
1个月	7天（含）以下	8个月	3个月（含）以下
3个月	20天（含）以下	1年	4个月（含）以下
6个月	40天（含）以下	1年半以上	6个月（含）以下
8个月	2个月（含）以下		
1年	3个月（含）以下		
1年半以上	4个月（含）以下		

7）检查商品数量

检查供应商的送货件数是否与订单相符，并拆开几件货物进行抽查，看其数量是否与包装上标明的相符。对于需要称重的商品应过秤，以验明其数量的准确性。

8）检查商品质量

商品若为假冒伪劣应拒收；商品外观有破损、破包、凸凹罐、变形、油渍、发霉、生锈、瑕疵以及真空包装漏气等情形，应拒收；商品内容物有异味、结块、杂质、渗漏、发霉、鲜度不佳、容量不足等情形均视为不良品，亦应拒收；其他对商品质量有严重影响，导致难以销售的均应考虑拒收。如无法确认品质，应通知对应商品区域业务人员会同查验商品质量。

9）检查送货人员的物品

送货人员离开前，验收人员还要再检查验货人员的物品，以免夹带商品的事件发生。

2. 门店禁止经营下列食品

腐败变质、油脂酸败、霉变、生虫、污秽不洁、混有异物或者其他感官性状异常，可能对人体健康有害的；含有毒、有害物质或者被有毒、有害物质污染，可能对人体健康有害的；含有致病性寄生虫、微生物的，或者微生物毒素含量超过国家限定标准的；未经兽医卫生检验或者检验不合格的肉类及其制品；病死、毒死或者死因不明的禽、畜、水产动物等及其制品；容器包装污秽不洁、严重破损或者运输工具不洁造成污染的；掺假、掺杂、伪造，影响营养、卫生的；用非食品原料加工的，加入非食品用化学物质的或者将非食品当作食品的；超过保质期限的；为防病等特殊需要，国务院卫生行政部门或者省、自治区直辖市人民政府专门规定禁止出售的；含有未经国务院卫生行政部门批准使用添加剂的或者农药残留超过国家规定容许量的；其他不符合食品卫生标准和卫生要求的。

 案例

银座超市海外直采

银座集团作为山东本土知名零售企业，近年来其超市门店加大海外直采，甄选全球进口精品，打造银座超市进口专区，汇集世界各地美食商品供消费者品鉴畅享。当下，种类丰富的进口商品已然成为银座的一张靓丽名片。

银座集团通过严选优质进口商品，让消费者走进银座便能享受全球风味。银座集团超市事业部高级采购经理表示："银座集团的海外直采，都是团队亲自选品、与海外沟通订单、关注商品的新鲜度及到港情况，只为把最好、最新鲜的商品第一时间送到消费者手中。"

2023年3月底，银座集团超市事业部采购团队奔赴泰国，迈出了银座集团海外供应链体系搭建第一步。自此银座集团在生鲜产品海外直采领域有了更大的话语权。此次诸多全新标品的海外直采，将为消费者提供更多自带"产区限定"的进口商品购物体验。

海外直采就是无中间环节，银座直接向海外的生产商采购商品，不仅压低了成本，更把物美价廉的优质商品送到了消费者手中。年轻化是银座集团海外直采的另一个优势，这支团队普遍都是"95"后。"年轻人对进口商品有更高的敏感度、认知度，同时对同龄人也有更好的共情，这也是我们未来要抓住的消费群体。"从"采全国"发展到"采全球"，银座集团海外直采的开展，不仅丰富了产品品种，更关键的是减少了中间商环节，超市产品价格也就更实惠了。除了让消费者享受更多的实惠便利，银座集团也更注重采购商品的品质感和健康属性。

（根据网络资料整理）

学习任务四　连锁门店商品价格设计

某东来的产品价格

一、影响商品价格的因素

门店在制定商品价格的时候，不仅要考虑经济方面的因素，也要考虑非经济方面的因素，尤其要考虑消费者对不同价格的接受与反应程度。由于存在多种因素影响商品价格的确定，所以，门店在定价时需要考虑到不同价格水平对消费者需求的影响效果。

（一）需求价格弹性

需求价格弹性反映需求量对价格变动的反映程度。在一定时期内一种商品的需求量变动对该商品价格变动的反映程度，是用以衡量一种商品价格变动的比率所引起的该商品需求量变动的比率。其计算公式为：

$$E = (\Delta Q/Q)/(\Delta P/P)$$

式中，E——需求价格弹性系数；

ΔQ——需求量的变动；

ΔP——价格的变动。

由于需求量与价格是反向变化的，所以需求价格弹性是负的；为了便于分析，我们给需求价格弹性加上绝对值。

当需求价格弹性 >1 时，表示此种商品富有弹性，当价格上升时，销售收入下降，反之，价格下降，销售收入上升；当需求价格弹性 <1 时，表示此种商品缺乏弹性，价格和销售收入的变动方向相同，即价格上升，销售收入上升，价格下降，销售收入下降；当需求价格弹性 $=1$ 时，表示此种商品为单一弹性，无论价格是上升还是下降，销售收入都基本保持不变。

由此可见，通常人们认为要增加销售收入就只有提高价格的想法是不正确的。当某种商品的需求价格弹性 >1 时，降低价格，即采取薄利多销，也能增加销售收入。决定商品价格弹性的因素主要有以下几个。

1. 商品是生活必需品还是奢侈品

生活必需品的价格弹性小，奢侈品的价格弹性大。例如，粮食、食盐等如果涨价，人们对它们的需求量不会减少很多；如果降价，对它们的需求量也不会增加很多。但装饰品则不同，它属于奢侈品，如果涨价，需求量就会大大减少。

2. 可替代的物品的多寡

对某种商品进行替代的难易程度决定这种商品价格弹性的大小。例如，毛织品可以用多种织品如棉织品、丝织品或化纤制品来替代，其弹性就大；食盐几乎没有什么食品可以替代，其弹性就小。

3. 购买商品的支出在人们收入中所占的比重

占收入比重大的商品，其价格弹性就大，占收入比重小的价格弹性就小。例如，火柴、食盐等物品原来价格低，即使上涨一倍，对需求量也不会有多大影响，因为这笔支出在人们的收入中所占比重很小，涨价不会影响个人总体的经济状况。但如果是轿车、空调等商品涨价一倍，其需求量就会大大减少。

（二）竞争价格策略

一般来讲，处于竞争优势的门店往往有较大的定价自由，处于竞争劣势的门店则更多地采用追随性价格策略。但是有的竞争对手会制定一个竞争性价格，这时门店在定价时，就要考虑是否迎战。其中，需要考虑以下几个因素：

1. 价格灵敏度

如果门店的品牌号召力很强,相互之间市场区分明显,价格的影响较小,可以不必迎战。

2. 市场地位

如果一个在市场上微不足道的零售商发动价格攻势,那么市场地位较高的门店可以不必理睬,而如果行业领头者降价,则市场地位较低者不得不迎战。

3. 商品特性

对某些高价商品,人们可能会更关注其形象而非价格,如果一味地降价,可能会弄巧成拙。尽管价格是门店竞争的最直接、最有力的武器,但门店也必须认识到,过度的价格竞争对哪一方都没有好处。

◆ 案例

物美上线"买贵必赔"

在物美超市购买带有"买贵必赔"(图6-2)标识的商品,如果发现比其他对标平台购买的价格贵,可在物美订单完成24小时以内申请赔付,经核实符合规则,将按差价的2倍赔偿!

"买贵必赔"活动部分细则:

(1)订单实付金额高于在对标平台购买同款商品的价格(实付金额,不含优惠券部分,同时多点APP线上订单仅对标线上平台、线下购买仅对标线下门店),用户

图6-2 物美"买贵必赔"

可在其订单完成24小时以内提供对标平台及门店购买的有效凭证申请赔付,经多点APP客服(或门店服务台)审核通过后可获得相应差价双倍赔付。

(2)线下对标超市:盒马、沃尔玛、永辉、家家悦、七鲜、京客隆、超市发、华联、首航超市、华冠、大润发、欧尚、Fudi(富迪)、山姆、卜蜂莲花。

(3)线上对标平台:盒马、叮咚买菜、小象超市(原美团买菜)、七鲜、京东超市、天猫超市。

(4)赔付方式:如审核通过,多点APP客服会通过无门槛现金券的形式赔付双倍差价。

(根据网络资料整理)

（三）商品成本

商品成本是决定商品价格的主要内容，因此成本因素是影响商品价格的主要因素之一。商品成本包括批发价格、采购费用、运输费用、销售成本和储存成本。有时候，门店以某种商品作为招揽商品以吸引更多消费者进店购物，这些招揽商品的定价有时甚至低于进货成本，但在大多数情况下，商品成本仍然是门店定价要考虑的一个重要指标。

（四）国家法规政策

门店对价格的制定既要受到国家有关法规的限制，也要受到当地政府制定的政策影响。如《中华人民共和国价格法》《中华人民共和国消费者权益法》《中华人民共和国反不正当竞争法》等有关法律以及有关的价格政策对门店定价都有一定的约束。

（五）其他因素

除了成本、需求价格弹性以及竞争价格策略等因素以外，还有一些影响商品价格的因素。如气候、时间、地域、生产以及宗教信仰、习俗等间接因素。

影响商品价格的因素还有很多，如：

1. 商品在竞争中的地位、竞争优势

一般来说，商品在竞争中的地位高、优势大，则价格高；反之，价格低。

2. 社会经济形势是否繁荣

经济繁荣时，需求量大，价格高；反之，价格低。

3. 货币流通量

一般来说，通货膨胀时，商品价格高；币值稳定时，价格低。

二、商品定价的方法

商品定价的方法主要包含三种：商品生命周期定价法、心理定价法和商品组合定价法。

（一）商品生命周期定价法

商品生命周期是指商品在市场上的销售历程和持续时间，即商品在市场上经历导入、成长、成熟、衰退，直至退出市场的全过程。

根据商品在生命周期不同阶段的表现，对其采取不同的定价策略，该方法也是被零售商、供应商运用最多的定价方式。

1. 导入期的定价

导入期始于新产品在市场上首次正式销售之时，在市场导入期，顾客对产品还不了解，只有少数追求新奇的顾客可能购买，销售量很低。所以经常采用的定价方法有以下两种：

（1）撇脂定价，就是将价格定得较高，就像从牛奶中撇取奶油一样。

（2）渗透定价，就是低价格策略，其目的是获得最高销售量和最大市场占有率。

2. 成长期的定价

成长期是实现盈利的良好阶段。由于市场需求正处于上升期，竞争者还不多，零售商可以采取相对较高的定价。

3. 成熟期的定价

成熟期的特点是：市场需求量的增长速度开始降低，零售商的经营成本下降潜力也不大，竞争者大量充斥市场，市场竞争强度大大提高。此时应该选用的定价措施主要是：竞争型价格策略。商品要维持原价或者小幅度降价。

4. 衰退期的定价

一旦商品面临着性能更优商品的竞争，或季节性消费商品已经过时，或流行性商品已不再时兴，便进入市场衰退期，此时可以根据商品特点选择，名牌商品的维持价格，一般商品采取驱逐价格，即将价格降至市场最低水平，迫使其他零售商难以为继，让出最后的市场空间。

（二）心理定价法

心理定价法主要包括五种：尾数定价、巧用数字定价、声望定价、习惯定价和招徕定价。

心理定价

1. 尾数定价

尾数定价也称零头定价或缺额定价，即给商品定一个零头数结尾的非整数价格。大多数消费者在购买商品时，尤其是购买一般的日用消费品时，乐于接受尾数价格。如 0.99 元、9.98 元等。消费者会认为这种价格经过精确计算，购买不会吃亏，从而产生信任感。同时，价格虽然离整数仅相差几分或几角，但给人一种低一位数的感觉，符合消费者求廉的心理愿望。

2. 巧用数字定价

心理学研究表明，不同的数字会对消费者产生不同的心理影响。尾数定价已被广大厂商所运用，如果价格再包括小数位数，则消费者认为这是厂商经过精确测量的"合理"价格。比如，消费者认为 49 元要比 50 元便宜许多。

3. 声望定价

声望定价，即针对消费者"便宜无好货、价高质必优"的心理，对在消费者心目中享有一定声望、具有较高信誉的商品制定高价。不少高级名牌商品和稀缺商品，如豪华轿车、高档手表、名牌时装、名人字画、珠宝古董等，在消费者心目中享有极高的声望价值。

4. 习惯定价

有些商品在长期的市场交换过程中已经形成了为消费者所适应的价格，成为习惯价格。企业对这类商品定价时要充分考虑消费者的习惯倾向，采用"习惯成自然"的定价方法。对消费者已经习惯了的价格，不宜轻易变动。

5. 招徕定价

这是适应消费者"求廉"的心理，将商品价格定得低于一般市价，个别的甚至低于成本，以吸引顾客、扩大销售的一种定价方法。

（三）商品组合定价法

这是指处理企业各种商品之间价格关系的方法。

它包括商品线定价、任选商品定价、附属商品定价、副商品定价和捆绑定价等。

1. 商品线定价

商品线定价是根据购买者对同样商品线不同档次商品的需求，精选设计几种不同档次的商品。

2. 任选商品定价

任选商品定价是在提供主要商品的同时，还附带提供任选品或附件与之搭配。

3. 附属商品定价

附属商品定价是以较低价格销售主商品来吸引顾客，以较高价格销售备选和附属商品来增加利润。

4. 副商品定价

在许多行业，在生产主商品的过程中常常有副商品。如果这些副商品对某些客户群售卖，必须根据其价值定价。

5. 捆绑定价

捆绑定价是将数种商品组合在一起，以低于分别销售时支付总额的价格销售。

如果出售的是商品组合，则可以考虑采取系列商品定价，以主导商品带动，以附加品差别定价等方法。

三、商品调价策略

门店的初始价格确定以后并不是一成不变的，为了适应季节、竞争、消费者偏好等因素的变化，有必要对不合时宜的价格进行调整。价格调整有两种形式：提价和降价。任何价格变动都会对顾客产生影响，但顾客并不总是对价格变动做出充分的理解。

智能改价，电子价签数字化赋能传统商超

当商品提价时，很可能向顾客传递下列信息：门店很贪心，要从顾客身上赚取更多利润；该商品具有不同寻常的高价值；商品很畅销，不抓紧时间就卖完了等。当商品降价时，消费者可能产生下述理解：该产品有缺陷，销售不畅；价格会进一步下跌，要耐心等待；商品的质量有所下降；门店发生财务危机，需要及时变现；商品可能要被新型号所代替等。价格变动会对消费者产生一定的负面影响，要消除或降低这种影响，门店在调价时要十分注重调价技巧。

（一）提价

1. 提价的原因分析

顾客对商品提价非常敏感，常常会产生抵触心理，所以，门店提价要非常谨慎。门店商品提价的原因有：某商品的原材料成本、采购成本上涨；经营某项商品的支出增加；人工成本的上升；商品的升级换代；商品供不应求等。例如，近年来，随着铜、铝等金属原材料的上涨，空调、洗衣机等白色家电价格不断上涨，如果门店将实情告知顾客，那么涨价的原因是可以被消费者所接受的。

2. 提价的时机选择

提价时机非常重要，提价不能平白无故，最好在恰当的时机进行；否则，错过了机会，价格就难以提高了。门店通常选择的提价时机有以下几种：

1）季节性商品换季时

例如，夏季服装换成秋季服装时，对新上市的秋季服装可以考虑以高于上年价格的幅度销售。

2）年度交替时

新年或春节期间消费比较热，顾客的购买能力比较强，此时对商品的价格敏感度比较弱，所以门店在这一时期提价容易被顾客接受。

3）应节商品

在传统节日和传统习俗时期，顾客对商品价格关心程度较低，而对商品本身的质量、花色、品种等关心程度较高，这时提价往往不会遭到顾客拒绝。

3. 提价的方法

一般来说，门店会有多种理由提价，但消费者的心理上会产生一种不平衡的感觉，以不购买来表示拒绝。为了能使消费者接受门店对商品的提价，可采取下列提价措施：

1）减少商品的重量、数量、长度及降低商品等级等

这样做的目的是在维持原价的基础上以不易察觉的变化来达到提价的目的。门店通常要和厂商、供货商合作来达到这一目的。例如，某品牌礼盒装火腿肠，原价55元一盒，2.5千克，为了保持原价，则减少了500克的重量，使之变为2千克，顾客即使发现这种变化，也不会产生强烈的不平衡感。

2）附加馈赠

提价以不损害门店正常收益为前提，搭配附属商品或赠送小礼物，提供某些特别优惠，这样给顾客一种商品价格提高是由于搭配了附属商品的感觉，过一段时间，再重新恢复到原有水平上去。这样做要注意时间的配合。例如，9月20日开始采用搭配附属商品进行提价，10月20日取消附属商品，从而减少顾客抵触情绪。

3）一次提价幅度不能过大

如果门店需要提价的幅度过大，最好采取分段调整的办法。当然，顾客对不同商品的敏感度是不同的。顾客对成本很高和经常购买的商品价格非常敏感，而对低成本、不经常购买的商品则不太注意其价格是否上涨。另外，有些顾客虽然关心商品价格，但更关心商品购买、使用和维修的总费用。如果门店能使顾客所需的总成本较低，则即使其价格高于竞争门店，仍然可以增加销售。另外，取消原有服务项目或各种折扣、缩短保修期限等都是提价策略。

（二）降价

1. 降价的原因分析

门店经常会对商品实行降价销售，尽管降价有多种原因，但归纳起来无非两个：清仓

（处理）和促销（贱卖）。当食品的储存期超过了2/3保质期、商品新鲜度不够高、商品的销量明显放缓、商品过时、到销售季末或者当价格高于竞争门店的价格等情况出现时，门店都会采取降价的方式加速商品周转。一些人担心降价会损害门店形象，但如果将商品放到下年销售，商品也许会变得破旧或过时，同时门店还得付出高昂的库存成本。门店采用降价策略进行促销，通常会加速资金回流，从而可以引进新商品；同时，降价也可以增加顾客流量，带动正常价格商品的销售量，有计划地降价促销实际上能提高门店总的销售业绩。

2. 降价的时机选择

有些门店采取早期降价政策，而那时的需求还相当活跃，通过及早降价，门店不必像在销售季节的晚期那样急剧降价；有些门店采用后期降价政策，力争在保本期内把商品卖掉。

早降价的好处有：刺激消费，只需较低的降价幅度就可以把商品卖出去；可以为新商品腾出空间；可以加快门店的资金周转等。迟降价的主要好处是：门店可以有充分的机会按原价出售商品；避免频繁降价对正常商品销售的干扰；减少门店由于降价带来的利润损失等。

选择降价时机，关键要看降价的结果。如果商品能顺利地销售，门店可以选择后期降价；如果降价对顾客有足够的刺激，可以加速商品销售，则应该早降价。

3. 降价的方法

1）折扣调整

折扣通常是指在标价的基础上，根据交易的方式、时间、数量及条件的不同，向顾客让利。常见的有以下几种形式：

（1）现金折扣。

现金折扣是指顾客以现金作为支付方式或提前付款，门店就给予一定的折扣优惠作为鼓励。由于现代信用制度的发展，手持个人支票或信用卡的顾客增多，增加了门店接受支票或信用卡出售商品的风险性。对门店经营者而言，使用现金进行交易就会减少这种风险，所以，门店对使用现金的顾客提供这种优惠，以鼓励现金消费。

（2）数量折扣。

这是根据顾客购买数量的不同而实行的鼓励。购买数量或金额越大，给予的折扣越多，顾客平均单位的购买价格越低，从而刺激顾客大量购买。如 DVD 碟片，10 元一盒，20 元三盒，就是数量折扣的应用。数量折扣分为累计数量折扣和非累计数量折扣。累计数量折扣是在一定时期内累计购买超过规定的数量从而给予折扣，非累计数量折扣是根据一次购货或订货的数量计算折扣。

（3）职能折扣。

这是门店经营者由于减少某种应该履行的职能，而向顾客提供的折扣。例如，应该对商品提供保修等售后服务，但由于某种原因不能提供这种服务，因而在价格上给予折扣，把提供保修服务的费用让给顾客。

（4）季节折扣。

季节折扣是指在各种季节商品销售季末，门店经营者会给顾客折扣，使季节性商品尽快出手，以便加快资金周转、降低仓储费用。一般来说，这种折扣的幅度比较大，通常在 30%~60%。

2）控制适宜降价幅度

降价的幅度非常重要，一次降价幅度过小，不易引起顾客的注意，往往不能起到促销作用，而一次降价幅度过大，顾客会对商品的质量、使用价值等产生怀疑，同样会影响商品销量。商品的降价幅度往往很难确定，不同的商品，折扣的幅度要有所不同。易变质的商品、时尚商品比纺织品有更大的降价幅度。例如，对 1 万元的彩电降价 10% 比对 5 元的面包进行 10% 的降价更具有刺激性。根据实践经验，耐用消费品的降价幅度一次不宜超过 10%，而一般商品降价幅度应在 10%～50%，如果超过 50%，顾客就会对商品的质量产生怀疑。

3）赠券

赠券是可兑换商品的凭证。持有赠券的顾客，可以凭此免费购买特定的商品，或可以购买较低价格的商品。这种赠券可以夹在报纸里送到顾客手里，或者刊登在报纸上，将其剪下来即可得到。

4）赠品

赠品可以是顾客所购商品的小包装，如饼干；可以是相关商品，如买火腿肠赠围裙或纸杯；也可以是其他商品。如果能在赠品上印制门店标识、名称等，效果会更好。

另外，改变包装以新产品面貌出现、增加服务项目、延长保修期、加量不加价及给予机会奖励（抽奖）等，都是间接的降价措施。

阅读材料

国家有关商品标价的规定

国家发展计划委员会发布的自 2001 年 1 月 1 日起施行的《关于商品和服务实行明码标价的规定》，要求商品标价必须遵守以下规定：

一、为规范价格行为，维护正常的市场价格秩序，促进公平、公开、合法的市场竞争，保护消费者和经营者的合法权益，根据《中华人民共和国价格法》，制定本规定。

二、凡在中华人民共和国境内收购、销售商品或者提供服务的价格行为，均适用本规定。

三、本规定所称明码标价是指经营者收购、销售商品和提供服务按照本规定的要求公开标示商品价格、服务价格等有关情况的行为。前款所称应当明码标价的商品和服务是指实行市场调节价、政府指导价或者政府定价的商品和服务。

四、经营者实行明码标价，应当遵循公开、公平和诚实信用的原则，遵守价格法律、法规。

五、县级以上人民政府价格主管部门是明码标价的管理机关，其价格监督检查机构负责明码标价实施情况的监督检查。

六、明码标价的标价方式由省级人民政府价格主管部门统一规定，县级以上地方人民政府价格主管部门的价格监督检查机构对标价方式进行监制。未经监制的，任何单位和个人不得擅自印制和销售。

七、需要增减标价内容以及不宜标价的商品和服务，由县级以上地方人民政府价格主管部门认定。

八、根据商品和服务的特点，需要实行行业统一规范标价方式的，由国务院价格主管部门和省级人民政府价格主管部门确定。

九、明码标价应当做到价签价目齐全、标价内容真实明确、字迹清晰、货签对位、标示醒目。价格变动时应当及时调整。

十、商品价格、服务价格一律使用阿拉伯数字标明人民币金额。

十一、除国家另有规定外，从事涉外商品经营和服务的单位实行以人民币标价和计价结算，应当同时用中、外文标示商品和服务内容。民族自治地方自主决定使用当地通用的一种或几种文字明码标价。

十二、降价销售商品和提供服务必须使用降价标价签、价目表，如实标明降价原因以及原价和现价，以区别于以正常价格销售商品和提供服务。经营者应当保留降价前记录或核定价格的有关资料，以便查证。

十三、从事零售业务的，商品标价签应当标明品名、产地、计价单位、零售价格等主要内容，对于有规格、等级、质地等要求的，还应标明规格、等级、质地等项目。标价签由指定专人签章。

十四、开架柜台、自动售货机、自选市场等采取自选方式售货的，经营者应当使用打码机在商品或其包装上胶贴价格标签，并应分品种在商品陈列柜（架）处按第十三条规定明码标价。

十五、经营者收购农副产品或废旧物资的，应当在收购场所醒目位置公布收购价目表，标明品名、规格、等级、计价单位和收购价格等内容。国务院或省级人民政府对收购农副产品规定了保护价的，收购部门应当在收购点的醒目位置予以公布。

十六、提供服务的经营者应当在经营场所或缴费地点的醒目位置公布服务项目、服务内容、等级或规格、服务价格等。

十七、各类商品专业交易市场应当按照本规定有关条款实行明码标价。

十八、房地产经营者应当在交易场所标明房地产价格及相关收费情况。

十九、经营者不得在标价之外加价出售商品，不得收取任何未予标明的费用。需先消费后结算的，应出具结算单据，并应当列出具体收款项目和价格。一项服务可分解为多个项目和标准的，经营者应当明确标示每一个项目和标准，禁止混合标价或捆绑销售。

二十、经营者不得利用虚假的或者使人误解的标价内容及标价方式进行价格欺诈。

二十一、经营者有下列行为之一的，由价格主管部门责令改正，没收违法所得，可以并处 5 000 元以下的罚款；没有违法所得的，可以处以 5 000 元以下的罚款。

（一）不明码标价的；

（二）不按规定的内容和方式明码标价的；

（三）在标价之外加价出售商品或收取未标明的费用的；

（四）不能提供降价记录或者有关核定价格资料的；

（五）擅自印制标价签或价目表的；

（六）使用未经监制的标价内容和方式的；

（七）其他违反明码标价规定的行为。

二十二、经营者利用标价进行价格欺诈的，由价格主管部门依照《价格违法行为行政处罚规定》第五条实施处罚。

二十三、商品和服务实行明码标价的具体方式和内容，除按本规定有关条款执行外，各省、自治区、直辖市人民政府价格主管部门可以结合本地区实际情况作出具体规定。

二十四、本规定由国家发展计划委员会负责解释。

二十五、本规定自2001年1月1日起施行。国家计划委员会1994年2月28日发布的《关于商品和服务实行明码标价的规定》和1994年3月3日发布的《关于商品和服务实行明码标价的规定实施细则》同时废止。

另外，在第二十二条中利用标价进行价格欺诈的主要表现有：

第一，使用虚假的或使人误解的标价内容。

经营者在销售商品和提供服务时，违背诚实信用原则，在标价签或价目表上使用虚假的或者使人误解的内容进行欺诈，主要有：对商品的品名、产地、规格、等级、质地等进行虚假宣传；隐瞒用料、工艺，利用标价引诱消费者接受服务，再按实际成交价结算；采取偷工减料、掺杂使假、混淆服务等级等手段多收费；虚拟降价，谎称降价而实际没有降价；以高标价、大折扣的手段，伪装降价；采用无依据的"市场最低价""清仓甩卖价"等误导性用语进行价格宣传；故意用模糊的语言、文字、计价单位等表示价格的行为；经营者对同种商品或服务故意使用两套标价签或价目表，以低价招揽顾客、高价结算的行为等。

第二，使用虚假的或者使人误解的标价方式。

主要指经营者利用虚假的或者使人误解的标价方式，引诱消费者与其交易的行为。主要表现为：使用未经价格主管部门确定、价格监督检查机构监制的标价方式，采用使人误解的标价签、价目表、告示牌等标价方式引诱消费者进行交易或接受服务；采取货签不对位、不在醒目位置标示价格或者收费标准，诱骗消费者进行交易或者接受服务以及利用其他虚假的或者使人误解的标价方式进行价格欺诈的行为。

（根据网络资料整理）

四、商品价格标识

一般来说，门店的价格标识主要是标价签。大商场、大超市的标价签一般都维护得比较好，在一些街头小店，我们常能看到摆放得歪歪扭扭、又脏又乱的标价签，在个别零售门店，许多商品旁甚至没有标价签。标价签是可有可无的吗？当然不是。标价签对顾客来说起到了导购的作用。另外，商品标价签上面还有物价员的名字、举报电话，加盖了"物价已核"的专用章，这些会让消费者觉得商品质量可靠、价格合理。

（一）标价签的填写要求

人工填写的标价签一般用黑色水性笔来填写，要求字迹工整、书写规范、无错别字，正确填写商品编码、品名、产地、规格、等级、价格等信息，各栏目填写的内容要与商品的实际情况相符。零售价格一律使用阿拉伯数字标明人民币金额。不要在一张标价签上出现多种不同笔迹的字。不涂改、挖补、刮擦标价签,在填写时出错的标价签应立即作废,不再使用。标价签应由物价员负责填写,经有关部门审核后才能使用。

(二)标价签的摆放技巧

标价签在摆放时必须与商品一一对应,不能漏放,更不能错放。应将标价签的正面朝向顾客,不能将其斜着或倒着放。标价签摆放的位置要统一,上下左右要对齐,要做到醒目、整齐、美观、横成行、竖成排。要避免在同一种商品的旁边出现两张品名和规格相同但零售价不同的标价签,否则,容易误导顾客,造成麻烦。

(三)标价签的维护

避免将标价签放在潮湿的地方,以防发霉和变形;避免标价签受到阳光直射,以防边角起翘、掉色。避免标价签溅上果汁、茶渍、油斑、墨水等污渍。整理货架、柜台时,应用干净的干抹布擦拭标价签,保持其干净、整洁。应定期整理标价签;如零售指导价有变动,应及时调整、更换标价签。

此外,门店的价格标识还有价目表、告示牌、价格吊牌、POP 广告等。门店经营工作千头万绪,对经营者来说,价格标识可能只是经营中的一个细节,但这个细节对门店在顾客心目中的形象有着不小的影响。用好小小的标价签,并非经营中的一件小事,所以,门店经营者应重视价格标识,做好明码标价工作。

素养园地

诚信兴商,你我共筑——信誉楼

诚信是信誉楼企业文化的核心。自 1984 年创立以来,信誉楼始终恪守"以信誉为本,切实维护消费者和供应商利益"的经营宗旨,培训员工诚诚恳恳做人做事,对待消费者像对待亲友一样诚心实意,怀着一颗至诚之心与供应商交往,把践行诚信转化为实实在在的举措。

20 世纪 80 年代,信誉楼在开业之初便实行"五试一退"制度,即自行车试骑三天;收音机、录音机试听五天;洗衣机试用七天;电视机试看半个月;各种日用化妆品当面试用;凡经营商品,属于质量问题,都可凭票退换。为了让消费者退换商品更方便,信誉楼又发明了"信誉卡",向消费者作出退、换、修承诺。

20 世纪 90 年代,信誉楼独创"视客为友"服务理念,细化各项服务内容:为顾客提供好的商品,合理定价;不断完善售后服务,始终坚持"无理由退换货",在矛盾面前,把对的一面让给顾客;诚心诚意当好顾客参谋,帮助顾客选到适合的商品;为顾客提供解决问题的方案,做顾客健康品质生活方式的引领者;不让顾客吃亏,为顾客提供更为愉悦的购物体验,提高顾客满意度和感动度;等等。

与供应商交往,信誉楼坚守"我利客无利,则客不存;我利大客利小,则客不久;客我利相当,则客可久存,我可久利"的原则,具体做法包括不拖欠供应商货款、不向供应商转嫁风险、不接受供应商回扣、不接受供应商吃请,等等,并且设专门管理人员监督检查。

正是长期坚持诚信经营，信誉楼才有了今天的发展成果：43 家门店、100 多万平方米营业面积、4 万多名员工、236 亿元营业收入……过去十年，信誉楼一直保持着两位数的增长势头，在"中国连锁百强"榜上攀升至 2023 年的第 31 位，被誉为"百强企业中绝无仅有的长跑冠军"。

（资料来源于网络）

项目总结

本项目重点介绍了门店商品结构的含义、分类，门店商品组合优化的几种方法，门店货源组织设计中物流配送中心订货、门店自行采购等组织货源的方式。说明了影响商品价格的各种因素，包括需求价格弹性、产品价格策略、商品成本、国家法规政策及其他各方面的因素。讲解了商品调价的策略，包括提价策略和降价策略，同时应注意商品提价和降价时机以及方法的选择。

知识自测

一、名词解释

1. 商品组合（结构）
2. 商品组合的广度
3. 商品组合的深度
4. 物流配送中心
5. 自有品牌
6. 需求价格弹性
7. 招标采购
8. 商品价格标识

二、选择题

1. 不能进一步细分的、完整独立的商品品项是（　　）。
   A. 大分类　　　　　B. 中分类　　　　　C. 小分类　　　　　D. 单品
2. 在商品结构中占 20%～30% 的比率，但创造整个卖场 80% 左右业绩的商品群是（　　）。
   A. 主力商品群　　　　　　　　　　　　B. 辅助性商品群
   C. 附属性商品群　　　　　　　　　　　D. 单品商品群
3. 下列（　　）不是商品价格折扣调整的方法。
   A. 现金折扣　　　　　　　　　　　　　B. 数量折扣
   C. 职能折扣　　　　　　　　　　　　　D. 赠品折扣
4. 大宗商品或价格变动频繁的商品通常采用（　　）。
   A. 公开市场采购　　B. 询价采购　　　C. 议价采购　　　D. 招标采购
5. 规模小、企业内部经营管理能力较差的连锁企业适合（　　）。
   A. 自建型物流配送中心　　　　　　　　B. 联合型物流配送中心

C. 改造型物流配送中心　　　　　　　　D. 代理型物流配送中心

三、填空题

1. _____是商品分类中不能进一步细分的、完整独立的商品品项。
2. _____商品的经营效果决定着门店经营的成败。
3. 一般可采用的商品组合类型有：按_____组合、按_____组合、按_____组合、按_____组合四类。
4. 明星类商品是指市场占有率和销售增长率都_____的商品。
5. 需求价格弹性反映_____对价格变动的反应程度。
6. 连锁门店通常通过_____或"前店后厂"的方式实现自有品牌商品的开发。
7. 根据物流配送中心的功能划分，可将物流配送中心划分为_____、_____、_____和_____。
8. 采购的职责主要有_____、_____、_____、_____和_____。

四、简答题

1. 什么是商品结构？商品结构有哪些类型？
2. 连锁门店商品组合的类型有哪些？
3. 连锁门店商品组合优化的方法有哪些？
4. 影响商品价格的因素有哪些？
5. 物流配送中心有哪些类型？
6. 连锁门店采购有哪些方式？
7. 连锁门店为什么要开发自有品牌商品？
8. 连锁门店商品应该如何正确验收？

工作任务

连锁企业门店商品组合和价格标识调研

【工作任务描述】

自主选择某大型连锁企业，详细调研其门店商品组合和价格标识，并汇总形成小组报告。

工作任务一　连锁企业门店商品组合调研

工作任务二　连锁企业门店价格标识分析

综合案例分析

砍掉 4 000 余个低效 SKU——打造爆款，唯快不破

商超的核心就是选品，这是它的核心竞争力。一家商场的产品好，价格有优势，才会吸

引消费者。而如今的消费者，看的并不是货有多全，而是产品有没有吸引力，不仅要好用，还要好看，更要健康、安全。

商超不再以庞大的 SKU 去吸引消费者，而是靠专业的选品去匹配消费者，为此，银座砍掉了 4 000 余个低效 SKU，精简了品类数量，力争在爆款和消费趋势上大做文章。

银座超市事业部标品采购副总监倪志宇表示："我们动作非常快，像今年进博会上新出现的商品，我们也会第一时间带到银座来。"银座门店有的瓶装水零售价在 58 元，非常贵，是迪拜七星级帆船酒店指定用水，它的水取自捷克地下资源保护区，水龄超过 1.5 万年，跟冰河纪猛犸象是一个时代的。"我们把进博会参展的产品一股脑都带回超市，连他们的样品都带回来了。"

银座希望把选品做到极致，比如为了把精酿啤酒做精，就把全国精酿圈最有名的大佬拉来合作；年轻人开始喝威士忌，就在高端门店打造了济南东部最全的进口威士忌集合店；消费者喝红酒越来越讲究，就把葡萄酒界五大名庄凑齐并打造首家超市里的温室酒窖；为了让消费者体验正宗西班牙火腿、世界级比赛烘焙大师手作味道，专门请来了一天工资 1 500 元的切片师傅，联合高校进行校企合作，培养专业人才制作最正宗的面包产品；为了让全国甚至全世界消费者都能在银座门店寻找到家乡的味道，采购人员足迹遍寻全球……

为了好产品，现在银座超市采购部的人就是这么拼。

（根据网络资料整理）

问题：

1. 银座在选品方面有哪些值得借鉴的地方？
2. 你认为商超的核心是什么？

综合实训

1. 请列举现实生活中你所熟悉的门店（如校园超市），以小组为单位，对其商品组合的现状进行分析评价，并提出改进措施。
2. 走访调查某一连锁企业门店自有品牌产品的发展现状。

项目七

连锁门店开业设计

项目导入

对于任何一家连锁企业来说，开新门店都是一件值得庆贺的事情。然而，新门店开业前的准备工作是一项系统工程，需要相关负责人潜心研究、认真计划并合理安排。好的开始是成功的一半，为了赢得开门红，开业庆典、开业促销的设计和安排工作十分关键。

知识目标

❖ 了解连锁门店开业前的各项准备工作
❖ 熟悉连锁门店开业促销的组织与实施
❖ 掌握开业庆典策划的实施方法与步骤

能力目标

❖ 能够设计连锁门店试营业工作流程
❖ 能够设计连锁门店开业庆典
❖ 能够策划连锁门店开业促销活动

素质目标

❖ 培养工匠精神和严谨专注的职业习惯
❖ 培养创新精神和质量至上、客户至上的意识
❖ 培养团队团结合作和精益求精的精神

项目框架

项目名称	任务步骤	知识点
连锁门店开业设计	连锁门店开业准备	连锁门店开业前的法律手续
		连锁门店开业前的试营业
		连锁门店开业庆典的设计与实施
	连锁门店开业促销活动设计	连锁门店开业促销活动的组织
		连锁门店促销活动的实施流程

导入案例

紫荆百货商场开业庆典活动策划方案

一、前言

鉴于紫荆百货商场（以下简称紫荆百货）"引领时尚消费，倡导精致生活"的经营理念，所以，如何有针对性地吸引高端消费者，如何将活动形式和活动内容同商场的高端定位及高端消费人群的消费形态相契合，就成了本次活动的关键。

在策划过程中，我们着重考虑将开业庆典、促销活动和树立商场高端形象有机结合；活动主题尽可能艺术化地处理，淡化促销的商业目的，使活动更接近于目标消费者，更能打动目标消费者。把举办第一届"紫荆"杯高尔夫赛事的开幕式作为本次活动的亮点及持续的新闻热点，力求创新，使活动具有震撼力和排他性。从前期的广告宣传和活动中的主题风格，我们都从特定的消费人群定位进行了全方位考虑。在活动过程中，为尽量避免其他人员的滞留，庆典场面不宜盛大，时间不宜过长，隆重即可。

二、活动主题

（1）开业庆典。
（2）第一届"紫荆"杯高尔夫友谊赛开幕式。

三、活动风格

隆重、高雅。

四、活动目的

（1）面向社会各界展示紫荆百货商场的高档品牌形象，提高紫荆百货商场的知名度和影响力。
（2）塑造海南第一高档精品商场的崭新形象，塑造紫荆百货商场的精品氛围。
（3）通过本次开业庆典活动和"紫荆"杯高尔夫友谊赛事开幕仪式，开拓多种横向、纵向促销渠道，掀起国庆黄金周的促销高潮和持续的新闻热点，奠定良好的促销基础和社会基础。

五、广告宣传

1. 前期宣传

（1）自开业前10天起，分别在《海南日报》《海口晚报》及各高档写字楼的液晶电视传媒网等媒体展开宣传攻势，有效针对高端目标消费人群。

（2）在周边各高档社区及高档写字楼内作电梯广告，针对周边高端消费者，有效传达紫荆百货开业及其相关信息。

（3）以各高尔夫球场为定点单位给各高尔夫球场的会员及高尔夫球界名流、精英发放设计精美的邀请函，邀请其参加紫荆百货商场开业庆典暨第一届"紫荆"杯高尔夫友谊赛。

2. 后期广告

（1）开业后5日内，分别在《海南日报》《海口晚报》及各高档写字楼的液晶电视传媒等媒体进一步展开宣传攻势，吸引目标消费者的眼球，激起目标消费者的购买欲。

（2）进一步跟踪报道"紫荆"杯高尔夫友谊赛，掀起持续的新闻热点。

六、嘉宾邀请（由主办方负责出面）

嘉宾邀请是仪式活动工作中极其重要的一环，为了使仪式活动充分发挥其轰动及舆论的积极作用，在邀请嘉宾工作上必须精心选择对象，设计精美的请柬，尽力邀请有知名度的人士出席，制造新闻效应，提前发出邀请函（重要嘉宾应派专人亲自上门邀请）。

嘉宾邀请范围：

（1）政府领导、上级领导、主管部门负责人；

（2）主办单位负责人、协办单位负责人；

（3）业内权威机构、高尔夫球界权威或精英；

（4）知名人士、记者；

（5）赞助商家、大型企业老总。

七、活动亮点

1. 以开业庆典为平台，举行第一届"紫荆"杯高尔夫友谊赛开幕式

以海南各高尔夫球场的会员为主要参赛对象，给每个会员发放邀请函，并附上参赛的相关事项。以商场内各商家为赞助商，还可邀请海口市内知名品牌的高尔夫用具商为赞助商或协办单位；邀请海南各高尔夫球会为协办单位，凡参赛者均可在商场开业当天获得精美礼品，优胜者可按名次获得现金奖励及商场内各世界品牌提供的高档礼品。凡参赛选手在商场内购物，可获得相应优惠，在协办单位消费也可获得一定的礼品等（或到场嘉宾可当天加入紫荆VIP会员）。在良性的联合运作状态下，使主办方、协办方及赞助方三方在合作中获得共赢。

2. 千份 DM 杂志免费赠送

为了扩大商场的开业效应和品牌影响力，发行 DM 杂志（紫荆百货《精致生活指南》）赠阅消费者。此 DM 杂志为大 16 K、68 P、四色铜版纸印刷，发行量为 1 500 册。主要发行渠道为在开业庆典上所有到场者的礼品和开业促销期间商场赠阅。

本杂志的主要内容分为三个板块：

（1）"引领时尚消费，倡导精致生活"——介绍紫荆百货商场的经营理念、购物环境及其他相关信息。

（2）"品牌故事"——介绍紫荆百货商场内各品牌（内附各品牌代金券）。

（3）"高尔夫享受"——介绍高尔夫的相关知识及协办单位的相关信息（内附各球会优惠券）。

3. 气氛渲染

以高雅的模特走秀和钢琴演奏代替庆典仪式中惯用的军乐队、锣鼓、醒狮队等。令每位来宾耳目一新，难以忘怀，且能有效地提高开业仪式的新闻亮点和宣传力度。在庆典活动中注入高雅文化，与紫荆百货商场的高端定位及目标消费群的理想生活形态有机契合。

4. "明星"巧助阵

邀请高尔夫球界权威或精英，使圈内人士慕名而至；邀请某品牌代言人到场助兴表演 1～2 个节目，掀起会场高潮，整个活动在高潮迭起中落幕，令人回味无穷。

八、活动程序

××××年 9 月 25 日上午 9:00 典礼正式开始（暂定）。

8:30　播放迎宾曲，礼仪小姐迎宾，来宾签到，为来宾佩戴胸花、胸牌，派发礼品，并引导来宾入会场就座，将贵宾引入贵宾席。

8:35　模特高雅的时装表演开始，展示国际著名服饰品牌魅力，在嘉宾印象中深化紫荆百货的高端定位，也可调动现场气氛，吸引来宾的目光。

9:00　时装表演结束，五彩缤纷的彩带彩纸从空中撒下，主持人上台宣布开业仪式正式开始，并介绍贵宾，宣读祝贺单位的贺电、贺信。

9:05　紫荆百货商场高层领导致欢迎辞。

9:10　政府领导致辞。

9:15　协办单位（美视高尔夫）领导致辞。

9:20　参赛选手代表讲话。

9:25　体育部门领导致辞，并宣布第一届"紫荆"杯高尔夫友谊赛开幕，鸣礼炮，放飞和平鸽及氢气球（会场达到第一个高潮）。

9:30　钢琴演奏（曲目略）。

9:35　宣布剪彩人员名单，礼仪小姐分别引导主礼嘉宾到主席台。

9:40　宣布开业剪彩仪式开始，主礼嘉宾为开业仪式剪彩，嘉宾与业主举杯齐饮，放礼炮、放飞小气球，彩屑缤纷，典礼达到第二个高潮。主持人宣布正式营业。消费者可进场购物。

9:45　活动进入表演及相关互动活动。
10:00　整个活动结束。

九、会场布置

现场布置与开业庆典的主题结合,力争做到"细心、精心、认真、全面",将高雅文化进行到底。遮阳(雨)棚和T形台、背景板的设计能充分突出会场高雅而隆重的风格(见附件1、2)。

现场布置所需物料:

1. 彩旗

(1) 数量:80面。
(2) 规格:0.75米×1.5米。
(3) 材料:绸面。
(4) 内容:"引领时尚消费,倡导精致生活"。
(5) 布置:广场周围插置。

印制精美的彩旗随风飘动,喜气洋洋地迎接每位来宾,能充分体现主办单位的热情和欢悦景象,彩旗的数量能体现出整个庆典场面的气势,同时是有效的宣传品。

2. 横幅

(1) 数量:若干。
(2) 规格:4.5米×10米。
(3) 内容:紫荆百货商场隆重开业。
(4) 布置:高空气球下方。

3. 贺幅

(1) 数量:20条。
(2) 规格:0.8米×20米。
(3) 内容:各商家及合作单位祝贺。
(4) 布置:广场及超市楼体。

4. 放飞和平鸽

(1) 数量:188只。
(2) 布置:宣布第一届"紫荆"杯高尔夫友谊赛开幕时放飞。

5. 放飞小气球

(1) 数量:2 000个。
(2) 材料:进口PVC。
(3) 布置:主会场上空。

剪彩时放飞,使整个会场显得隆重祥和,更能增加开业庆典仪式的现场气氛。

6. 高空气球

(1) 数量:6个。

(2) 规格：气球直径3米。
(3) 内容：祝贺及庆祝语。
(4) 布置：现场及主会场上空。

7. 充气龙拱门

(1) 数量：2座。
(2) 规格：跨度15米/座。
(3) 材料：PVC。
(4) 布置：主会场入口处及车道入口。

8. 绸布

(1) 数量：100米。
(2) 布置：市场入口处两旁的门柱。

9. 签到台

(1) 数量：签到台1组。
(2) 布置：主会场右边桌子铺上红绒布，写有"签到处"，以便贵宾签到用。

10. 花篮

(1) 数量：30个。
(2) 规格：五层中式。
(3) 布置：主席台左右两侧。

带有真诚祝贺词的花篮五彩缤纷、璀璨夺目，使庆典活动更激动人心。

11. 背景板

(1) 数量：一块。
(2) 规格：10米×5米。
(3) 材料：钢架、喷绘。
(4) 内容：主题词，其风格与本活动的主题风格一致，能体现高雅与时尚的主题。

12. T型台

(1) 数量：1座。
(2) 材料：钢管、木板、红地毯。

13. 红色地毯

(1) 数量：200平方米。
(2) 布置：主会场空地，从入口处一直铺到主席台。

突出主会场，增添喜庆气氛。

14. 其他

(1) 剪彩布一条，根据剪彩人数扎花。
(2) 签到本1本、笔1套。
(3) 椅子150张。

（4）胸花 150 个。

（5）胸牌 150 个。

（6）绿色植物 300 盆。

（7）盆花 200 盆。

（8）彩屑。

营造气氛。

15. 礼仪小姐

（1）人数：10 位。

（2）位置：主席台两侧、签到处。

礼仪小姐青春貌美，身披绶带，笑容可掬地迎接各位嘉宾并协助剪彩，是庆典场上一道亮丽的风景。

16. 钢琴演奏

（1）人数：1 位。

（2）规格：著名钢琴师。

（3）位置：主席台上。

在迎宾和仪式进行过程中，演奏各种迎宾曲和热烈的庆典乐曲，使典礼显得隆重而富有风情。

17. 专业模特队

（1）人数：18 人（暂定）。

（2）位置：庆典开始前在 T 型台上表演，以调动现场欢快的气氛且与活动主题有机契合。

18. 音响

（1）数量：1 套。

（2）说明：专业。

（3）位置：主会场。

（4）媒体配合（略）。

十、附件（所有的平面设计都以体现高雅的活动主题为本）

附件 1：主会场效果图（略）。

附件 2：主席台及背景板设计（略）。

附件 3：邀请函设计（略）。

附件 4：DM 画册设计（略）。

附件 5：条幅、贺幅、彩旗设计（略）。

附件 6：X 展架设计（略）。

附件 7：庆典物料明细及费用预算（略）。

附件 8：目标消费群消费形态分析及相应前后期广告措施（略）。

（根据网络资料整理）

【引例分析】

本案例方案从开业庆典的各项筹备工作到开业当天的各项典礼仪式安排，都做了详细具体的安排与策划，内容丰富、具体，可操作性和可借鉴性强，是一篇值得学习的开业庆典策划方案。

 知识学习

学习任务一　连锁门店开业准备

一、连锁门店开业前的法律手续

连锁门店经营者应派人到当地工商部门了解营业执照办理手续以及需要准备的资料。办理个体工商户营业执照手续比较简单，而办理有限公司营业执照则手续比较多，到工商局咨询会得到详细指导。例如，江苏省常熟市办理个体工商户营业执照所需的手续有：开业申请书、个体工商户字号名称审批表（不取字号名称也可）、无业证明（包括下岗、待岗、离退休人员等证明）、身份证复印件（外地人员需要提供暂住证、身份证复印件）、一寸照片一张、租房协议和产权证复印件、涉及前置审批行业需提供审批意见、到当地工商部门领取申请开业登记表格，共计 8 项。办理地点为当地的工商分局或工商所。

另外，办理完营业执照后，还需到当地卫生防疫站申请卫生许可证，到税务局申请税务登记证，到消防部门办理消防行政许可手续，还有刻章、办理组织机构代码、银行开户、购买发票等一系列手续。

二、连锁门店开业前的试营业

连锁门店试营业模仿正式开业后整个开业流程，如人员责任分配、客户引导、交易过程等，这样可以减少正式营业后客户在消费过程中未发现的失误和不足。

试营业活动需要经历四个阶段：试营业方案制定阶段、试营业方案实施阶段、试营业活动评估阶段、正式营业方案制定阶段。

（一）试营业方案制定阶段

试营业方案主要包括试营业目的、试营业时间、主题活动、宣传方案、现场管理以及方案评估几个方面。

1. 试营业目的

试营业目的主要是借助试营业发现主要消费群体、服务受顾客欢迎程度、门店管理水平、门店服务水平、合理的营业时间。

试营业目的是试营业活动的指向针，经过验证的试营业目的也是门店制定正式营业方案的依据。

2. 试营业时间

连锁门店营业时间一般选择在重大节假日或纪念日。试营业是为了提升正式营业的管理

和服务水平而开展的，故而试营业时间就要选择在营业时间之前。有些门店的试营业时间也会选择在重大节假日或纪念日。

3. 主题活动

为了吸引顾客积极参与连锁门店的试营业，连锁门店会在试营业期间推出一系列主题活动，这些主题活动的主旨依旧是促销，激发顾客的购买行为。主题活动的设计必须具有新颖性和吸引力，这样才能吊起顾客胃口，激发顾客参与的积极性。

4. 宣传方案

试营业也需要进行宣传，通过宣传扩大潜在顾客知晓试营业的范围。虽然试营业宣传方案不似营业宣传方案那样规模宏大，但也要针对潜在顾客的特点来开展。

5. 现场管理

试营业期间一定会遇到很多预想不到的突发事件，本着提升管理和服务水平的原则，试营业方案中要有专门的现场管理方案。现场管理包括场景布置、突发事件管理、现场控制等内容。突发事件管理是通过制定预案的方式来实现的。试营业方案制定时，必须考虑到有可能遇到的一系列突发事件，并对这些突发事件制定紧急处理方案，这称为突发事件处理预案。

6. 方案评估

试营业方案制定出来后，必须经过方案评估阶段，才能确定方案的可行性及预期效果。方案评估的三个标准包括目的性评估、技术性评估和经济性评估。目的性评估是指试营业方案能否达到试营业目的；技术性评估是指试营业方案在现行技术条件下能否实现；经济性评估是指在既能达到试营业目的又能在现行技术条件下实现的方案中，挑选那些成本效益相对高的方案。

（二）试营业方案实施阶段

试营业方案实施阶段的主要任务是把方案变为现实行动，关键点就是现场管理。试营业方案实施阶段，门店员工的配置问题、主题活动现场如何布置、如何对试营业期间进行现场控制、如何现场处置突发事件，这些都是现场管理的重要任务和内容。

此外，根据试营业期间发现的诸多问题，连锁门店要及时进行整改，解决问题和提升管理服务水平，这也是试营业方案实施阶段的中心工作之一。

（三）试营业活动评估阶段

试营业活动结束时，要对试营业活动进行评估，对试营业期间发现的优势与不足，要逐一分析，为制定正试营业方案提供经验积累和借鉴。

（四）正式营业方案制定阶段

略。

（五）试营业注意事项

试营业可以看情况决定是否进行，一般来说，试营业时间不超过一周，主要是进行店面配套设施和相应业务流程、管理制度的检验，以便发现问题、及时调整。另外，试营业对员工来说，是一个熟悉流程和规范的过程，是一种实战培训，通过试营业，可以提高员工在开业后的应对水平和工作效率，在试营业期间应注意下列问题：

（1）一切活动要按正式营业的要求加以约束，各岗位工作人员要各尽其责，并按照规范的作业流程进行操作，例如，员工必须按规定的员工通道上下班，并穿着制服、佩戴证章等。

（2）在试营业期间的例会中，必须提高全体员工对试营业的认识，讲明注意事项，调动员工的工作热情和积极性。对于试营业中暴露的问题随时记录，并加以具体说明，以供参考。

（3）在试营业期间，各种设备都要启动，进行安全检查时不得走过场，而应逐项核查，特别是防火、防盗的检查更应认真、仔细。

三、连锁门店开业庆典的设计与实施

待开业前期各项准备工作完备之后，门店将迎来隆重的开业庆典。为了树立良好的企业形象、凸显开业庆典的热烈和喜庆，无论是哪个门店，为使开业庆典工作圆满完成，都需精心准备开业庆典的各项工作。

（一）邀请嘉宾

嘉宾的构成及出席率是开业庆典是否成功的重要影响因素，为了使庆典活动充分发挥其轰动效应及舆论的积极作用，邀请嘉宾时必须精心选择对象，设计精美的请柬，尽力邀请知名人士出席，制造新闻效应，政府领导、行政主管部门负责人、门店领导、主要厂商领导、新闻单位领导及社区内各居委会的成员等都应成为被邀请对象。请柬一般在一周之前发出，如是名人，需要提前预约。

（二）拟好程序

一般开业庆典的程序是：宣布开业庆典开始、介绍到来嘉宾、致开幕词、致欢迎嘉宾词、来宾致贺词、剪彩、进店等。其中，需要确定致辞人员，并准备好简短的发言稿，剪彩人员也需要事先确定好。

（三）布置好现场

开业庆典一般在门店门前举行，现场的布置应包括下列内容：横幅、指示牌、胸牌或胸花、红地毯、背景墙、签到处、主席台或演讲台、花篮花门装饰、万花筒、鞭炮、就餐地点、礼品等，门店应事先安排好工作人员。另外，对于剪彩、录像、播放背景音乐等方面的工作人员也要做好安排。

（四）店外气氛营造

营造店外气氛的主要方法有：使用玻璃贴，既能突出开业主题，又能体现视觉效果；在门店门口使用拱门，但不能阻挡进店路线，可以起到宣传及吸引客流的作用；在卖场门口略偏一点的地方搭建舞台，通过舞台表演吸引人气；在门店门口及附近社区悬挂横幅或条幅，可以宣传活动的主题内容，诱发消费者的购买欲望；在临近街道、店头两侧穿插标旗，并用2个或4个氢气球悬挂祝贺条幅，用于宣传企业形象、烘托现场气氛；在店面两侧摆放花篮，达到渲染开业气氛的目的。

（五）店内气氛营造

（1）在进门处的天花板、店内空旷的天花板以及主要通道的天花板等处悬挂串牌，可以引导顾客走向，营造氛围。但是，需注意悬挂的串牌上下左右要整齐，不能遮挡灯体，相互之间间隔在 1 米左右。

（2）在店外门柱、玻璃、大型广告板及店内通道附近等处粘贴促销海报，以便于详细介绍店内活动内容，方便顾客咨询了解。

（3）通过各种开业酬宾活动营造店内喜庆气氛。例如，在店外视野好的空旷位置或收银台附近放置幸运转盘，可以吸引消费者的好奇心。在门店外的促销台设置抽奖箱，进而激发消费者的购物欲望。在特定产品展示区摆放特价贴，以达到突显主推产品、引起顾客注意的目的。结合活动海报布置产品堆头、礼品堆头等，从而渲染活动的现场气氛，增加视觉冲击力。另外，还可以安排礼品赠送、打折、有奖问答及表演等酬宾活动。

学习任务二　连锁门店开业促销活动设计

一、连锁门店开业促销活动的组织

开业促销是连锁门店促销活动中最为重要的一类，开业促销不仅只有一次，而且是门店与潜在顾客的首次接触。顾客对门店的商品质量、商品价格、商品丰富性、服务质量、卖场氛围等的印象将直接影响门店的形象，对顾客今后是否光顾会产生重大影响，所以应予以特别重视。而且，设计科学合理的开业促销活动可以给门店带来良好的销售业绩，一般情况下，连锁门店开业促销活动的业绩可达平时门店经营业绩的 5 倍。

连锁门店的开业促销活动是一项系统工程，是为了以后每一场促销活动都能按照一定的程序有计划、有步骤地进行。一般来说，连锁门店的开业促销活动组织过程主要包括确定促销目标、开展促销调研、选定促销方法、设计促销方案、实施与控制促销以及评估促销效果 6 个步骤。

（一）确定促销目标

确定促销目标是任何一项促销决策的开始，而且必须和连锁门店开业的市场营销目标相配合。通常连锁门店开展促销活动的目标主要包括以下几个：

1. 提升门店客流量

活跃门店气氛，提升门店客流量，是连锁门店促销的最大目标。因为客流量是决定连锁门店经营成败的主要因素，顾客不进你的门店，即使你的门店规模很大，商品和服务很好，也无济于事。相反，若是顾客盈门，则必然会有一部分顾客购买商品，增加门店销售量。

2. 提升门店的形象和知名度

为了使门店能够稳定地发展，连锁门店在开业促销时不仅要考虑提升业绩，更要注意树立良好的门店形象，做好战略意义上的促销。

3. 增加产品的销售量

连锁门店基于商品的促销目标可以是宣传介绍新产品，也可以是增加现有产品的销售量，还可以是告知顾客优惠活动的来到。

4. 开发新的顾客

通过开业促销这种独特的方式吸引新顾客的眼球，拓展门店的目标顾客群，扩大门店的市场销售范围，增加门店产品的销售量。

5. 提高顾客对门店的满意度和忠诚度

连锁门店通过开业促销活动的开展，在给顾客带来实惠的同时，还可以通过互动游戏等形式让顾客参与促销活动，增加顾客对门店的情感依赖，提升顾客的满意度和忠诚度。

（二）开展促销调研

明确连锁门店的促销目标以后，就要广泛收集各方面的信息，以便对促销目标进行细化，使整个促销活动设计得更加深入具体，进一步增强促销方案的可执行性。促销调研主要是对连锁门店内外部的经营环境进行分析。通过内部条件分析，可以发现连锁门店自身所具有的优势和劣势；通过外部环境分析，可以发现连锁门店促销面临的机遇与问题。

具体来说，可以通过对消费者采取问卷调查法、现场访谈法、观察法，并对调查所获得的数据进行分析，了解消费者的消费水平、消费特征、消费意愿和对促销活动的看法。也可以考察竞争对手的经营情况，如经营实力、商品及服务组合和促销方法、促销投入等，并根据自己和竞争对手在市场中的地位来制定相应的促销方案。

（三）选定促销方法

选择正确的促销方法是达成连锁门店开业促销目标的关键。促销方法主要有人员促销、广告促销、公关促销、营业推广、网络促销等。每一种促销方法所涵盖的内容都极其广泛，如广告促销，可选择的媒介有电视、视频平台、广播、杂志、POP海报等；再如营业推广，具体的促销方法有折扣、赠品、凭证优惠促销、抽奖、竞赛等，只是在不同阶段或条件下其促销效果各有千秋。

开业促销

（四）设计促销方案

一份优秀的促销方案要有创意，尽可能详细，具有可操作性、可执行性，并对需要进行评估的环节和内容尽可能量化。设计促销方案具体包括以下几个环节：

1. 确定促销主题

促销主题是设计促销方案的核心，贯穿于整个促销策划过程之中。促销主题直接影响促销方案的吸引力和促销效果，主题明确的促销方案，才会清晰展现出促销定位，使各种促销要素有机地组合在一起。

2. 选择促销商品和促销诱因

对于连锁门店的促销，顾客的基本需求是能够买到价格合适的商品，所以促销商品的品类、价格是否具有吸引力将影响促销活动的效果。

1）促销商品

一般来说，促销商品有以下四种选择：

（1）节令性商品。

节令性商品是指适应季节、节日变化消费需要的商品。连锁门店根据各个节令来选择商品进行促销，如元旦和春节选择的礼盒、香烟、糖果、零食、玩具等，元宵节、情人节选择的汤圆、花灯、礼盒、巧克力等，端午节选择的礼盒、粽子等。

（2）敏感性商品。

敏感性商品一般属必需品，是极易导致消费者感受到价格变化的商品，如鸡蛋、大米、面粉等。选择这类商品作为促销商品，在定价上不妨稍低于市场竞争对手的价格，这样就能够比较有效地吸引更多的顾客。

（3）众知性商品。

众知性商品一般是指品牌知名度高、市面上随处可见、替代品较多的商品，如化妆品、饮料、啤酒、儿童食品等。选择这类商品作为促销品，往往可以获得供应商的大力支持，但同时应注意将促销活动与大众传播媒介的广泛宣传相结合。

（4）特殊性商品。

特殊性商品主要是指连锁门店自行开发的自有品牌商品、市面上无可比较的商品。这类商品的促销活动主要体现商品的特殊性，价格不宜定得太低，应注意价格与品质的一致性。

连锁门店无论选择何种商品作为促销品，都应该牢记两个基本要点：一是选择顾客真正需要的商品；二是能给顾客增添实际利益的商品。

2）促销诱因

所谓促销诱因，是指在促销活动期间，商品的价格相对平时价格的折扣率。按照给消费者提供利益的方式来划分，促销包括两类：一类是直接降价，如折价券、打折优惠，消费者可以以较低的价格购买和平时相同数量的商品；另一类是间接增值，如附加赠送，可以以平时的价格购买更多的商品。不论是直接降价还是间接增值，促销活动都能给消费者提供一定的实际利益，这就形成了刺激消费者购买的诱惑，这种诱惑称为促销诱因。

促销商品的折扣率与促销效果和促销成本相关，要根据促销活动的目的，确定最合理的促销折扣率。

3. 确定促销时间、地点和人员

1）促销时间

促销时间决策包括促销活动的时机选择和促销活动期限的确定。

（1）促销活动的时机选择。

促销活动的时机选择可以从以下两个方面来考虑：

重点节假日，如元旦、春节、元宵节、情人节、妇女节、劳动节、母亲节、儿童节、父亲节、端午节、教师节、中秋节、国庆节、圣诞节等。

热点时机，如奥运会、世界杯足球赛、世锦赛等。

（2）促销活动期限的确定。

任何一项促销活动，都有一定的起止期限，开业促销也是如此。促销期限的长短也是设计促销方案过程中需要决策的重要方面。若促销活动持续的时间太短，则很有可能造成目标顾客中的许多人来不及接收促销活动所要传达的信息，或者不能在促销时间内参与门店促销活动；若促销持续时间过长，一方面会导致促销费用增加，另一方面顾客会因促销时间较长而缺乏紧迫感，参与积极性反而降低。因此，促销活动期限的确定应综合考虑产品的特点、消费者的购买习惯、促销目标、竞争者的策略等因素。

2) 促销地点

促销地点要根据促销商品和促销活动的形式来确定，可以在连锁门店内部，也可以在连锁门店外部。促销地点设置在连锁门店内部时，连锁门店要根据促销商品进行科学的规划、陈列；如促销地点选择在连锁门店外部，在地点的选择上要方便消费者，并要在事前与城管、物业等部门做好沟通。

3) 促销人员

在促销活动开展前就要对促销人员数量和质量进行规划，在连锁门店现有人员不够的情况下，可以向社会招聘临时促销员，但必须在其正式上岗前进行有关的培训。要想保证促销活动的效果，促销人员的数量和质量都必须得到保证。

4. 选择促销传播媒介

连锁门店设计促销活动还需要确定以何种方式将自己的促销信息告知消费者。促销活动宣传是全方位的，除了可以运用广告宣传（电视、广播和网络等）外，还可以通过商场广播、店内 POP 海报等来进行，促销媒介的选择要根据连锁门店自身目标顾客的类型、连锁门店经济实力等因素来综合考虑。

5. 编制促销预算

促销预算是指连锁门店对开展开业促销活动费用的匡算，是连锁门店进行促销活动投入资金的使用计划，它把促销费用和销售目标联系起来，规定了促销活动期间开展销售业务所需的费用总额、使用范围和使用方法。根据促销目标和促销活动计划进行预算，可以保证促销活动有序高效地开展。同时，促销预算把促销计划以具体的资金数额表示出来，为控制促销过程与活动结束后的评估提供了量化依据。

（五）实施与控制促销

无论多好的促销方案，如果不能有效实施，就产生不了价值。同时，在实施促销方案的过程中，还必须进行有效的控制，保证促销活动的有序开展。

1. 做好促销实施前的准备

促销活动开展前，必须认真做好各项准备工作，如对相关促销人员，特别是专职促销人员进行岗前培训；事先由促销人员报请促销用品的需求数量和规格型号，准备好促销用品；做好促销媒体的筛选、促销海报的制作以及连锁门店促销氛围的营造等；明确人员分工，比如安排相关负责人及时跟踪了解促销方案执行情况，及时发现和处理各种问题等。

2. 做好促销实施中的监督、检查以及实施情况的反馈

促销过程中的很多不确定因素都有可能影响促销效果，所以实施促销活动的相关部门和人员要及时发现这些不确定因素，并及时采取措施予以应对。如促销中出现赠品短缺、音响不响、店内顾客过度拥挤等问题，就要及时向有关管理者汇报并采取措施，否则会影响促销

效果，甚至带来安全隐患。

（六）评估促销效果

评估促销效果包括事前评估、事中评估和事后评估。开业促销活动开始前，连锁门店要对促销活动的有关方案进行测试，及时完善促销方案。促销活动进行的过程中，要对连锁门店促销运行状况、消费者的反应进行评估，以便对促销活动进行及时调整。促销活动结束后，连锁门店要对促销活动的效果进行评估。

二、连锁门店促销活动的实施流程

（一）促销活动前的准备

1. 促销活动档期的确定

连锁门店促销活动实施的首要问题是根据促销主题确定具体的促销档期，具体方法可以采取现场蹲点的方式，确定最佳外场活动时间，以最容易引起顾客关注、驻足的时间为佳。

在确定档期时要注意天气情况，通过网络及相关途径，了解活动当天的天气情况，确保促销活动的顺利进行。如果促销活动中安排有路演、花车巡游等活动，在促销活动档期的确定上就更不能含糊，要尽可能精确到每天的具体时间点。促销活动档期中涉及与广告公司、演出公司、车辆租用公司等的合作业务时，要尽量通过合同或协议形式明确活动时间及具体安排，以免节外生枝。而且，在促销计划的备注中还需要对因意外事件可能造成的延期做出明确的说明，并要将延期举行的时间事先确定下来，做好预案。总的来说，在促销活动档期安排上一定要"一是一，二是二"，绝不能含含糊糊、似是而非。

2. 促销活动场地的确定

在落实促销活动场地方面，连锁门店首先需要提前一周甚至一个月与城管及物业公司确定场地，保证场地到时的确可用。在活动场地的确认上一定要十分明确，特别是在连锁门店外开展促销推广活动，一定要有相关的场地批示图，明确规定活动场地的面积、方位、走向，同时要以协议的方式明确场地使用（或租用）的时间及价格；甚至对场地的高度也要做明确的标示，因为如果涉及活动道具，很可能因未事先考虑场地的高度而造成进场时的布置和施工困难，或者给促销活动造成安全隐患。

3. 促销活动配套物资的准备

在促销活动相关配套物资准备上，连锁门店一定要列出详细的活动物资清单，如喷绘、海报、单页等宣传物料，以及横幅、帐篷、促销台、赠品发放登记表等现场物料，甚至要细化到电源接线板、计算机连线和每条喷绘，绝对不可笼统地只写几个大件。否则极易在布置时丢三落四，从而影响活动准备进度，甚至使活动无法顺利进行。

4. 促销活动宣传准备

连锁门店促销活动开始前的预热要充分，一场成功的促销活动，三分靠现场，七分靠预热。预热要以活动现场为中心，在周边一定范围内目标人群集中的地方进行。预热时间通常以促销活动开始前3~5天为最佳，预热太早，容易被忘记，预热太晚，难以产生效果。常用的促销预热宣传方式主要有以下三种：

(1) 媒体广告。
(2) DM 广告。
(3) 新闻单位的软性宣传。

5. 明确促销管理制度

由于大型开业促销活动的规模较大，牵涉人员和物品较多，在活动筹备时一定要为每个环节指定具体责任人，由他们对自己负责的事项进行跟踪和督促，并及时向店长汇报进度，做到每个环节都有专人负责，人人负责清楚，以避免出现问题后员工之间相互推诿和扯皮。为此，连锁门店要制定促销管理制度并编制促销管理表格，规范促销活动管理流程，保证促销活动的有序进行。

6. 促销人员培训

促销人员素质的高低是促销工作能否成功的关键。因此，被录用的促销人员应具备与人友好相处、获得他人信任与好感的能力，富于进取心和自信心，精力充沛，勇于开拓，同时具有良好的职业道德与丰富的业务知识。

促销人员被录用后，在执行促销活动之前，还必须参加促销基础培训和促销项目培训。

1）促销基础培训的主要内容

(1) 企业情况，包括企业的发展历史、企业的经营目标及方针、企业的长远发展规划等。
(2) 产品知识，包括产品结构、性能、技术特征、产品的使用、保养和维修方法等。
(3) 促销知识，包括目标消费者心理、购买习惯、地域和行为表现，竞争者历史、现状及发展分析，竞争地位与危机分析，市场管理规则、法律要求等。

2）促销项目培训的主要内容

促销项目培训的主要内容包括促销活动介绍、促销活动工作流程、促销技巧、促销设备和仪器的使用方法、促销员奖惩制度说明等。

（二）促销活动现场执行

1. 促销现场布置

1）促销宣传布置

适合连锁门店运用的促销宣传手段包括电视视频、视频平台、微信群发、广播、口头传播、宣传彩车、过街横幅、拱门、店前巨幅海报、店内广播、店内POP等，每种手段都各具特色，都有着自身的作用。特别是在开业大型促销活动中，要想让促销信息覆盖更多的消费者，就必须采取多种宣传手段。

2）商品布置

(1) 商品搬运。

搬运商品时，商品必须离开地面，切勿在地面上拖拉、用单手托或以脚踢商品；传递商品时，要等到对方接稳后才可以放手；搬运30千克以上的大件商品时，应两人或多人共同搬运。禁止坐、踏商品，禁止抛、抢商品。上下货架时必须使用梯子，使用梯子时要摆正放稳，人字梯应完全打开后再使用，禁止双脚同时站在梯子最高层。

（2）布局陈列。

商品必须按照连锁门店的商品基本陈列要求摆放，如电器等外包装有摆放标识的商品，必须按照标识要求摆放；服装应随时整理，保持陈列丰满与美观。通道两侧的布局应注意磁石理论的运用，在磁石点安排具有吸引力的品牌专柜或商品，引导顾客在店内的行动路径，延长顾客在店内停留的时间，以便达到更好的促销效果。商品标价签应保持整洁、无卷边，保持标价签卡座、卡条完好无损，内无污渍、杂物。促销车或专柜柜台上的商品摆放必须整齐美观。所有促销商品必须配置促销海报和促销牌；要求促销牌摆放位置既能准确指示商品，又不遮挡商品；促销海报和促销牌等各类宣传品如有脱落、坏损，应马上重新粘贴或更换，对已经拆除的应彻底清理干净。

2. 促销现场管理

1）促销赠品管理

促销赠品应该是对顾客具有吸引力的物品。禁止不按连锁门店规定赠送促销赠品，不得将促销赠品私自赠予熟人或朋友。应及时检查促销赠品的货源情况，不得出现促销赠品不足的现象。

如果促销赠品外包装未在明显位置印刷有"附品""非卖品"字样，必须进行适当的安排，如粘贴"赠品"专用标签等。赠品必须在赠品处统一发放。

2）促销道具管理

连锁门店要按规定正确使用促销标识等道具，有联营模式的连锁门店，要求专柜遵守相同规定。连锁门店必须按促销活动要求及道具的使用性质安排道具的摆放位置，并指导相关区域员工及专柜人员正确使用道具，尽量减少对道具的人为损耗。由于促销活动需要，道具需在店外使用时，连锁门店应要求相关工作人员填写"携入携出单"，由安保部负责道具进出店的管理工作。

3. 促销人员管理

1）促销人员跨岗调派

根据实际需要，可以安排促销人员离开促销岗位，协助其他岗位的工作，但应遵循以下原则：

（1）临时安排促销人员到其他岗位工作时，不应跨越楼层、跨大类调派。例如，服装部的促销员，不能安排到电器区去工作。

（2）需要安排促销人员为顾客送货的，原则上各类商品由本类别商品的促销人员负责送货。

（3）形象柜及专柜员工不应被调派到其他岗位工作。

2）班前、班后例会与交接班

（1）促销人员上班前、下班后必须准时参加班前、班后例会。

（2）班前、班后例会分为店例会、区域例会和柜组例会。早班员工于每日上班时先集合参加连锁门店例会，再参加区域例会。

(3) 每天下班前必须在交接班本上记录交接事项，要求简洁明了，交接内容包括例会所传达的工作要求、当班工作中遗留的问题等。

(4) 接班后应及时查看交接班本，跟踪落实上一个班次所交代的工作。

3）班次安排

(1) 促销员上班时间按门店作息时间执行。

(2) 统一安排、审核促销员每周上班班次。

(3) 上下班时必须在店内指定位置打卡。

(4) 上下班时必须走员工通道，并自觉接受检查。

(5) 不允许私自换班、顶班，班次调换必须经过审批。

(6) 顶班人上下班必须按规定打卡，真实反映顶班人作息时间。顶班不视为加班。

(7) 上班时间未经批准不得离开工作岗位。

4）清场

(1) 通知清场后，促销员应迅速到指定地点列队，听从指挥，有序地从员工通道离开连锁门店营业区。

(2) 加班人员在员工通道完善登记手续后方可进入门店营业区。

4. 环境管理

(1) 应在非营业时间完成对所负责区域的清洁工作；营业后应对商品及其他营业用品进行整理，归类摆放在指定位置。

(2) 营业中，在不影响顾客购物的前提下，做到随时清洁，保持购物环境的整洁。

(3) 见到连锁门店营业区内的垃圾时，应随时捡起放入垃圾桶；对顾客遗留的杂物，应及时清理；对掉落的商品，应立即捡起摆回原位。

(4) 遇到个人无法清洁的污渍，应立即通知保洁员清理。

(5) 对于试吃试饮品，促销人员应及时收回或指引顾客到指定地点丢弃所剩杂物，自觉维护促销现场的环境卫生。

5. 促销活动意外防范

1）做好应急预案

促销活动效应非常明显，有很强的市场号召力，也承载着很重的销售任务，因此，也来不得半点马虎，出不得半点闪失。一些连锁门店在促销活动中经常出现畅销品缺货、促销员不足等内部计划组织问题。但更为严重的问题是因城管、物业不支持而发生纠纷、门店停电、有人恶意捣乱、客流量太多或客流量稀少等外部问题。对于这些问题，连锁门店在开展促销活动之前一定要有周密的考虑和应急预案，明确如果出现了这些情况将如何应对，切莫临时抱佛脚，手忙脚乱。

2）做好检查和监督

有效的检查和监督是使促销活动健康有序进行的必要条件，连锁门店店长要对促销活动进行检查和监督，并引导员工进行自查，做好促销干扰的防范，如果连锁门店对促销活动的检查和监督不力，往往会发生促销活动走样或员工松散的情况。

3）处理顾客相关问题

如果怀疑顾客偷拿商品，不得强行检查顾客的物品，应及时与防损员联系或提醒顾客不要忘了付款。对顾客在连锁门店内拍照、吸烟或吃食物的行为，应婉言制止；提醒顾客不要将手提包（袋）等贵重物品放在购物车（篮）中；制止儿童在连锁门店内奔跑或在扶梯（含扶梯踏板）上玩耍。顾客反映商品价格过高时，应详细了解具体情况，做好记录，并及时向上级反馈。如果顾客要求退货，应指引其到连锁门店服务台办理。

6. 安全防范工作

连锁门店举办促销活动，应当制定现场秩序维护和人员疏导措施、车辆的停放和疏导措施。当消费者相对集中时，连锁门店应当采取有效的控制和疏散措施，确保安全。具体包括以下安全防范工作：

（1）门、窗、玻璃展架区安全防范工作。
（2）电梯区安全防范工作。
（3）促销商品区安全防范工作。
（4）补货安全防范工作。
（5）突发事件安全防范工作。
（6）现金安全防范工作。
（7）紧急疏散安全防范工作。

（三）促销活动控制

1. 促销活动前期准备过程控制

1）抓好促销活动前期策划工作

连锁门店要注意抓好促销方案的策划、设计环节。促销方案是促销活动控制的前提，促销方案编制的好坏将直接影响促销活动以及促销活动控制质量的高低。在策划促销方案时，应该仔细分析促销活动的目标顾客、促销方式，保证满足促销目标顾客的需求。同时，设计方案还要考虑促销活动的人员组织、执行时间、执行场所、活动需要的资源或设备的合理性；设计的促销活动还要适合自身品牌的发展，能给品牌形象的塑造带来积极的影响等。

2）做好促销活动方案的审核

连锁门店开展开业促销活动，需要投入大量人力、物力、财力资源。因此，为了避免给连锁门店造成不必要的损失，连锁门店要高度重视促销方案的审核工作，促销方案的审核要尽量做到科学、理性、公平，让良好的促销方案得到充分的资源，让欠佳的促销方案在审核的过程中得到修正或对其予以否决。对于连锁门店来说，促销方案是否合理，能否在合理资源消耗下实现连锁门店的促销目标，是决定促销方案是否能通过审核的基本依据。

3）明确参与部门的职责

在促销活动正式实施之前，连锁门店需要结合活动方案，明确连锁门店领导、促销管理部门、促销实施部门和促销辅助部门等的职责范围，对其工作进行合理分工。另外，要明确促销经理（主管）、促销员各自的权责范围，明确信息收集流程。在整个促销活动期间，如出现各部门之间不便协调的情况，则需要连锁门店领导进行统一协调，也就是说，连锁门店领导是整个促销活动的总协调人和总责任人。

4）撰写促销活动执行手册

促销活动执行手册是连锁门店在执行开业促销活动之前编制的促销管理指导性文件，目的在于指导各促销管理人员和执行人员，以便更好地完成促销任务。促销活动执行手册要求内容详细、具体，通常包括促销活动计划书、商品指南、店头装饰指南和接待等内容。

5）做好相关人员培训

为了让参与连锁门店促销活动的相关人员准确理解促销方案，明确方案执行过程中各方面、各环节、各阶段的工作内容和职责，明确促销策略执行的要点、促销活动的关键控制点、促销方法和媒介的使用要点、促销宣传要点以及突发事件处理要点等，连锁门店要在促销活动开始之前组织各方面人员开展促销活动培训，并将促销活动执行手册发给门店促销活动参与人员，确保参与促销活动的各类人员明确在本次促销活动中应该承担的职责。

6）做好促销资源准备

在促销活动开始之前，必须做好促销资源的准备和安排。

2. 促销活动现场执行过程控制

1）促销过程中的调查

连锁门店在促销过程中为了掌握各方的反应情况，根据实际情况及时对促销活动做出灵活调整，需要不断开展调查，掌握消费者、社会公众以及竞争对手的动态。这类调查所获得的资料，不但有利于依据促销目的对本次促销活动进行调整，而且可以作为促销活动后开展总结、评估的第一手资料，还可以为之后的促销活动设计提供重要的参考。

2）促销过程中的监督

促销过程中的监督工作，其目的在于保障组织沟通，掌握促销进程，及时发现问题，以便纠正偏差，确保促销活动顺利进行。

3）促销过程中的问题协调

当促销过程中连锁门店内部出现管理职责不明确、分工不合理、方案存在漏洞、资金使用尺度不一，各部门之间存在沟通与合作障碍、奖品或赠品管理有漏洞等问题时，一方面，需要连锁门店领导及时统一协调，按照既定原则妥善处理；另一方面，促销管理部门则应针对这些问题提出合理的处理意见，供决策者参考。

当连锁门店外部出现如顾客对促销活动的理解存在偏差、促销政策执行不严密导致法律纠纷、促销善后事务处理不当等问题时，首先应启用促销方案中预先制定的应急预案予以及时应对。其次应由各促销部门和企业法律顾问共同商讨对策，使问题得到及时、妥善解决。

4）促销过程中的纠偏

连锁门店如果发现促销实施过程同原先的计划方案有较大偏差，促销管理者应立即对促销活动进行调整，改进促销活动的组织方式。

项目七 连锁门店开业设计

项目总结

连锁门店开业前的准备工作主要包括开业前的法律手续办理、试营业和开业庆典设计等环节。连锁门店开业庆典设计主要包括邀请嘉宾、拟好程序、布置好现场、店外气氛营造、店内气氛营造等作业项目。

一般来说，连锁门店的促销活动组织过程主要包括确定促销目标、开展促销调研、选定促销方法、设计促销方案、实施与控制促销以及评估促销效果6个步骤。连锁门店促销活动的实施流程包括促销活动前的准备、促销活动现场执行和促销活动控制。

知识自测

一、名词解释

1. 节令性商品
2. 敏感性商品
3. 众知性商品
4. 特殊性商品
5. 促销诱因

二、选择题

1. 折扣、赠品、凭证优惠促销、抽奖、竞赛等促销方式属于（   ）。
   A. 人员促销　　　　　　　　　　B. 广告促销
   C. 公关促销　　　　　　　　　　D. 营业推广
2. （   ）是指适应季节、节日变化消费需要的商品。
   A. 节令性商品　　B. 敏感性商品　　C. 众知性商品　　D. 特殊性商品
3. 以下属于连锁门店开展开业促销活动目标的是（   ）。
   A. 提升连锁门店客流量　　　　　　B. 提升连锁门店的形象和知名度
   C. 增加产品的销售量　　　　　　　D. 开发新的顾客
4. 促销人员管理包括（   ）。
   A. 促销人员跨岗调派　　　　　　　B. 班前、班后例会与交接班
   C. 班次安排　　　　　　　　　　　D. 清场
5. 连锁门店开业庆典的设计与实施活动包括（   ）。
   A. 邀请嘉宾　　　　　　　　　　　B. 拟好程序
   C. 布置好现场　　　　　　　　　　D. 店外气氛营造
   E. 店内气氛营造

三、填空题

1. 试营业活动需要经历四个阶段：_____、_____、_____和_____。
2. 试营业方案主要包括_____、_____、_____、_____、_____等几个方面。
3. 促销方案设计过程具体包括以下_____、_____、_____、_____和

_____几个环节。

4. 促销活动意外防范包括_____、_____、_____。

5. _____一般属必需品，是极易导致消费者感受到价格变化的商品，如鸡蛋、大米、面粉等。

四、简答题

1. 连锁门店开业前的准备工作有哪些？
2. 连锁门店试营业活动需要经历哪些阶段？
3. 连锁门店开业庆典设计要做好哪些方面的工作？
4. 连锁门店开业促销活动的组织包括哪些步骤？
5. 简述连锁门店促销活动的实施流程。

工作任务

连锁门店开业设计

【工作任务描述】

某连锁企业在某市有10家连锁门店，现在该连锁企业的一家新门店打算开业，请你帮助其完成新门店的开业设计。

工作任务一　连锁门店开业前的准备

工作任务二　连锁门店开业促销活动设计

综合案例分析

连锁专业店——零食很忙的扩张

2024年1月27日，零食连锁头部品牌零食很忙全国最大面积门店——"超级·零食很忙"正式开业，该店位于湖南省长沙市城区主干道芙蓉中路，也是全国首家以"超级·零食很忙"命名的门店。

"超级·零食很忙"作为零食很忙全国最大门店，拥有约170平方米超大吸睛招牌，其建筑主体面积更是超过1 300平方米。门店共分上下两层：一楼为零食购物区；二楼为零食主题休闲娱乐区，还设有巨型单据、巨型购物袋、旋转楼梯、零食IP雕塑等"超有味"场景装置，充分迎合了当代年轻消费者"消费+社交"的多元需求。

除了门店招牌、门店面积之外，"超级"还体现在此门店的每一个角落和细节，门店的零食包装也是超级定制包装。零食很忙与蒙牛、旺旺、嘉士利、好吃点等众多国内一线零食生产品牌，对接定制了数十款优势零食在店售卖。"超级·零食很忙"还邀请长沙另一大新消费品牌茶颜悦色，及旗下鸳央咖啡、古德墨柠三大热门品牌共同入驻。消费者可以端杯茶颜逛"超级·零食很忙",更切身感受专属于长沙人民的幸福感。这种"1+1>2"的品牌联合形式也是消费升级及多元化的新模式,同时,线下门店已经不再是单一的购物场所,社交属性的空间体验更是此门店的特色,融合了逛、拍、赏、玩等多种感官体验。

零食很忙成立于2017年,其在湖南长沙开启第一家门店后,于2021年进军全国。2022年,零食很忙加快了开店速度,其在江西等地按照平均每天2家的速度,在2年间完成2 000家店。截至2024年1月,零食很忙总门店数突破4 000+,以"平均每天新开7家店"的速度发展。此举也让零食很忙一跃成为行业规模最大的品牌。

一、零售很忙扩张原因

零食很忙的扩张离不开市场、消费环境的发展趋势以及资本的推波助澜。

1. 从市场上看,不断增长的零食市场是其发展基础

数据显示,近十年来我国零食行业市场规模持续增长,已从4 100亿元增长至11 654亿元,预计2027年将达到12 378亿元。显然,人们对于零食的旺盛需求,给了零食很忙增长的空间。

2. 从消费环境看,"低价"消费促进"低价"零食的火爆

近两年,经济低迷,消费者对价格的敏感度提高,尤其在下沉市场,"低价"产品越发受到欢迎。这种情况下,零食很忙使产品价格低于商超、零食专卖店等,并把门店集中开在低价需求更大的下沉市场,自然受到消费者青睐。

3. 零食店飞速扩展离不开资本的推动

哪里有用户,哪里就会有资本。2021年4月,零食很忙完成了红杉中国与高榕资本联合领投的2.4亿元A轮融资。在这之后,零食很忙的拓店速度也进一步加快。

二、在品牌营销上,打造全民"零食狂欢节",线上线下同联动

1. 零食很忙创造出"全民+狂欢+零食"的零食狂欢节IP

在2021年,零食很忙开始"零食狂欢节"的运营。从南昌、长沙再到2024年的武汉,活动逐步从区域发展到全国。其主要通过"狂欢基因"链接全民和零食,给消费者植入"全民狂欢"与"零食很忙"的联合记忆,完成心智渗透。

2. 线下,打造"更好玩"的零食快闪店

零食很忙在狂欢节现场复刻了一家和门店一样的零食快闪店,只不过在互动性上,增加了许多趣味玩法。像"零小忙"充气人偶、巨型零食推车、零食夹娃娃机等装置,都是为了让快闪店更好玩,加强用户对品牌的沉浸式体验。

3. 线上,本地团购+"明星闯关",让直播更有趣

在线下快闪店成为"网红"打卡点之余,线上直播也在抖音本地生活频道开启。

白天,直播间开启本地生活团购,零食很忙通过代金券、爆款单品买一送一等引流热点,吸引用户下单,用户还可以到附近门店或狂欢节快闪店核销。

晚上，直播间以游戏挑战的形式呈现，任命代言人张艺兴为超级店长，开启店长挑战。零食很忙将门店产品、标准化管理等核心竞争力植入游戏任务中，通过挑战潜移默化地传递给消费者，助力直播，实现了"流量＋娱乐＋品宣"的融合。

从打造独有的"零食狂欢节"IP到线上线下联动营销，零食很忙让全民消费者在狂欢节达到"线下玩得开心，线上看得开心，同时买得开心"三重体验，实现"线下互动＋线上品牌传播＋引流到店"闭环。

零食很忙围绕"人民的零食"定位，打造"全民零食"产品体系以及"全民零食狂欢节"品牌IP，实现品牌的深度统一，加深消费者对品牌的心智记忆。随着品牌知名度的提升，也为其迅速开拓市场打下坚实基础。

（根据网络资料整理）

问题：
1. 分析该连锁企业门店迅速发展的原因。
2. 分析该连锁企业门店的品牌影响策略。

综合实训

1. 分组模拟成立零售连锁企业门店，为其开业庆典策划方案。
2. 分小组讨论并分析连锁企业门店开业促销该如何有效组织与实施。

参 考 文 献

1. 马凤棋. 连锁门店开发与设计 [M]. 北京：北京大学出版社，2014.
2. 黄琳. 连锁门店开发与设计 [M]. 2 版. 北京：清华大学出版社，2022.
3. 李卫华，马济亮. 连锁企业门店开发与设计 [M]. 2 版. 北京：中国人民大学出版社，2020.
4. 王吉方，李志波. 连锁门店开发与设计 [M]. 2 版. 北京：科学出版社，2013.
5. 翟金芝. 连锁企业门店开发与设计 [M]. 北京：北京理工大学出版社，2019.
6. 杨叶飞，王吉方. 连锁门店开发与设计 [M]. 北京：机械工业出版社，2008.
7. 时应峰. 连锁企业门店开发与设计 [M]. 重庆：重庆大学出版社，2012.
8. 罗振宇. 得到头条 https://m.igetget.com/share/course/free/detail?id=nb9L2q1e3O-xKB-PNsdoJrgN8P0Rwo6B.